I0751072

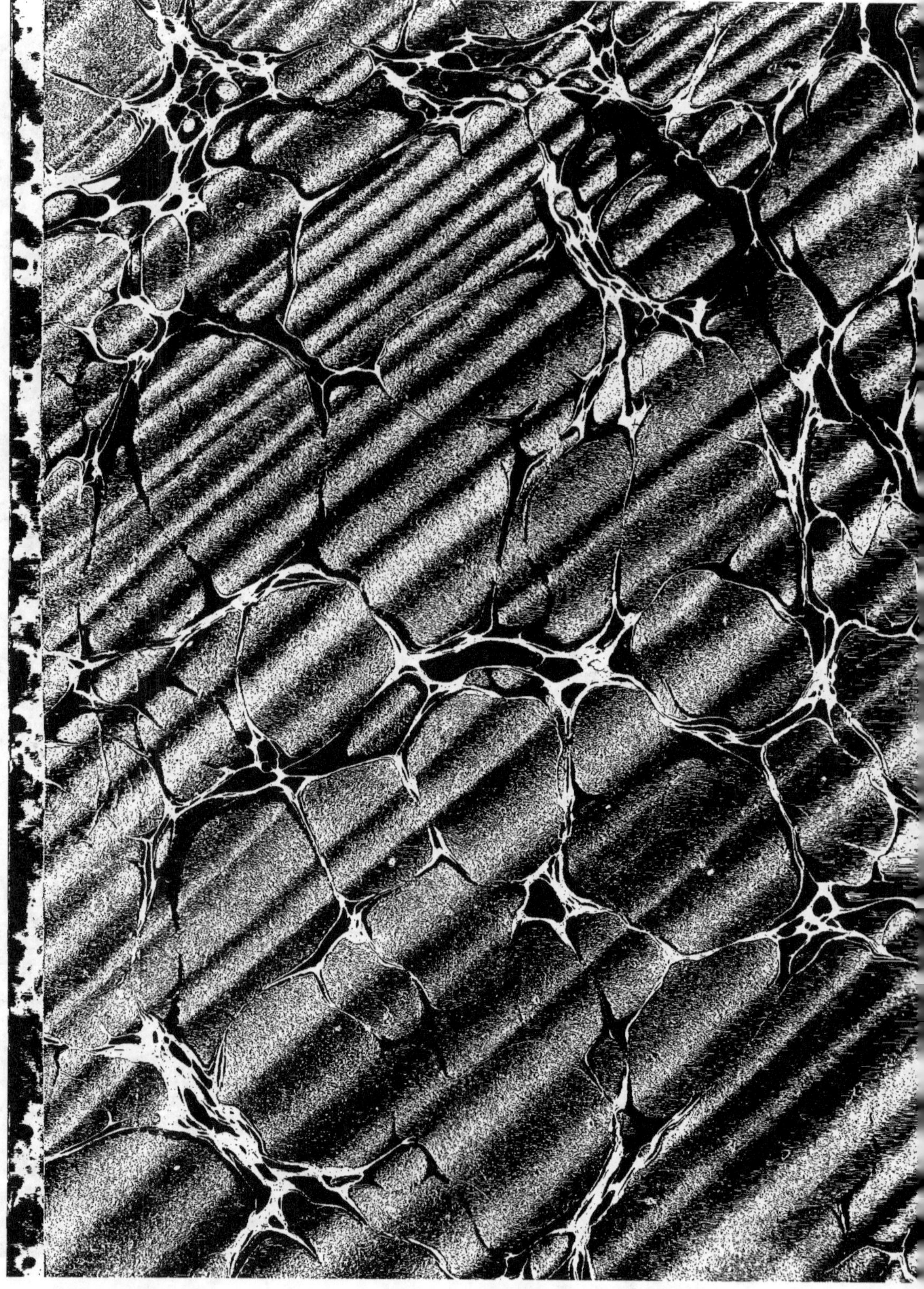

NOUVELLES

# CAUSES CÉLÈBRES

OU

FASTES DU CRIME.

IMPRIMERIE DE Ve DONDEY-DUPRÉ,
Rue Saint-Louis, 46, au Marais.

NOUVELLES

# CAUSES CÉLÈBRES

OU

# FASTES DU CRIME

PAR **MOQUARD**, AVOCAT.

TOME TROISIÈME.

PARIS.

POURRAT FRÈRES,
ÉDITEURS,
26, rue Jacob.

ADMINISTRATION
DE LIBRAIRIE,
26, rue Notre-Dame-des-Victoires.

1842

# FUALDÈS.

(SUITE.)

Ranimé par la voix sous l'ascendant de laquelle il fléchissait depuis le jour du crime, Jausion reprit son visage naturel, et à la consternation succédèrent quelques mouvements empressés, après lesquels il partit avec sa femme, sœur de Bastide, et la femme Gattier. Chemin faisant, ils rencontrèrent une personne qui lui parla de l'attentat. Il ne témoigna ni émotion ni étonnement. « Enfin, que voulez-vous que j'y fasse? »

Vers sept heures et demie il s'introduisit dans la maison de Fualdès, monta aux appartements, les fouilla, et pénétrant dans le cabinet, y enfonça à l'aide d'une hache un bureau, où il enleva un sac d'argent, un livre-journal, un grand portefeuille de maroquin à fermoir, et plusieurs effets de commerce réunis la veille par l'acquéreur du domaine de Flars. Au domestique qui voyait un sac d'argent dans sa main, il dit : « Je prends ce sac parce qu'on doit » mettre le scellé ; n'en parle à personne. »

Après lui et à dix heures du matin, Bastide frappa rudement à la porte et demanda d'un air égaré si Fualdès y était. « Que dites-vous? » répondit la fille à qui il s'adressait. Bastide, passant sa main sur sa figure, reprit : « Ah ! je me trompe; il faut aller tout fermer. » Il monta rapidement à la chambre du maître de la maison sans demander d'être accompagné ; la fille le suivit : il courut à l'armoire où Fualdès tenait certains papiers, y mit la main, en ferma la porte et en ôta la clef ; il ferma aussi la chambre ; mais dans ce moment la servante de la maison se présenta pour ôter les draps du lit, et Bastide rouvrit cette chambre, se plaçant du côté du lit. Comme la servante tirait la couverture pour la rouler, il tomba aux pieds de Bastide quelque chose qu'il ramassa aussitôt en manifestant beaucoup de surprise. « C'est une clef, dit-il ; » nous la mettrons avec les autres. » Cette clef était précisément celle du bureau de Fualdès, et dont il ne se séparait jamais.

D'un autre côté, et quand le jour commençait à peine à paraître, le respectable vieillard, ami intime de Fualdès, M. Sasmayous, fut réveillé en sursaut par plusieurs coups frappés à sa porte avec violence. C'était le domestique de Fualdès; sa maîtresse, en proie à une inquiétude mortelle de ne pas revoir son mari, l'envoyait prier M. Sasmayous de prendre des informations. Il se leva à la hâte. Comme il traversait une rue, il entendit deux femmes qui s'entretenaient d'un homme mort trouvé dans l'Aveyron. Il frissonna, courut à la rivière, et reconnut, étendu sur les bords, l'infortuné qu'on venait d'en retirer. Il s'évanouit, tomba à la renverse, et fut assez longtemps à reprendre ses esprits. N'osant pas se rendre seul chez madame Fualdès, il alla engager madame Jausion à l'y accompagner.

« Mais est-ce bien lui? dit-elle d'abord.

» — Il n'est que trop vrai, madame.

» — Quel malheur pour sa femme!

» — C'est affreux pour elle. Joignez-vous à moi, por-
» tons-lui quelques consolations.

» — Oh! je ne le puis; que voulez-vous que je lui
» dise?

» — Comment, madame! dans un moment pareil vous
» abandonneriez votre parente? »

Elle balbutia quelques mots, et il s'en alla l'indignation et le soupçon dans l'âme.

Après son expédition chez Fualdès, Bastide, qu'importunait la clameur publique croissante d'heure en heure, résolut de quitter la ville; mais par prudence il voulut s'assurer si la Bancal avait tout remis en ordre.

« Eh bien, la mère, vous savez ce qui se passe.

» — Oui, je l'ai vu, et son chien aussi, que j'ai été forcé de jeter dans la rue.

» — Vous avez eu soin de ne rien laisser dehors?

» — Le linge est lavé; la couverture a des taches en-
» core, je les ferai disparaître. Mais le sang est toujours
» dans le baquet, il m'embarrasse.

» — Donnez-le au cochon.

» — Il ne le boirait pas.

» — Mettez-y un peu de son. Et votre petite Madeleine? Je la soupçonne d'avoir tout vu, tout entendu. » C'est une bavarde, elle nous compromettra; il fallait » en finir quand je vous l'ai dit.

» — Il n'y a pas de temps perdu. J'y ai songé; son » père l'attend aux champs. » A l'instant elle appela sa fille. « Madeleine, va porter la soupe à ton père, et re- » commande-lui bien de faire ce qu'il sait. »

L'enfant obéit. Arrivée au champ, elle trouva son père occupé à creuser un trou. Elle crut qu'il lui était destiné, et se mit à pleurer en jetant sur son père des regards suppliants. Bancal fut ému, la bêche lui échappa des mains, ses yeux se remplirent de larmes; il se pencha vers sa fille, la pressa dans ses bras, et après lui avoir donné un baiser: « Sois toujours bonne fille, dit-il; va-t'en, » pauvre petite. »

L'opinion avait bien pu s'égarer un moment et d'infâmes calomnies prendre quelque crédit, mais l'œil vigilant de la justice était dirigé sur ceux que certains indices lui signalaient d'abord. Une canne, reconnue depuis pour être celle de Fualdès, venait d'être trouvée dans la rue du Terral, sur le prolongement de celle des Hebdomadiers; et non loin de la maison Bancal un mouchoir usé, tordu récemment dans toute sa longueur. Brast raconta ce qu'il avait aperçu de sa fenêtre; d'autres parlèrent des gens apostés aux environs.

D'abord, comme plusieurs personnes avaient vu la veille Bastide s'entretenir sur la place avec Jausion, les juges pensèrent qu'il pourrait donner quelques renseignements, et l'huissier Girbelle fut expédié au domaine de Gros avec une citation. Il n'y rencontra que madame Bastide. En apprenant le but de sa mission, elle se trouva mal. Bientôt remise, elle dit : « Mon mari était ici hier » au soir à six heures.

» — Où est-il maintenant?

» — A la Morne. »

Il alla à la Morne.

« Je viens vous assigner, dit-il en abordant Bastide.

» — Pour quelle affaire?

» — A cause de l'assassinat de Fualdès.

» — Fualdès assassiné! mon parent! mon meilleur » ami! Comment cela est-il arrivé? s'écria hypocritement » Bastide.

» — Affaire de parti, répliqua l'huissier.

» — Non, ce ne peut pas être cela, c'est plutôt pour » affaires d'intérêt. »

Sans autre explication, l'huissier s'éloigna.

Les craintes chimériques soulevées à dessein sous le prétexte d'une vengeance de parti se dissipèrent bientôt; le calme reparut, l'intérêt se reporta tout entier sur la victime, et à mesure que quelques détails transpiraient, l'indignation allait croissant. Bancal, sa femme et sa fille aînée furent promptement arrêtés, et leurs autres enfants en bas âge placés à l'hôpital de Rodez. Une visite faite à leur domicile procura la découverte de la couverture de laine et de plusieurs linges ensanglantés que la Bancal n'avait osé ou pu laver encore ; d'une veste tachée de sang qu'on avait essayé d'enlever en le râclant avec un couteau, veste précisément que portait Bancal le jour de l'assassinat.

Une fois en prison, la Bancal tint des propos sur Fualdès qu'elle injuriait, sur le mouchoir qui le bâillonnait, sur le mauvais couteau avec lequel on l'avait saigné, sur sa chemise, sur sa bague, sur les trois écus de cinq francs ; enfin chaque jour elle faisait quelque confidence à ses compagnes de captivité, et contribuait peu à peu à former la réunion des indices, convertis bientôt en preuve accablante.

Les enfants, de leur côté, séparés de leurs parents et soustraits à leur influence, racontaient d'autres détails avec la naïveté de leur âge. Magdeleine surtout expliquait à merveille comment elle s'était glissée et avait vu à travers le rideau un *monsieur* qu'on saignait ; elle en signalait un autre sous le nom de monsieur de la Cité.

Alors l'attention se porta sur les démarches de Jausion et de Bastide le 20 mars. La visite dans son cabinet, le sac d'argent soustrait avec les livres et les billets, la recommandation du silence au domestique, la présence de Bastide trois heures après, son empressement à courir à l'armoire, cette clef tombée de sa poche, et qui était celle de Fualdès, tout fut rappelé, examiné, comparé. L'opinion publique les signala hautement et commença à leur demander compte du meurtre. La justice néanmoins hésitait encore. Des hommes alliés aux familles les plus considérables du pays, admis dans les meilleures sociétés, liés d'amitié, de parenté , avec Fualdès, sans altercation connue, sans rupture préalable, seraient-ils passés presque en un jour d'une longue intimité au plus atroce des forfaits? Toutefois ce n'étaient là que des considérations morales. Elles fléchirent devant les circonstances qui s'accumulaient chaque jour et devant une clameur qui grondait jusqu'à accuser les juges eux-mêmes. L'arrestation enveloppa en même temps Bastide, Jausion, Bach, Colard, Missonnier, Bousquier et la fille Anne Benoist.

Pendant que l'instruction se poursuit, parfois éclairée d'une lumière assez vive, parfois enveloppée de doutes renaissants et d'obscurité, certains faits préparaient la présence aux débats de l'un de ces témoins extraordinaires, dont la situation dramatique devait attacher à cette affaire, plus encore peut-être que l'atrocité même du forfait, une célébrité inouïe.

M. Amans Rodat possédait à Olemps, non loin de Rodez, une maison d'habitation. Depuis l'assassinat il y recevait assez souvent la visite d'une dame, qui était toujours la première à faire tomber la conversation sur ce sujet. La société était quelquefois assez nombreuse. Chacun y discutait les preuves telles que le public les indiquait, pesait les vraisemblances et les probabilités, insinuait que tel pourrait bien être fortement impliqué, tel autre beaucoup moins, et jamais la dame ne proférait un mot qui pût faire présumer l'innocence des accusés, paraissant plus empressée d'apprendre des détails que d'en donner. Un jour, dans la première semaine de juillet, seule et en tête-à-tête avec M. Rodat, ils eurent l'entretien suivant :

« Si vous connaissiez la vérité sur les assassins de Fual- » dès, lui dit-elle, que feriez-vous ?

» — Quelle demande ! peut-on garder un pareil secret? » J'irais tout raconter à la justice.

» — Si vous aviez été chez Bancal, si vous aviez tout » vu...

» — Grand Dieu ! s'écria M. Rodat saisi d'une » sorte d'enthousiasme, si j'avais été là, j'aurais béni le » ciel de m'avoir amené dans un coupe-gorge pour sauver » la vie à un père de famille, à un homme dont les vertus » publiques et privées avaient conquis l'estime de tous les » honnêtes gens.

» — Mais peut-on avouer qu'on a été dans la maison » Bancal, en donner une preuve juridique ?

» — Tout disparaît alors, tout s'efface devant la gra- » vité de la révélation. Quand un témoin obéit à la jus- » tice, qui aurait le droit de demander quel motif, quel » accident, quel coup du sort l'a entraîné dans pareil » lieu? Je dis plus, le public respecterait ce mystère, il » ne verrait là qu'un témoin conduit par la Providence » pour assister en quelque sorte au crime et plus tard en » convaincre les auteurs. Eh ! quand bien même le monde » oserait expliquer la vérité par de malignes interpréta- » tions et porter une sentence rigoureuse, on dirait comme » on l'a dit du péché de notre première mère : O heureuse » faute ! Dans tous les cas, la vérité est la plus sacrée des » obligations.

» — Mais si vous aviez été sans armes, le moyen de se

» défendre contre tant de monde? On ne pouvait appeler » du secours.

» — Dans ce cas, si j'avais pu sortir vivant de cette » maison, j'aurais volé de suite chez le premier magistrat » pour faire ma déposition. C'est un devoir sacré dont » rien ne peut dispenser. Toute obligation imposée par » la loi intéresse la conscience de l'honnête homme, et la » charité aussi en prescrit l'accomplissement. Si l'on avait » assassiné votre père, enlevé toute sa fortune, ne sou- » haiteriez-vous pas des témoins courageux?

» — Oui; mais si la personne était liée par un ser- » ment?

» — Un serment envers des scélérats, un serment ar- » raché par la violence ne saurait lier.

» — Mais si l'un des coupables avait sauvé la vie à la » personne, peut-on porter la hache sur son cou?

» — La question est délicate, continua M. Rodat; » j'essayerai pourtant de la résoudre. Celui qui assassine » son ami par intérêt a un intérêt contraire quand il nous » épargne au même moment. Placé entre un parjure et » le sacrifice douloureux d'un sentiment qui a sa racine » dans un cœur généreux, si la justice m'interpellait je » dirais : Un de ces hommes m'a sauvé la vie, je ne me » crois pas obligé de révéler son nom, la cour jugera si » je dois parler. »

La conversation n'eut pas d'autres suites; mais déjà il était facile de pressentir que les questions de la dame ne venaient pas d'un mouvement de pure curiosité. Toutefois, homme prudent et discret, M. Rodat ne chercha point à deviner. Elle se retira, évitant désormais la société, accablée sous le poids d'une pensée qu'elle ne pouvait garder et que néanmoins elle redoutait de trahir. Le mois presque tout entier se passa dans cette pénible lutte avec elle-même.

Un soir, le 28 juillet, elle était à la promenade, où l'aborda M. Clémendot, aide de camp du général Vautré. L'entretien roula bientôt sur le sujet de toutes les conversations.

« Connaissez-vous, madame, le bruit qui court depuis » avant-hier?

» — Non, et lequel?

» — Pendant l'assassinat de Fualdès, une femme ou une » demoiselle se serait trouvée dans la maison Bancal, où » l'on soupçonne qu'il a été commis, et y serait restée » malgré elle tout le temps de l'exécution.

» — Et comment aurait-elle été conduite là?

» — Par suite d'un rendez-vous.

» — La désigne-t-on?

» — Non, pas précisément, mais vous êtes du nom» bre. On a nommé mademoiselle Avit et vous aussi.

» — Oh! c'est une histoire faite à plaisir... Moi dans » la maison Bancal!

» — Je ne l'ai pas cru, madame; le lieu est trop mal » famé. Vous paraissez parfaitement libre et maîtresse » absolue de vos actions; vous avez votre appartement » pour y recevoir qui bon vous semble.

» — C'est vrai... Encore une fois, moi dans la mai» son Bancal... Ce n'est pas moi, vous dis-je, mais je » sais qui.

» — Que ne le déclarez-vous, madame? l'intérêt de » la justice doit prévaloir sur tout.

» — Vous le pensez, monsieur Clémendot? en ce cas » je ne vous dirai rien.

» — Je ne veux point violer votre secret, mais il me » semble...

» —Eh! que vous semble-t-il? que je devrais tout vous » raconter?

» — Était-ce une une dame ou une demoiselle?

» — C'était une dame.

» — Son nom?

» — Je dois vous le taire.

» — Eh bien, la première lettre seulement, me la re- » fuserez-vous?

» — Que vous êtes impatientant! vous avez plus de » curiosité qu'une femme. Puisqu'il faut absolument » vous contenter, la première lettre du nom de baptême » est un C.

» — Je ne connais aucune des dames de la ville par » leurs noms de baptême ; au moins donnez-moi la pre- » mière lettre du nom de famille.

» — Vous le voulez? c'est un E. »

M. Clémendot repassa dans sa mémoire les noms de toutes les dames de sa connaissance, et ne fut pas assez habile pour deviner la personne aux deux initiales indiquées.

« — Quoi! vous ne trouvez pas, » continua la dame en montrant une envie démesurée d'expliquer le mot de l'énigme. « Réfléchissez bien ; n'auriez-vous pas entendu

» parler d'une dame que l'on appelle Cl.... Cla.... » Clarisse?

» — Je vous jure n'en avoir jamais entendu parler.

» — Vous allez être convaincu, monsieur l'aide de » camp, que vous avez mal fait votre compte quand vous » avez imaginé que la personne qui était chez Bancal ne » devait pas être moi. Cette personne, c'est moi-même, » Clarisse Enjalran.

» — Quoi! vous avez été présente à cette horrible » scène! s'écria l'officier avec l'accent de la surprise. Mais » encore une fois, pourquoi avoir choisi une autre maison » que la vôtre?

» — Quand cet événement eut lieu, je ne demeurais » pas où je demeure aujourd'hui; je logeais chez madame » Pal, femme fort susceptible sur l'article des mœurs, et » qui se serait difficilement habituée aux visites nocturnes » d'un galant. Je m'étais rendue chez la femme Bancal » pour y attendre un jeune homme de la campagne avec » qui j'avais à régler certaines affaires d'intérêt. J'en- » tendis au dehors un grand bruit occasionné par plu- » sieurs personnes qui se disposaient à entrer; alors la » femme Bancal me poussa précipitamment dans un ca- » binet attenant à la chambre où j'étais. Ma frayeur, déjà » assez grande, redoubla lorsqu'il ne me fut plus permis » de douter qu'un crime venait de se commettre.

» — Vous l'avez donc entendu?

» — Sans doute, et ils en préparaient un nouveau... » contre moi... Malgré le trouble et l'agitation de mes » sens, je recueillis quelques paroles de menaces; il s'a-

» gissait aussi de me faire périr. Enfin on me rendit » libre, en me jurant que la première indiscrétion me » coûterait la vie.

» — L'impression d'une pareille scène a dû être bien » profonde et vous bouleverser longtemps.

» — Je ne pouvais jamais me remettre de ma terreur. » Pendant dix-huit nuits je fis les songes les plus épou- » vantables ; et je serais morte, je crois, si je n'eusse » fait coucher avec moi l'une des petites filles de ma- » dame Pal, chez laquelle je demeurais encore. Chaque » soir en rentrant je visitais tous les coins et recoins de » ma chambre, comme si quelqu'un pouvait être là prêt » à exécuter l'affreuse menace. A peine dans mon lit, je » jetais mon drap sur ma tête et je m'en couvrais le visage.

» — Je ne cherche pas, madame, à pénétrer votre se- » cret, mais il me paraît difficile que vous ne sachiez pas » quels étaient les assassins. Bastide Gramont, par exem- » ple, ne l'avez-vous pas reconnu?

» — Ne l'ayant jamais vu, comment aurais-je pu le » reconnaître ?

» — Et Jausion?

» — Ah! je ne l'ai vu que deux ou trois fois, et je pour- » rais difficilement le distinguer d'avec son frère. »

M. Clémendot continua à exprimer sa surprise d'une ignorance qu'il taxait de dissimulation. Il la pressa de questions auxquelles elle répondit avec un embarras visible et une faiblesse de raisonnements qui autorisait tous ses soupçons.

« — N'importe, ajouta-t-il ; à travers l'ambiguité de

» vos paroles je démêle les traits d'un homme. On ne le » croyait coupable que du vol commis chez Fualdès, et, je » le vois, il figurait aussi parmi ses assassins.

» — Qui donc? dit madame Manson avec vivacité.

» — Jausion. »

A ce nom elle se couvrit le visage et dit :

« — Ne parlons plus de cela.

» — Mais votre émotion, ce mouvement pour vous » cacher, ce sont autant d'aveux tacites ; vous en devez » un solennel à la justice. Pourquoi avez-vous tardé si » longtemps?

» — Ces gens-là tiennent à tant de familles ! tôt ou » tard je payerais bien cher mon imprudence. D'ailleurs » les visites que j'ai reçues de madame Pons et de ma- » dame Bastide m'en ont empêchée. »

Elle salua, et quitta brusquement son interlocuteur.

Le lendemain, 29 juillet, M. Clémendot étant à déjeuner avec plusieurs personnes ; on vint à parler du rendez-vous dans la maison Bancal, et l'on cita une demoiselle de la ville. Entraîné par un sentiment de justice, il dit tout haut : « Cela est faux, car je sais qui c'est. » Quelques heures après il était appelé devant le juge d'instruction, auquel il racontait toute la conversation.

Madame Manson ne tarda pas à y comparaître ; mais tous les efforts pour obtenir d'elle la confirmation des faits allégués par M. Clémendot furent inutiles. C'était pourtant un homme d'honneur ; comment douter de sa véracité ? Eût-il attaqué avec une légèreté coupable l'honneur d'une femme en signalant sa présence dans un lieu de débauche ? M. Enjalran, son père, ancien magistrat, vieillard recommandable, lui adressa en vain les plus pressantes exhortations; il échoua, et finit par recourir au préfet, sur l'ascendant duquel il fonda quelque espoir.

Animé de l'amour du vrai et subjugué par le désir d'un père, M. le comte d'Estourmel consentit à recevoir madame Manson, et le 31 juillet elle se présenta chez lui. Un mensonge fut son début; elle assura connaître à peine M. Clémendot, et nia lui avoir jamais rien confié au sujet de l'assassinat.

Le lendemain, 1er août, le préfet reçoit la lettre suivante :

« Monsieur,

» J'ai cru m'apercevoir que vous preniez à M. Clémen-
» dot un intérêt bien vif ; cette considération, jointe à la
» crainte d'occasionner un meurtre, me force aujourd'hui
» à vous dévoiler un mystère impénétrable pour tout le
» monde. Hier cela m'était impossible, j'étais dans un
» état qui ne peut être comparé à rien. En vain j'ai voulu
» vous le cacher, vous avez vu de quel poids j'étais op-
» pressée. Je vous dirai la vérité, monsieur ; mais daigne-
» rez-vous m'en croire? Puis-je compter sur le secret?
» Cela est bien difficile. Ma déposition n'est-elle pas entre
» les mains des juges ? ne l'ai-je pas signée? Quel sera
» mon sort? je l'ignore; mais la vie de mes frères ne sera
» plus en danger, mon père n'a pas à craindre de perdre
» sa fortune; enfin il faut rendre l'honneur à un brave
» officier ; qu'importe que celui d'une femme soit com-

» promis. Tout le blâme retombera sur moi. Je suis pré-
» parée à tous les événements. Que peut-il m'arriver ? ne
» suis-je pas faite au malheur, et depuis longtemps la me-
» sure n'est-elle pas comblée?

» M. Clémendot désire avoir une entrevue avec moi,
» j'y consens. Mais permettez que ce soit en votre pré-
» sence, et qu'après je vous entretienne sans témoins.
» Puisse le ciel me donner la force de parler ! puissiez-
» vous me croire ! Je ne m'y attends pas, mais du moins
» je ne causerai la mort de personne.

» Daignez, monsieur, me faire savoir l'heure, etc.

» E. MANSON. »

Elle arrive elle-même peu de temps après sa lettre, et M. Clémendot étant survenu, ils furent mis en présence. Elle reconnut la sincérité du récit de cet officier.

« — Il n'est donc pas probable que de gaieté de cœur
» vous ayez fabriqué une pareille histoire, dit le préfet.

» — Ma fille, ne vous montrez pas trop indigne du
» nom que je veux bien vous donner encore, ajouta son
» père ; redoutez toute mon indignation, quelque chose
» même de plus grave. » Et il se retira.

Madame Manson était en proie à une émotion vive.

» — Nous sommes seuls maintenant, parlez avec con-
» fiance, qu'avez-vous à redouter ? » lui demanda M. d'Estourmel.

« — Mais pourquoi vouloir que je témoigne? n'en sait-
» on pas assez sur cette affaire? Je n'ai rien vu, rien en-
» tendu ; je n'ai connu personne.

*Bourdet Del.* *Laurent. Sculpsit.*

FUALDES

*Nouvelles Causes Celèbres*
*ou*
Fastes du Crime.

Publié par Pourrat Frères

Le préfet redoubla ses instances.

« — Eh bien! je consens à faire des aveux devant mon » père. Laissez-moi y mettre une seule condition. Je ne » serai pas séparée de mon enfant, et l'on m'assurera les » moyens de pourvoir à son existence. »

M. Enjalran prévenu s'y engagea; et alors elle déclara formellement s'être trouvée chez Bancal dans la soirée du 19, mais n'avoir connu personne.

Souvent la vue des lieux théâtre du crime produit une impression dont la portée est incalculable, triomphe de l'obstination au silence, arrache des aveux que l'éloignement rendait faciles à comprimer. On résolut d'en tenter l'essai sur madame Manson, et on lui proposa de la conduire dans la maison Bancal. Elle s'y rendit sans répugnance avec le préfet, accompagné de MM. Enjalran, Julien et Brugnière. Ils étaient depuis peu d'instants dans la salle basse où l'attentat paraissait avoir été commis, lorsqu'ils virent madame Manson pâlir, trembler; peu après elle tomba à la renverse.

Revenue à elle-même par les soins de ces messieurs, elle crut reconnaître le cabinet où elle avait été jetée et où il y avait un fourneau près de la fenêtre. M. Julien s'y enferma et se convainquit qu'il était facile d'entendre ce qui se disait dans la salle. Cependant, de plus en plus agitée, madame Manson répétait : « Sortons d'ici, je vous » en conjure; ramenez-moi, je mourrai si je reste ici. » Elle reconnut la cour, l'entrée de l'allée. « Oui, c'est » bien l'allée. Là, j'ai été saisie et entraînée. Voici l'es-

» calier tout auprès ; mais je suis bien sûre de n'avoir » pas monté de marches. »

Ces messieurs s'efforcèrent, à la faveur de cette disposition d'esprit, d'obtenir de nouveaux aveux.

« Oui, il m'a été fait d'affreuses menaces, par un autre, » mais non par celui qui m'a tirée d'ici. Celui-là n'a » pas prononcé une parole ; en me quittant il m'a seulement laissé dans les mains un papier sur lequel étaient » écrits ces mots : SI TU PARLES, TU PÉRIRAS... »

Il était tard, la séance déjà longue, et il y avait d'ailleurs un point essentiel désormais à l'abri du doute : elle avait été dans la maison au moment fatal ! M. Julien la reconduisit jusqu'à sa demeure ; chemin faisant elle dit : « Avec » la manière dont M. le préfet s'y prend, il me fera tout » avouer. »

Comptant sur les réflexions utiles de la nuit, et afin de prévenir les mauvais conseils, ce magistrat la rappela dès le lendemain matin. La conférence dura huit heures.

« Avant tout, monsieur, ne me ramenez jamais dans » cette maison. » S'approchant de son oreille : « La vue » de mon père m'intimide, j'aimerais mieux être seule. » On céda à ses désirs.

Son anxiété était visible. L'altération de ses traits manifestait le violent combat qui se livrait en elle ; ses gestes, son accent prirent un caractère de vérité qu'il semblait impossible de feindre. Elle compléta alors sa première déclaration ; mais le mouvement secret d'une juste reconnaissance lui dicta, au sujet de certains détails, un mensonge sur l'effet duquel elle se créait des illusions ; après que sur la place de l'Annonciade Jausion lui eut dit vivement : « Va-t'en, » elle poursuit son récit en ces termes :

« Je fis quelques pas sans oser me retourner. Revenue » un peu de mon trouble excessif, je fus frapper chez » Victoire, ancienne femme de chambre de maman ; on » ne m'entendit pas. Je descendis l'Ambergue droite, et » fus me cacher sous l'escalier de la maison de l'Annonciade, que je savais être abandonnée. Un homme me » suivait ; je le reconnus pour le même qui venait de me » quitter. Il s'approcha et me dit :

« Est-il bien vrai que vous ne me connaissez pas ?

» — Non.

» — Je vous connais bien moi.

» — Cela est possible; tant de personnes peuvent me » connaître de vue que je ne connais pas !

» — Nous l'avons échappé belle, l'un et l'autre. J'étais entré dans cette maison pour voir une fille. Je ne » suis pas du nombre des assassins. Au moment où je » vous ai saisie, reconnaissant une femme, j'ai eu pitié » de vous et je vous ai mise à l'abri du danger. Jurez que » jamais vous ne parlerez de rien. Ne rentrez qu'au jour » et ne me suivez pas. »

Sa déclaration signée elle termina la conférence par cette réflexion : « Une pensée me tue : on pourra me » croire complice. » Le préfet l'engagea à prendre confiance et à mettre tout son espoir dans sa franchise. Il fut convenu avec son père que le lendemain elle répéterait tout devant la justice. Une heure après néanmoins on remettait à M. d'Estourmel le billet suivant :

« Écoutez-moi, monsieur le préfet ; au nom du ciel, » écoutez-moi, et prenez pitié de l'état affreux de mon » âme. En vous seul je mets toute ma confiance. S'il en » est temps encore, tâchez que mes dépositions ne soient » pas remises ; je suis presque aliénée. Je n'ai pris aucune » nourriture d'aujourd'hui. Il me paraît impossible de » réunir deux idées. Demain, si vous m'accordez jusqu'à » demain, je vous ouvrirai mon âme toute entière. Oh ! » ayez pitié de moi ; je ne suis qu'imprudente, mais le » temps presse...

» E. MANSON. »

Ce soir même on avait épié ses démarches pour la circonvenir, et elle avait été accostée par deux des défenseurs des prévenus. Aussi, le lendemain, au moment où le préfet la croyait prête à déposer devant la justice, elle arriva chez lui la figure toute décomposée, et articula qu'il ne devait pas être ajouté la moindre foi à sa déclaration de la veille, qu'elle n'était jamais entrée dans la maison Bancal, qu'elle avait fait un faux récit à M. Clémendot ; et elle s'échappa, laissant dans les mains de M. d'Estourmel une lettre où se peint assez le désordre de son âme et surtout la lutte incessante du vrai et du faux.

« Je suis indigne de vos bontés, abandonnez une infortunée. Accablez-moi de tout le poids de votre colère ; » achevez d'aliéner mon esprit ; il n'en est pas éloigné. » Je voulais aller me jeter aux pieds du premier président, lui tout avouer ; mais non, c'est à vous, à vous » que je le dirai. Modérez-vous, au nom du ciel ! modérez-vous, oubliez les trois journées que je viens de vous

» faire passer... Si ma vie est en danger, ce qui est possible, je n'en suis pas effrayée. J'ai tout pesé, considéré... Je vais être accusée d'imposture en plein tribunal, devant un peuple immense. Ma tête ne tient plus à cela... »

Le 4 août, malgré les plus vives sollicitations du procureur du roi, du préfet, de MM. Enjalran, Julien et Dauguac, tous réunis, après quelques aveux insignifiants, elle persista dans sa déclaration par la lettre qui suit. On ne la crut pas d'elle. L'art y était trop visible, le plan trop bien combiné, et les ressorts qu'on voulait mettre en jeu plus tard, trop savamment préparés à l'avance.

« C'est dans le sanctuaire de la justice, c'est en présence de ses ministres respectables et du Dieu qui m'entend et qui me jugera, que je veux dire la vérité.

» Ma première déposition, je le déclare, est la seule digne de foi. Tous autres aveux m'ont été arrachés par la violence et par la crainte d'occasionner des meurtres. En effet, de quoi n'ai-je pas été menacée? D'un côté, je crois voir mes frères engagés dans une affaire avec M. Clémendot, où nécessairement quelqu'un doit périr : je frémis ! D'un autre, on me parle d'un ordre du roi qui m'exile de ma patrie, qui me prive à jamais de mon enfant, le seul bien qui me reste. On me refuse tout moyen d'existence ; un père en pleurs me montre son honneur attaché à ma déposition. Enfin on me conduit, au milieu de la nuit, dans un lieu d'horreur, on tire des conséquences de l'effet que cette vue produit sur moi, et l'on a la barbarie

» d'ajouter que je serai enfermée seule si je ne parle pas.

» Des témoins déposent contre moi, le fait est avéré; » on me l'assure. Le public, dont la malignité cherche » toujours un aliment, invente les faits les plus atro- » ces. Je suis seule, sans défense, sans conseil, sans » appui. Quelle tête eût résisté à tant de maux accumulés » sur elle? Je perdis la mienne. La fièvre, le défaut de » sommeil et de nourriture, le désespoir alarmèrent mon » esprit; je dis des choses dont je ne me souviens même » pas. Je perdis un instant toute énergie, mais je la re- » trouverai et j'en ferai usage. Qui, moi, devant un tri- » bunal auguste, devant un peuple immense, j'irais » prêter un faux serment, et cela pour affirmer que je me » suis trouvée de nuit dans un lieu de prostitution au » moment où il s'y commettait un crime horrible! et » l'honneur d'une famille n'est pas compromis dans une » pareille déposition!

» Je le répète encore, à tous risques pour moi et les » miens, je nie formellement de m'être trouvée dans la » maison Bancal, non-seulement le 19 mars, jour de » l'assassinat, mais même antérieurement à cet attentat. » J'ignorais la position et l'existence de cette maison. Si » je les connaissais, s'il était en mon pouvoir d'éclairer » la justice, nulle considération ne m'arrêterait.

» J'étais le 19 mars, à six heures du soir, chez M. Pal, » dans la rue Neuve, d'où je ne sortis que le 20 à neuf » heures du matin. Que M. Clémendot se batte avec mon » frère, que toute ma famille périsse, je ne certifierai » jamais un fait faux qui la déshonore sans retour. Je

» suis décidée à subir tous les événements. La vérité se » découvrira, je l'espère. En attendant, je le déclare, je » persiste dans ma première déposition. Je la soutiendrai » pendant le reste de ma vie, et je signe

» E. Manson. »

Malgré sa constance impassible à poursuivre le vrai, qui s'était montré d'abord à travers quelques nuages, mais qui cette fois s'obstinait à lui échapper, M. le préfet ne put se défendre de quelques remarques sévères sur les épreuves redoublées auxquelles l'inexplicable témoin mettait depuis plusieurs jours sa patience et sa bonne foi. Elles n'amenèrent aucun résultat sérieux. Toujours mêmes agitations, même incertitude. N'écrivit-elle pas :

« Oui, monsieur, je me suis décidée ; un instant de » plus et je disais... Mais ma sûreté ! mais demain je vous » le dirai. Vous me répondez de tout, du secret principa- » lement. Vous verrez que ma déposition est vraie et » fausse. Je n'ai jamais été chez Bancal, et cependant je » suis censée y avoir été. O mon Dieu ! prends pitié de » moi !

» E. Manson. »

Bientôt elle inventa et débita un roman dont la trame, assez bien tissue d'ailleurs, laissait entrevoir tous les efforts de l'imagination qui en avait disposé les détails essentiels.

« Le dimanche qui suivit le jour de l'assassinat de » M. Fualdès, sortant de la messe de la cathédrale, un » homme me remit une lettre dans un peloton et dispa- » rut. Il parlait patois et me sembla jeune. Je rentrai

» chez moi, dévidai ce peloton, qui me parut volumineux, » et je lus la lettre. Elle était d'une belle écriture; on » me disait : « Une femme a pris ton nom, elle était chez » Bancal; si cela vient à se découvrir, ne nie pas : tu ne ris- » ques rien, tu n'as rien vu, rien entendu. Tu diras que tu » avais à parler à quelqu'un, que tu es entrée, que tu as » été saisie par quelqu'un, qu'on t'a renfermée, que tu » t'es évanouie, que tu n'as rien vu, que tu as été con- » duite par un inconnu sur la place de la Cité, que la nuit » était trop noire pour rien discerner. Dis que tu étais en » homme. Si l'on veut voir ton habit, réponds qu'il est » brûlé; si l'on t'objecte pourquoi, explique qu'il y avait » du sang. N'oublie pas surtout que tu n'as rien vu, rien » entendu et que tu n'as rien à craindre. Si tu as des » dettes, elles seront payées, et après le jugement tu » n'auras pas besoin des secours de ton père. Prends » garde : si tu ne brûles pas cette lettre après l'avoir lue, » si tu en parles jamais, tu ne peux nous échapper; on » saura bien t'atteindre, et le poignard ou le poison nous » délivreront de toi. Tu seras soupçonnée, tu auras tout » contre toi; avoue que tu n'as rien vu, tu ne causes aucun » malheur, pourvu que tu soutiennes que tu étais sans » connaissance... » Enfin, vers les dix heures du soir, on » me jette encore par la fenêtre un billet où il y avait : « Tu n'as rien vu, rien entendu. » C'était sur du papier » ressemblant à un papier de soie; il y avait un ruban et » une petite pierre. »

Elle ne tarda pas à convenir de l'absurdité de ce conte. Huit ou dix jours se passèrent en pourparlers inutiles. Le

18 août le préfet la mit en présence de la dame Victoire, chez laquelle elle prétendait s'être réfugiée en quittant l'Annonciade. Tous deux se réunirent pour lui démontrer l'impossibilité de sortir du labyrinthe où elle s'était engagée. Elle pria la dame Victoire de la laisser avec M. le préfet, auquel elle adressa ces paroles remarquables : « Si je dois être interrogée, la figure de M. Jausion s'al-» longera quand je parlerai.—Que voulez-vous dire? s'é-» cria le préfet. — Il aimerait mieux que ce fût moi qui » eût été chez Bancal; mais je ferai peut-être trouver » celle qui y était. »

Ainsi chaque entrevue ne servait désormais qu'à accroître le doute et à envelopper ses révélations d'obscurités nouvelles. Il appartenait à la justice seule, avec ses formes solennelles, avec la religion du serment qu'elle impose, avec l'appareil des menaces, que dans certains cas la loi même autorise, d'arracher de madame Manson cette vérité que de plus en plus elle refoulait au fond de son âme. L'instruction d'ailleurs semblait complète.

Malgré la démonstration accablante de leur culpabilité, les accusés, Bousquier excepté, gardèrent le silence le plus absolu. Bancal, qui dès son arrestation avait fait espérer d'importants, aveux s'était empoisonné avec du vert-de-gris, obtenu, dit-on, par le moyen de gros sous qu'il avait fait croupir dans de l'urine renfermée dans un vieux soulier. Seulement, à la nouvelle que Bastide venait d'être arrêté, il aurait dit : « C'est un de ceux qui ont tué Fualdès. » Il y en a bien d'autres. On les aura tous. »

### LES DÉBATS.

Les débats s'ouvrirent donc devant la cour d'assises de Rodez le 19 août 1817. L'indignation qui animait les habitants contre les accusés avait imprimé au nombreux concours des spectateurs qui formaient l'auditoire une susceptibilité extraordinaire et éveillée à chaque occasion. Ainsi M. Fualdès, fils de la victime, en demandant d'une voix émue à la justice de venger les mânes de son père, excitait tour à tour, par sa douleur et son désintéressement, les larmes et l'admiration. Les réponses hypocrites de Jausion, l'assurance effrontée de Bastide, la froide impassibilité de la Bancal, redoublaient l'horreur inspirée par leur présence.

A côté d'eux, Colard et Anne Benoist sa maîtresse ne se souvenaient qu'ils étaient sur les bancs du crime que pour prendre la défense l'un de l'autre et faire éclater les sollicitudes d'un amour exalté, quoiqu'il eût pris naissance dans les habitudes les plus honteuses. Enfin les scènes dramatiques où parut madame Manson, en maîtrisant les suppositions autorisées par sa conduite, promenaient les esprits à travers mille émotions diverses et soutenaient l'intérêt, qu'autrement la multiplicité des détails aurait diminué, ou tout au moins ralenti.

Les témoins à charge entendus étaient au nombre de deux cent quarante-trois, et ceux à décharge au nombre de soixante-dix-sept. Quand on appela madame Manson, un silence religieux régna dans l'audience. Un voile couvrait son visage. Le président lui adressa d'abord une touchante exhortation. Il la termina ainsi :

« Madame, le public est convaincu que vous avez été » poussée dans la maison Bancal par accident et malgré » vous. On vous regarde comme un ange destiné par la » Providence à éclairer un horrible mystère. Quand même » il y aurait eu de votre part quelque faiblesse, le service » immense que votre déclaration va rendre à la société en » effacerait le souvenir. » Puis s'adressant à la femme » Bancal : « Connaissez-vous cette dame ? »

Madame Manson se tourne vivement du côté de la femme Bancal, lève son voile, et d'un ton ferme : « Me » connaissez-vous ?

» — Non.

» M. le Président, *à madame Manson.* — Connais- » sez-vous cette femme ?

» — Non, jamais je ne vis cette femme.

» M. le Président, *à Bastide et à Jausion.* — Con- » naissez-vous cette dame ?

» Jausion. — Je ne la connais que pour l'avoir aper- » çue deux ou trois fois chez moi, il y a quatre ou cinq » mois, faisant visite à madame Pons, ma belle-sœur.

» Madame Manson, *avec vivacité.* — Pourquoi donc » a-t-il eu l'audace de me saluer en plein tribunal ?

» Bastide. — Je ne connais cette dame que pour l'a- » voir vue une fois sur le grand chemin. »

Le président exhorte de nouveau madame Manson à dire la vérité. Celle-ci lance un regard expressif sur les accusés et tombe évanouie. On l'emporte aussitôt sur une terrasse attenant à la salle : là elle revient à elle après avoir éprouvé de fortes convulsions, et s'écrie à plusieurs reprises avec l'accent de la plus vive terreur : « Otez de » ma vue ces assassins ! ôtez de ma vue ces assassins ! »

Une fois en état de reparaître, elle est ramenée sur le siége des témoins. « Allons, madame, lui dit avec dou- » ceur le président, tâchez de calmer votre imagination. » N'ayez aucune crainte ; vous êtes dans le sanctuaire de » la justice, en présence des magistrats qui vous proté- » gent. Faites connaître la vérité; courage. Qu'avez- » vous à nous dire ? Ne vous êtes-vous pas trouvée à l'as- » sassinat de M. Fualdès?

» — Je n'ai jamais été chez la femme Bancal. (*Après » un moment de silence.*) Je crois que Bastide et Jausion » y étaient.

» — Si vous n'y étiez pas présente, comment le croyez- » vous?

» — Par les billets anonymes que j'ai reçus, par les » démarches qu'on a faites auprès de moi.

» — Comment avez-vous pu dire que vous les regar- » diez comme coupables ?

» — Par conjecture. (*Elle se tourne vers Jausion.*) » Quand on tue ses enfants, on peut bien tuer son ami. »

Jausion jette les yeux sur madame Manson, qui continue d'un ton ferme : « Actuellement, je vous regarde.

» — Comment a-t-il tué ses enfants?

» — C'est une affaire arrangée, mais le public n'en » est pas dupe.

» — N'avez-vous point d'autre motif de votre conjec- » ture que cette affaire arrangée?

» — Non, je n'ai point été chez la femme Bancal, non,

» je n'y ai point été. (*En élevant la voix.*) Je le soutien-» drai jusqu'au pied de l'échafaud.

» — Mais vous avez tenu un langage tout différent à » des témoins irréprochables, entre autres à M. Rodat, » votre cousin.

» — (*D'un air affecté.*) Je ratifie d'avance tout ce » que dira M. Rodat, c'est un homme incapable de » mentir. J'ai été à la préfecture plusieurs fois, j'ai fait des » aveux imprudents... Ils sont faux... Je les ai rétractés. » Ces aveux m'avaient été arrachés par la crainte de mon » père. Si vous saviez ce dont j'ai été menacée...

— Au nom de votre malheureux père déchiré par » mille chagrins, au nom de la justice, au nom de l'hu-» manité qui gémit d'un crime horrible, au nom de la » nature dont les liens ont été brisés par un forfait alar-» mant pour la société entière, je vous en conjure, dites » tout ce que vous savez. Pourquoi trahir la vérité? Oui, » si vous aviez une faiblesse à vous reprocher, le moment » d'une réhabilitation solennelle est venu. Voyez avec » quelle attention on vous écoute. Parlez, parlez donc! » au nom de ce Dieu que vous voyez sur ma tête, je vous » en supplie. Le public, effrayé de l'attentat commis sur » la personne d'un homme que vous avez connu, d'un » magistrat qui siégeait à côté de votre père, demande le » triomphe de la vérité. Il vous chérira, il vous portera » aux nues si vous faites connaître les vrais coupables. » Prouvez-nous que vous avez été élevée dans l'amour de » la justice, que vous l'aimez, que vous savez lui obéir. » Vous avez souvent parlé de l'honneur de votre famille,

» eh bien, cet honneur ne peut jamais s'allier avec le » parjure ; les plaies qu'on lui porte ne se cicatrisent ja» mais. Parlez, fille d'Enjalran ! parlez, fille d'un ma» gistrat !... »

Pendant ce discours, la figure de madame Manson s'altérait par degrés ; à ces derniers mots elle tomba de nouveau évanouie. En revenant à elle, elle aperçut à ses côtés le général Despériers. D'une main elle repoussa, de l'autre elle posa la main sur son épée et s'écria : « Vous » avez un couteau. » Elle s'évanouit encore. Peu à peu elle reprend ses sens et dit au président : « Demandez à » Jausion s'il n'a pas sauvé la vie à une femme chez » Bancal.

» Jausion. Je ne sache point avoir sauvé la vie à per» sonne ; j'ai rendu beaucoup de services, je l'ai fait avec » plaisir, mais je n'en ai pas d'idée... » Alors les yeux de l'accusé rencontrent ceux de madame Manson ; elle détourne les yeux et s'écrie : « O Dieu ! (*Puis avec force.*) » Il y avait une femme chez Bancal ; elle y avait un ren» dez-vous ; elle ne fut pas sauvée par Bastide.

» Le Président. — Par qui? il y avait Jausion et » Bastide?

» Madame Manson. — Je vous dis qu'il y avait une » femme chez Bancal ; Bastide voulait la tuer, Jausion la » sauva.

» — Mais Bastide et Jausion nient avoir été chez » Bancal.

» — Bastide et Jausion n'ont pas été chez Bancal ! » Demandez à Bousquier s'il me connaît. »

Le président répète la question.

« Non, je ne la connais pas; je ne crois pas l'avoir » jamais vue.

» — Et vous, madame, connaissez-vous Bousquier?

» — Non, je le vois pour la première fois.

» — Accusés Jausion et Bastide, vous étiez chez Ban-» cal... qui de vous a voulu sauver....

» — Non, pas Bastide, dit madame Manson d'une » voix forte, non pas Bastide!

» LE PRÉSIDENT, *à madame Manson.* — Si vous n'é-» tiez par chez Bancal, qui vous a dit qu'il y avait une » femme qu'on a sauvée?

» — Beaucoup de monde... Blanc de Bouvines.

» — Connaissez-vous la femme qui a été sauvée chez » Bancal?

» — Plût à Dieu que je la connusse!... le moment » n'est pas loin peut-être où cette femme se montrera! » Blanc de Bouvines m'a assuré avoir entendu dire qu'il » y avait chez Bancal une femme à qui l'on a sauvé la » vie. On a parlé de E. de M..... (Enjalran Manson); ce » sont mes noms. »

Madame Manson tombe en syncope; peu à peu elle revient et parle bas au général placé à ses côtés.

« LE PRÉSIDENT. — Où se cacha cette femme? n'est-» ce pas dans un cabinet?

» MADAME MANSON, *d'une voix entrecoupée et les » larmes aux yeux.* — Oui, on dit qu'elle fut cachée » dans un cabinet.

» — Cette femme ne s'est-elle pas trouvée mal dans » ce cabinet?

» — Ce n'était pas moi qui étais chez Bancal. J'ignore » si cette femme se trouva mal dans ce cabinet; mais je » sais que Bastide voulait la tuer et que Jausion la sauva » et la reconduisit jusqu'au puits de la place de la Cité.

» — En passant dans la cuisine de Bancal, cette femme » ne vit-elle pas un cadavre?

» — Je répète que je n'ai jamais été chez Bancal.

» — Alors, comment pouvez-vous savoir tant de choses?

» — Ce sont des conjectures; des billets reçus ou des » démarches faites auprès de moi dans l'intérêt des ac- » cusés... Et puis, à ce qu'on me rapporta, M. Jausion » avait demandé des poignards... ensuite madame Pons » m'assura le contraire. On m'envoya plusieurs adresses » pour m'inviter à me rendre dans certaines maisons; » j'ai refusé, de crainte d'y rencontrer des personnes de » la famille Bastide. »

Après ces paroles, madame Manson ayant prononcé avec embarras le mot *serment*, M. le président lui demande : « N'a-t-on point fait prêter serment à la femme » sauvée par Jausion? »

A cette question, elle essaye de reprendre toute son assurance, et lançant un regard courroucé sur les accusés, elle répond : « On dit qu'on fit faire un serment terrible » sur le cadavre. Demandez à M. Jausion s'il n'a pas cru » que cette femme à qui il a sauvé la vie fût madame » Manson.

» Jausion. — Je n'ai sauvé la vie à personne. »

Après de nouvelles et vaines instances du président, M. Fualdès fils obtient la parole et dit :

« Madame Manson n'ose s'expliquer, sans doute parce » qu'elle est effrayée par l'image des poignards et plus » encore par l'image des assassins de mon père. Je prie » M. le président de faire placer huit hommes de la force » armée entre elle et les prévenus, soit pour lui dérober » la vue de ceux-ci, soit pour la rassurer contre ses pro- » pres craintes. (*Se tournant ensuite vers madame Man-* » *son.*) Je vous supplie, madame, de faire entendre la » vérité au nom de ce que vous avez de plus cher au » monde, au nom de votre père, au nom de votre fils ; je » vous la demande dans l'intérêt même des accusés. S'ils » sont innocents, d'un seul mot vous pouvez les sauver ; » parlez, madame, parlez ; un fils vous le demande pour » venger le sang de son père. »

Une haie de soldats, sur l'ordre du président, se place entre le siége de madame Manson et le banc des accusés.

« Le Président, *à Bastide.* — Vous le voyez, Bas- » tide, vous étiez dans la maison Bancal au moment de » l'assassinat ; est-ce vous qui avez proposé ?...

» Bastide, *interrompant.* J'ai déjà eu l'honneur de » vous dire que je n'avais jamais eu de rapport avec la » maison Bancal, quoi que dise madame Manson. »

Celle-ci se lève aussitôt, et frappant avec force du pied, elle s'écrie avec l'accent de l'indignation : « Avoue donc, » malheureux ! »

A ces mots un mouvement d'horreur saisit tout l'auditoire, un silence plus morne règne dans la salle, les accusés eux-mêmes paraissent consternés.

« Le Président. — Comment pouvez-vous accuser » aussi fortement les prévenus et ne pas avouer que vous » avez été dans la maison Bancal ?

» — Comment peuvent-ils le contester? il y a tant de » témoins qui le déposent !

» — La vérité, madame, je vous en supplie, la vérité.

» — Je ne puis la dire.

» — Pourquoi frémissez-vous lorsque vous entendez la » voix de Bastide? pourquoi vous troublez-vous lorsqu'on » parle du cadavre de M. Fualdès et d'un couteau?

» — Je ne puis pas dire que j'ai été chez Bancal, et » cependant tout est vrai... Appelez les témoins à qui j'en » ai parlé, je ne nierai rien. »

Successivement sont introduits M. Rodat, Victoire Redoulez, MM. Clémandot et d'Estourmel, qui tous répètent ce que nous connaissons déjà.

Bastide se lève et conjure madame Manson de dire la vérité. A ses gestes, à la chaleur de ses supplications, il semblerait n'avoir à redouter que le mensonge. « Craignez-vous ma famille? Si je suis coupable, elle me rejettera de son sein.

» Madame Manson, *qui jusqu'alors était restée dans* » *l'attitude de la réflexion.* — Je n'ai jamais été chez » Bancal... je ne le dirai jamais... on me conduira plutôt » à l'échafaud... Je suis une femme d'honneur... je dis » la vérité à la justice. Je n'ai rien dit à M. Clémandot... » je l'ai affirmé par serment.

» Bastide. — Que craignez-vous, madame? ma fa-
» mille prendra l'engagement...

» — Je n'ai point d'engagement à prendre avec vous,
» Bastide ! »

Malgré tous les efforts de la justice, madame Manson persista dans ses dénégations ; le procureur général se vit donc forcé de prendre contre elle des mesures pour la poursuivre en faux témoignage. En effet, si les présomptions de culpabilité s'appuyaient sur de respectables et puissantes dépositions, en réalité il n'existait que deux témoins du crime : un enfant de huit ans, dont la naïveté, dont les propos indiscrets mettaient la tête de sa mère sous l'instrument du supplice; un complice, Bach, dont les aveux tardifs pouvaient être un calcul. Leurs révélations devaient être accueillies avec une extrême méfiance.

Ainsi les réticences, les dénégations inouïes de madame Manson, tantôt accusant, tantôt prétendant ne rien savoir, embarrassaient au plus haut degré la conscience des juges, que la loi laisse absolument libres dans le choix des éléments de conviction. La défense, par l'un de ses plus éloquents organes, lui adressait de sévères reproches.

« Vos contradictions, vos demi-aveux, vos frayeurs
» sont plus funestes aux accusés que des articulations po-
» sitives et tranchantes. La vérité toute entière, fût-elle
» terrible, valait beaucoup mieux. Je la réclame en leur
» nom. Qu'auriez-vous à craindre de leur vengeance? ils
» sont dans les fers.

» — Ah ! tous les coupables ne sont pas dans les fers,
» s'écrie aussitôt madame Manson.

» — Nommez-les, » reprend l'avocat.

Alors on s'imagina quelques minutes, qu'abandonnant son mystérieux système, madame Manson allait enfin fixer l'opinion flottant encore dans un reste d'incertitude. Vain espoir, elle répondit : « La vérité ne sortira pas de ma » bouche. » Puis elle se contenta de prétendre qu'une autre dame s'était trouvée chez Bancal, et elle désigna mademoiselle Rose Pierret, qui soutint avec force le contraire et la convainquit presque d'imposture. Le moment n'était pas encore venu de renouveler un aveu terrible.

Après de longues plaidoiries, et le 12 septembre 1817, Bastide, Jausion, Bach, Colard et la veuve Bancal furent, sur la déclaration du jury, condamnés à la peine de mort; Anne Benoist et Missonnier à celle des travaux forcés à perpétuité et à la flétrissure des lettres T P ; Bousquier à un an de prison ; les dames Jausion, Galtier et Marianne Bancal acquittées.

### LA CASSATION.

La France, l'Europe même, attentives au dénoûment de cette sanglante tragédie, le croyaient enfin arrivé. Mais le dernier refuge des accusés, le pourvoi en cassation, n'avait pas trompé leurs espérances. Un léger défaut de forme, un vice dans la rédaction faite par le greffier du tribunal, prolongea l'existence des assassins de l'infortuné Fualdès. Le 9 octobre l'affaire fut renvoyée devant la cour d'assises d'Alby.

Les habitants de Rodez gémirent de ce renvoi; ils voulaient que l'infâme repaire fût détruit ; ils demandaient hautement que la vengeance de leurs concitoyens ne fût pas retardée plus longtemps et que le crime fût expié sur le lieu même où il avait été commis. L'opinion publique éclatait en murmures; les esprits étaient agités, et surtout dans la classe laborieuse du peuple on répétait souvent : « Ils parviendront peut-être à s'échapper. » Insensible à toutes ces clameurs, la justice poursuivait l'instruction avec sagesse.

Dans l'intervalle, l'avidité du public pour tous les détails semblait redoubler et s'irritait par ces lenteurs mêmes. Les journaux, profitant de cette disposition des esprits, mettaient en usage jusqu'aux moyens les plus futiles d'alimenter la curiosité publique. L'horreur qu'inspirait un crime affreux, un voile mystérieux à soulever, le scandale d'une intrigue vraie ou supposée, tout protégeait le charlatanisme des inventeurs de nouvelles.

Que de bruits étranges, contradictoires, furent tour à tour lancés en circulation! que de ressources mises en œuvre pour attirer les regards! Tantôt des témoins connus du rédacteur seul avaient fait des révélations importantes; tantôt M. Clémandot était prisonnier pour dettes et détenu au fort de Pierre-Chastel; tantôt on assurait qu'il venait d'arriver à Paris. Ici, Bastide ne voulait plus de Me Romiguières pour avocat; là, mademoiselle Rose Pierret venait d'être arrêtée à Toulouse; et mille puérilités qui n'en tenaient pas moins les esprits en suspens.

D'un autre côté, chaque jour amenait des révélations importantes : celle de la servante de Jausion, quand il se précipita vers le lit de sa femme; celle du meunier Alboux, qui avait aperçu le cortége d'un buisson où il s'était caché; celle de Fournier le pêcheur. Des témoins dont la pusillanimité avait enchaîné la langue tant qu'ils avaient pu douter de la condamnation, parlaient maintenant, et certains complices eux-mêmes ne luttaient plus contre la vérité.

La petite Madeleine, fille de Bancal, avait été soumise à une épreuve négligée jusque-là. Le président de la cour d'assises d'Alby, durant sa visite à la maison Bancal, la fit venir de l'hospice et placer dans le lit. Diverses personnes amenées à dessein et inconnues auparavant passèrent à plusieurs reprises devant le lit, et par le même trou du rideau la petite les signala.

La mémoire de Fualdès recevait aussi une éclatante satisfaction. Tout était rappelé, son caractère inébranlable, ses vertus de citoyen et de magistrat, la finesse de son esprit et la générosité de son cœur. Les amis des accusés n'osaient plus prendre leur défense. Madame Jausion succombait à sa douleur. Le neveu de Bastide, victime d'un préjugé déplorable et quelquefois salutaire, venait de mourir du regret d'être déshonoré par le crime de son oncle. Les jours de son frère étaient menacés, et leur grand-père, accablé par son désespoir, descendait au tombeau. Ainsi, comme pour ajouter à l'exécration dont Bastide était chargé, la mort multipliait ses coups sur sa famille et en frappait les têtes innocentes avant que le glaive de la loi n'abattît la sienne si coupable.

Les étrangers eux-mêmes, attirés par l'atroce célébrité

des assassins, accouraient en foule à Rodez, jaloux de les voir de près, et se succédaient aux portes de la prison. Bastide fixait d'abord leurs regards; son œil dur et sinistre, sa pâleur, ses formes colossales, là, comme au jour de l'attentat, lui assignaient la première place. Toutefois cette prééminence qu'il s'était arrogée par l'audace, Jausion l'avait reconquise peu à peu. Bastide lui témoignait une déférence marquée; il n'avait plus ce ton impératif, cette parole brusque, moyen de terreur ajouté à tant d'autres; il avait fini par fléchir sous le génie de la ruse et de la fourberie. Sombre, pensif, les yeux constamment fixés vers la terre, Jausion le dominait de toute la supériorité de l'intelligence sur la matière. Il semblait néanmoins indifférent à tout; sa mise, autrefois recherchée, ne l'occupant plus, son air dégoûté lorsqu'il prenait ses repas, annonçaient un homme que l'espoir a quitté sans retour et que l'attente de l'avenir préoccupe et ennuie.

Dans une autre prison étaient entassés pêle-mêle les obscurs complices de l'assassinat. Colard, l'ancien soldat du train, jeune blond, l'air assuré et point dépourvu de noblesse, quoique sa lâcheté l'eût fait chasser avec mépris de son régiment. La voix flatteuse d'Anne Benoist, au maintien doux et décent, l'avait retenu à Rodez. Ils demeuraient ensemble dans le repaire de Bancal et faisaient à l'exécuteur des hautes œuvres une cour assidue; Colard espérait lui succéder.

Bach, contrebandier de profession, au visage fourbe et rusé, inspirait la méfiance, et ses habitudes formaient un contraste frappant avec celles du niais et imbécile Missonnier, dont les traits sans expression conservaient l'immobilité la plus complète.

Plus loin, la Bancal, dont le vice encore plus que l'âge et la misère avait courbé la taille et dégradé le visage, excitait le dégoût. Ses regards rampants et faux, sa physionomie méchante, respiraient toute la perversité de la plus hideuse nature.

On se détournait avec horreur de cette bande de scélérats pour se rapprocher de ce témoin qui étonne et déconcerte les magistrats chargés d'approfondir son âme, de madame Manson, si inexplicable dans son plan de conduite ; de témoin, d'accusée de faux témoignage qu'elle était d'abord, elle avait passé au rôle de complice de l'assassinat de Fualdès. Triste et recueillie, elle poursuivait son rôle entourée du même mystère.

Madame Manson, âgée de trente-deux ans, avait une de ces physionomies qui, sans être jolies, annoncent de la sensibilité et une irritabilité extrême. Ses yeux, un peu éteints, avaient cependant de l'expression. Sa bouche laissait apercevoir des dents d'une blancheur rehaussée encore par des lèvres vermeilles. Son teint jaune s'animait aisément. Sa taille petite avait de la grâce, et sa mise peu recherchée assez d'élégance. Soit prévention, soit réalité, l'ensemble de cette figure inspirait un sentiment romanesque et indéfini qui serait allé à l'âme pour peu qu'on s'y fût livré.

Mais que de commentaires, que de jugements divers sur sa conduite !

Quelques censeurs austères s'écriaient : « Que veut

» enfin cette modeste bourgeoise d'une petite ville du » Rouergue, qui occupe plus à elle seule l'attention pu- » blique que dix batailles gagnées et vingt traités de » paix ? N'a-t-elle pas rendu la justice elle-même presque » complice de sa fatigante vanité ? Que prétend-elle, de » mêler ainsi une obscure intrigue à un épouvantable » drame ? Elle aspire à la célébrité... elle sait maintenant » à quel prix on l'obtient. »

Certains critiques lui prodiguaient l'amertume de leur satire : « Avez-vous vu quelquefois la Sainval et la Rau- » court ? Sans les singer absolument, sans abandonner son » rôle d'être toujours elle, madame Manson fera son entrée » en scène aussi fièrement qu'une de ces reines de théâ- » tre ; elle lancera un regard, elle élèvera les yeux au ciel, » elle soupirera, elle tremblera, elle aura des palpita- » tions, elle se crispera, elle s'évanouira, elle tombera, » elle retiendra son haleine, elle sera immobile, elle re- » prendra ses sens, elle sourira. Pleurera-t-elle ?... Sans » doute. Elle parlera avec émotion, elle se taira avec » mystère. Elle apercevra les accusés, elle sera agitée, » elle se tordra les mains, elle se troublera, elle prendra » encore l'épée d'un général pour un couteau, elle s'ef- » frayera, elle voudra s'évanouir de nouveau ; son châle, » sa robe, son voile attesteront qu'elle a pris toutes ses » précautions. Ne ressemble-t-elle pas à une énigme qui » vous attache un instant, qui à la fin vous fatigue, vous » ennuie et vous dégoûte, et que pourtant on ne veut » point quitter sans en avoir trouvé le mot ? »

D'autres, plus indulgents ou plus justes, cherchaient

à appeler quelque intérêt sur elle en expliquant naturellement ce qu'ils ne pouvaient défendre. Ils disaient : « Eh ! » qui n'a vu dans sa conduite incertaine et timide les » anxiétés d'une conscience agitée et frappée de terreur ? » Placée sous l'empire d'un sentiment dont elle n'a pas la force de braver la puissance, elle semblait s'être attachée à réunir toutes les contradictions et tous les contrastes.

Tantôt entraînée par l'ascendant de la vérité, elle rapportait ce qu'elle avait vu ; là, tourmentée par des craintes qu'elle s'efforçait de déguiser, elle s'enveloppait dans des réticences et finissait par se démentir. Ici, elle excitait la confiance par un récit marqué au coin de la sincérité ; là, elle le modifiait, le dénaturait avec un embarras fatigant à la fois et pour le juge dont elle absorbait l'attention, et pour le public dont elle excitait la pitié.

Ici, affectant un ton d'abandon et de sécurité, elle paraissait jouir de tout le calme de son esprit; là, au contraire, agitée par une pensée secrète qu'elle laissait mystérieusement entrevoir, qu'elle ne communiquait jamais que par ses alarmes. Ici, ajoutant à son langage les illusions du geste, le prestige d'une pantomime expressive, elle peignait tour à tour avec la même énergie l'indignation et l'horreur qui transportaient ses sens. Là, elle étudiait ses discours, parlait avec sang-froid de ce qui tout à l'heure bouleversait son âme. Aussi, après avoir subjugué les cœurs, elle les attristait par ce contraste affligeant. Aveux, rétractations, demi-aveux, réticences, merveilleux semé çà et là dans ses récits, tout décelait en elle les combats et les orages d'un cœur fortement comprimé : tout portait l'empreinte d'une fatalité cruelle.

Puis, par une allusion anticipée à ses Mémoires annoncés déjà : « Ah ! sans doute, ajoutait-on, il faudra lui » pardonner de soumettre au public le problème de ses » contradictions, et si aux scènes austères et doulou- » reuses dans lesquelles elle doit figurer encore elle mêle, » comme on le redoute, les jeux de l'esprit couvrant des » fleurs d'une imagination spirituelle et ardente le plus » hideux des tableaux, eh bien, on lui pardonnera encore, » pourvu qu'elle le déroule tout entier ; là seulement et » désormais l'on ne se souviendra plus que de son cou- » rage à la dire. »

Cette vérité, Bastide prouva combien il la redoutait. Une fois déjà, quoique environnée d'épais nuages, elle l'avait confondu. Dans l'ombre de son cachot, il complotait les moyens de la défier. Pour distraire, à ce qu'il disait, les ennuis de sa captivité, il s'occupait à faire des paniers en tresses de paille, et sa femme conservait la faculté de le voir et de s'entretenir avec lui à travers les grilles du préau. Il lui demanda un jour de la corde et de l'osier, sous prétexte de fabriquer des nasses, disant : « Je » serais charmé de pouvoir prendre plus tard quelques » poissons. »

Madame Bastide envoya les objets demandés, et on ne fit aucune difficulté de les remettre à son mari. Cependant tous les prisonniers, dont aucun n'avait trempé dans l'assassinat de Fualdès, et seulement condamnés pour vol ou autres crimes, se mirent à faire des tresses pour des chaises de paille. Bastide distribuait la ficelle et payait un sou chaque tissu d'une certaine longueur.

Bientôt le geôlier, homme attentif à ses devoirs, soupçonna quelque mystère; il s'aperçut qu'outre l'énorme consommation de corde et de paille, celle des lits commençait à être secrètement employée. Il redoubla de vigilance, passa plusieurs nuits sans dormir et avertit le maire de Rodez. Ce maire voulait qu'on mît les prisonniers aux fers; le geôlier insista pour les laisser agir et les prendre en flagrant délit, répondant de tout. On y consentit, et la gendarmerie fut posée en sentinelle aux alentours de la prison.

Le complot touchait à son exécution. Le 3 décembre 1817, dès neuf heures et demie du soir, les prisonniers se turent, affectèrent de dormir profondément, et néanmoins poursuivirent leur travail.

A minuit, le geôlier, qui avait prévu leur dessein, entra brusquement dans le grand cachot des prisonniers; on les trouva tous levés, à l'exception de Jausion. Une échelle de trente pieds de long était achevée. Bastide avait déjà un porte-manteau sur les épaules comme le sac d'un soldat; d'abord il voulut regagner son lit, mais il ne put donner le change.

La fuite devait s'effectuer par une ouverture anciennement pratiquée dans une muraille, à quatre toises environ d'élévation, et mal rebouchée en maçonnerie; de là ils pouvaient redescendre sur un toit, puis sur un autre, franchir un mur de clôture, et se trouver dans la campagne par un côté assez négligé depuis la cassation de la procédure.

Bastide, interrogé à l'instant même par le lieutenant de la gendarmerie, lui fit cette singulière réponse : « Vous » n'ignorez pas, monsieur, que j'ai quelques affaires ; on » me retient longtemps ici, et ma petite fortune en souf- » fre ; j'allais à Gros voir ma femme, et je me serais en- » suite rendu à Alby la veille de l'ouverture des assises. » Cette tentative fit ressortir encore la culpabilité des principaux accusés, et les mesures de rigueur redoublèrent.

Cependant, le 20 janvier, Bastide, Jausion, ainsi que les autres accusés, quittèrent les prisons de Rodez, et arrivèrent à Alby garrottés, et sous la surveillance de trente-six gendarmes, autant de dragons et de cent hommes d'infanterie. Bousquier, déguisé en gendarme monté à cheval, fermait l'escorte avec cinq dragons. Dès le 4 du même mois, madame Manson, accompagnée d'une nombreuse escorte, les avait précédés.

Le premier jour, elle coucha à Sauveterre, le second à Pampelune. Lorsque, des hauteurs de Sauveterre, elle aperçut le clocher de Crespins, où son mari est percepteur, une foule de sentiments divers qu'elle ne put maîtriser vint assaillir son cœur, ses yeux se mouillèrent de larmes, et l'on entendit ces mots : « Hélas ! pourquoi faut-il que » je n'aie pas su faire le bonheur de mon époux ! que je » suis malheureuse ! tout m'est ravi, jusqu'à son image » vivante ! »

En entrant à Albi, elle voulut savoir quel était le lieu où l'on allait la déposer. « A la prison de Sainte-Cécile, » lui répondit-on. — Ce nom, repartit-elle en riant, me » déplaît moins que celui de l'habitation que je quitte ; je

» serai ici sous la protection de la patronne de l'har-» monie. »

Madame Manson avait promis la vérité, mais la livre-rait-elle? Dans l'interrogatoire du 7 janvier, le nouveau président lui avait adressé les exhortations les plus touchantes et les plus graves. Sa mère elle-même tenta un dernier effort, et lui écrivit la lettre dont voici quelques fragments :

« Il dépend encore de toi de soulager nos maux. Aban-» donne les chemins tortueux; ils t'égareront toujours. » Remets-toi dans la voie de la vérité, dis ce que tu sau-» ras, sois sans crainte. Je parle toujours dans la convic-» tion que tu as acquis des connaissances relatives à l'hor-» rible affaire... Malgré tous tes tourments, cette con-» viction n'est pas sortie de ma tête.

» Si nous avions été à même de nous voir, de nous par-» ler, tes folies, je le crois fortement, n'eussent pas été » poussées si loin; tu n'aurais pas résisté aux regards de » celle qui a toujours le mieux lu dans ton cœur; tu n'au-» rais pas été capable de lui soutenir un mensonge du-» rant un quart d'heure; mais la Providence a permis tout » ceci afin de nous humilier.

» Je redouble mes instances. S'il fallait te donner un » ordre écrit de mon sang, je le ferais : tu n'as qu'à le » demander. Si je connaissais un moyen plus fort de » t'exprimer mon désir, je ne balancerais pas à l'em-» ployer. Adieu; pense souvent à la tendresse et reçois un » baiser de ta malheureuse mère.

» P. L. »

L'instruction réunissait chaque jour les preuves les plus foudroyantes; mais la crainte d'une publicité intempestive enveloppait d'un secret rigoureux tous les actes des magistrats. Aussi, à défaut d'aliments nouveaux, la curiosité recherchait le passé des accusés, les moindres détails vrais ou faux qui s'y rattachaient, s'occupait principalements de madame Manson, qui venait de publier ses Mémoires.

Tout à coup entre Bastide et Jausion éclate une scène dont la justice crut un instant tirer grand parti dans l'intérêt de la vérité. Le 21 février 1818, ces deux accusés avaient eu ensemble, vers les cinq ou six heures du soir, une altercation extrêmement vive; ils en étaient venus aux mains et on les avait séparés. A neuf heures, la querelle recommença avec plus de chaleur et continua jusqu'à minuit. Le concierge, ne pouvant les apaiser, eut recours à la gendarmerie, et au moment où ils rentraient avec les agents de la force publique dans le cachot, Jausion disait à Bastide : « Scélérat, que n'as-tu parlé? que ne parles-» tu? c'est toi qui es la cause que je suis dans les fers. » Conduits aussitôt au tribunal, on essaya vainement d'obtenir des aveux que leur colère mutuelle semblait provoquer et faire espérer.

Cet incident fut le dernier, et l'instruction terminée, les débats furent fixés au 25 mars 1818.

### LA COUR D'ASSISES D'ALBY.

Avant huit heures une foule immense assiégeait les portes de la salle d'audience; à huit heures et demie elles s'ouvrirent, et dans un instant les dames les plus riches, les plus élégantes, les personnages les plus marquants et toutes les autorités de la ville d'Alby ont occupé les places réservées. La salle, assez petite, et les témoins, au nombre de trois cents, ne laissèrent que peu d'espace au public non privilégié.

A onze heures précises, un violent murmure annonça l'arrivée des accusés. Ils se placèrent sur un même banc, et fixèrent tous les regards avides de les contempler. La veuve Bancal occupait la droite, la tête enveloppée d'un mantelet noir qui laissait à peine entrevoir les rides de son visage. Après elle venait Bastide-Grammont, dont les yeux farouches erraient sur l'assemblée et quelquefois demeuraient attachés sur la figure pâle de Jausion, assis à ses côtés. Colard, Missonnier et Anne Benoist étaient à la gauche de ce dernier. Bac était à l'extrémité. Un gendarme le séparait d'Anne Benoist. Derrière et sur le banc supérieur se tenait un piquet de gendarmerie.

Au dernier siége les regards vont chercher madame Manson. Une robe de mérinos jaune, un châle boiteux, un chapeau de paille noir, composent son modeste habillement. Elle relève par intervalle le voile qui la cache, et l'on peut lire dans ses traits une douleur profonde.

M. Didier Fualdès est assis à côté de Me Tajan, son avocat, en face de Bastide. Celui-ci, malgré une assurance affectée, ne laisse tomber sa vue qu'avec peine sur ce jeune infortuné. L'ombre sanglante d'un père se placerait-elle entre eux?

Mais qui pourrait peindre l'impression des spectateurs

lorsqu'on vint à placer sur une table en face des juges les pièces de conviction de la procédure, les toiles, la couverture de laine qui enveloppaient le corps de l'infortuné Fualdès, ses vêtements ensanglantés, sa canne et les fusils que portaient les assassins en escortant leur victime! Didier Fualdès versait d'abondantes larmes; l'assemblée entière semblait partager sa douleur. La veuve Bancal regardait tous ces objets avec une impassible férocité.

De ces nouveaux débats nous ne reproduirons que les parties dramatiques, celles surtout où madame Manson se résolut enfin à laisser échapper, mais toujours par degrés, la vérité si longtemps comprimée.

Dans la séance du 30, un témoin, ou plutôt un déposant condamné à six ans de réclusion pour vol, motiva par un incident l'interrogatoire attendu avec tant d'impatience. Ce voleur déclara qu'il avait été lié avec Bastide dans la prison; que celui-ci lui avait souvent dit : « Sans Jausion, » madame Manson n'aurait pas parlé contre nous au tribu» nal; sans Jausion, madame Manson ne serait plus en » vie. »

Madame Manson regarda tour à tour Jausion et Bastide.

« M. le Président. — D'après la déclaration de cet » homme, Jausion vous aurait sauvé la vie? Dites-nous » ce que vous savez.

» — Le soir du 19 mars, je passais dans la rue des » Hebdomadiers; j'entendis plusieurs personnes qui me » suivaient, et je me réfugiai dans le passage d'une mai» son que j'ai su depuis être la maison Bancal... Je fus » saisie... on m'entraîna... « Je suis une femme, » dis-je...

» J'étais déguisée... On me fit entrer dans un cabinet... » j'entendis du bruit, des gémissements... la frayeur me » saisit, je m'évanouis... J'entendis bientôt une nouvelle » rumeur; il me semblait qu'on m'entraînait... Je vis » beaucoup d'hommes, je n'ai reconnu personne. »

A ces derniers mots, madame Manson tomba sans connaissance; au bout de quelques minutes, elle reprit ses sens; d'une voix faible et mal assurée elle continua :

« Oui, j'entendis des gémissements, des cris étouffés... » j'ai entendu le sang couler dans un baquet... (*Fré-* » *missement d'horreur dans l'auditoire.*) Je craignais » pour ma vie; je cherchai à ouvrir une fenêtre afin de » m'échapper; elle était trop élevée, je me donnai un » coup qui me fit saigner au nez. Je m'évanouis encore; » on entra dans le cabinet, on me conduisit dans la cui- » sine; un homme me prit par la main, me mena place » de la Cité. » Et elle répéta ce que nous connaissons déjà.

« M. le Président. — Le témoin semble dire que » vous avez été en danger de perdre la vie.

» — Je me suis évanouie... je n'ai rien entendu.

» M. le Président. — Bastide lui a dit que sans » Jausion vous auriez perdu la vie.

» — (*Avec une intention marquée.*) Si M. Bastide a » dit cela, je ne le contredirai pas.

» M. le Procureur général. — Par terreur et par » corruption on a cherché à intimider ou à gagner ceux » qui pouvaient éclairer la justice. Les tentatives se sont » particulièrement dirigées contre la dame Manson. Elle » a repoussé les dons avec mépris; mais on lui connais-

» sait une âme ardente et sensible, on lui a tour à tour » présenté ou la coupe du poison ou le poignard prêt à la » frapper, et comme on lui connaissait sans doute l'éner- » gie nécessaire pour braver ses dangers personnels, on » a alarmé sa tendresse pour son fils. Ces tentatives se » sont renouvelées à l'instant même où, dans ses premiers » interrogatoires, elle avait dit une partie de la vérité. »

» Voici une lettre qu'elle adressait à M. le président le » 22 mars :

« Ma vie est menacée, on en veut à mes jours et à ceux » de mon enfant. Les machinateurs ont trouvé le moyen » de parvenir jusqu'à moi. J'ai reçu une horrible lettre, » je la remets entre vos mains. » Elle l'avait trouvée dans un vase du jardin du presbytère où on lui accorde la permission de se promener.

« Tu as parlé, lui écrivait-on, mais tremble encore; » ils ne sont pas tous dans les fers, nous saurons t'at- » teindre : tôt ou tard tu périras, toi et ton fils, par le » fer ou par le poison; la mort vous attend tous les deux. »

A l'issue de la dernière séance, elle trouva encore dans la chaise à porteurs qui la transportait de la prison au Palais l'écrit anonyme suivant :

« Écoute un dernier avis; tais-toi. Le jour où tu dé- » poseras sera le dernier pour ton fils. Une dénégation ou » la mort. Dis que le président t'a menacée, tu seras » soutenue, on te répond de tout. Songe à tes serments, » à ton fils; son sort est dans tes mains. Redoute celle » qui t'écrit, tu la connais. Le fer est prêt; il faut nier » ou périr. »

» Vous le voyez, messieurs, ajoutait le procureur gé-» néral, c'est encore du sang qu'il faut aux assassins. » Puis il encouragea, rassura, pria madame Manson, qui, toujours avec une vive émotion, dit seulement : « Il y » avait beaucoup de monde dans la maison Bancal, je ne » reconnus personne.

» Le Président. — Traversâtes-vous la cuisine?

» — Oui ; je n'aperçus rien sur la table ; la lampe » éclairait faiblement. Quand je sortis, il y avait peu de » monde ; on parlait bas et je n'entendis rien. J'étais » habillée en homme ; je portais un pantalon bleu ; je l'ai » brûlé parce qu'il était teint du sang que j'avais perdu. » Je n'ai prêté aucun serment ; je ne sais plus rien. »

Le lendemain, à la suite d'un incident soulevé entre Jausion et Fualdès fils, ce dernier l'interpella en ces mots : « L'accusé Jausion, qui interroge tout le monde » sur son innocence, voudra bien sans doute demander » à madame Manson si elle l'a vu chez Bancal? »

Jausion ne peut contenir son trouble ; il hésite un instant, puis il se tourne vers madame Manson et lui dit avec un rire dont l'affectation était remarquable : « Ma-» dame, on me charge de vous interpeller. »

Madame Manson détourne la vue, laisse tomber sa tête sur ses mains, reste quelques instants sans parler et rompt le silence par ce peu de mots : « Je n'ai rien à » dire. »

Quelques murmures de l'assemblée semblent indiquer qu'on attendait une autre réponse. Le président insiste :

« Ne craignez rien, la justice vous protége.

» (*Après une pause de plusieurs minutes et avec une » vive agitation.*) — Je n'ai pu reconnaître Jausion. » Elle prononce ce peu de mots d'une voix si altérée, que le président lui demande si elle a besoin de secours.

Ces réticences obstinées donnent du courage à Jausion. Bastide se borne à répéter sans cesse : « Patience, tout » s'éclaircira. » Les débats se poursuivent avec plus de confiance de la part des témoins, avec plus d'animation de la part des accusés. Enfin, le 3 avril, l'aveu que l'indignation arracha à madame Manson imprima à la séance un grand caractère.

M. Blanc de Bouvines venait de déclarer qu'elle avait dit: « Depuis quinze jours seulement je suis devenue té- » moin, et ma déposition tue les accusés. »

Le président, le procureur général, le défenseur de Jausion, la veuve Bancal elle-même, la conjurent de révéler la vérité.

Avec embarras et feignant de ne pas entendre l'invitation pressante qui lui est faite :

« Je vous jure, monsieur, que je n'ai pas tenu les pro- » pos qu'on m'attribue. »

Bastide se lève à son tour :

« Et moi aussi, madame, je vous en supplie, dites la » vérité. »

Chacun attend dans le plus profond silence quelque réponse à cette audacieuse interpellation. Elle se lève, son œil étincelle, sa voix prend une expression forte et terrible : « Malheureux ! » s'écrie-t-elle... Ce seul cri fait pâlir les auditeurs et les juges eux-mêmes ; Bastide seul conserve son exécrable sang-froid : « Allons, allons, dit-il, plus de » monosyllabes... » Madame Manson ne peut plus se contenir, le fatal secret s'échappe de ses lèvres tremblantes ; elle écarte les gendarmes, s'élance vers Bastide :

« Me reconnaissez-vous? lui dit-elle.

» — Non, je ne vous connais pas.

» — Vous ne me connaissez pas ?... vous êtes un » malheureux! Oui, oui..... vous avez voulu m'égor- » ger. »

Comment peindre cette scène? elle surpassait toutes les combinaisons dramatiques de l'effet le plus sombre et le plus imposant. Madame Manson, au moment où l'aveu redoutable est sorti de son sein, semblait être le mystérieux messager du dieu de vengeance. Jausion n'a pu soutenir ses regards enflammés. Bastide lui-même ouvrit un papier sous sa main, afin de déguiser le trouble involontaire qui l'agitait. Madame Manson est restée évanouie quelques instants; on a volé à son secours. En reprenant ses esprits, elle déclara qu'il lui était impossible de continuer la séance.

Le lendemain, le président reprit ainsi l'interrogatoire :

« On a parlé de serment, de cadavre, ne pourriez-vous » rien dire?

» — Je n'ai pu classer tous les détails dans ma tête; » mais ce qui ne sortira jamais de ma mémoire, c'est » qu'un homme horrible ait voulu m'égorger. J'ai fait » un serment, il est vrai, ne me demandez pas en quels » termes... un homme horrible a voulu m'assassiner, je » le répète... oh! cela je ne puis l'oublier.

» — Celui qui vous sauva était-il du nombre des as-» sassins?

» — Je ne sais; mais il m'arracha des mains de ce » malheureux qui voulait m'égorger.

» — Est-il au moins parmi les accusés?

» — C'est possible...

» — Est-ce Bach?

» — Non, monsieur; je ne puis en dire davantage.

» Le Défenseur de Jausion. — Votre silence, ma-» dame, est mille fois plus terrible qu'une accusation for-» melle; dussiez-vous conduire Jausion à l'échafaud, je » vous conjure de parler. »

Madame Manson reste muette.

« Jausion. — Mon sort est entre vos mains; au nom » de ma femme et de mes enfants, ce que j'ai de plus cher » au monde, expliquez-vous... Cette vie n'est rien en » comparaison de l'éternité... M'avez-vous reconnu dans » la maison Bancal?... est-ce moi qui vous ai sauvé la » vie?

» — Je n'ai rien à dire. (*Se tournant vers la cour.*) » Je ne puis ni sauver ni faire condamner Jausion.

» Bastide. — Nous ne sommes pas ici sur un théâ-» tre; nous sommes devant Dieu et devant un tribunal... » c'est une tragédie bien cruelle pour moi... Je prends à » témoin de mon innocence ce Dieu qui me voit... j'ai » passé chez moi la nuit du 19 mars.

» Le Président. — Qu'avez-vous entendu par le mot » de *théâtre?*

» — Que j'avais vu des actrices qui ne jouaient pas

» mieux la comédie que madame Manson ; elle a assez » amusé le public, il faut qu'elle éclaire la justice.

» — Mais sa déposition est formelle contre vous.

» — Je le répète, je ne me reproche rien; toutes ces » scènes d'apprêt ne m'en imposent pas.

» MADAME MANSON, *vivement émue*. — Que mon- » sieur Bastide prouve son innocence, et je monterai sur » l'échafaud à sa place.

» — Encore une fois, ces phrases à effet, ces convul- » sions de commande n'impressionneront personne ; je ne » demanderais d'autre juge que son père, qui la connaît; » c'est une folle... Mais enfin, qu'elle parle donc, puis- » qu'elle était dans la maison Bancal... n'a-t-elle pas » soutenu le contraire à Rodez?

» — Bastide, je le vois, veut prolonger les débats; » eh bien, voici mon explication : Je mentais à Rodez, je » dis la vérité à Alby. »

Jusqu'à la séance du 8, on ne put tirer d'autres éclaircissements de Madame Manson, et plus elle se tenait sur la réserve, plus Bastide affectait de la provoquer, de la braver. Lorsqu'elle eut fait à l'interpellation d'un conseiller cette réponse grave : « Accusée, ma complicité doit » être établie; témoin, je saurais ce que je dois dire. » Bastide s'écria :

« Quel langage! que la cour exige de madame Manson » des explications comme d'un autre complice.

» MADAME MANSON, *se levant, avec véhémence et vi-* » *vacité*. — Votre complice, Bastide!!!

» — Oui, madame, vous ne devez pas user de plus de

» priviléges que nous... vous usurpez le rôle d'accusa-
» teur... Qu'attendre d'une actrice qui vise à la célébrité
» par tous les moyens, le crime ou la vertu? n'importe.
» Ici, c'est un phénix; partout ailleurs, ce serait... Je
» me tais... non, je demande la permission de l'inter-
» peller.

» — Que voulez-vous?

» — Où m'avez-vous connu?

» — A Rodez.

» — A quelle époque?

» — Quatre jours avant l'assassinat.

» — Où m'avez-vous vu depuis?

» — Chez Bancal.

» — Et après l'assassinat?

» — Dans une rue.

» — Quelle rue?

» — Rue Neuve.

» — Qu'avez-vous dit?

» — Qu'importe?

» — Vous m'avez confondu avec mon frère; vous avez
» demandé si j'étais Louis de Grammont. Malheureuse!
» vous prépariez déjà...

» Le Président, *interrompant l'accusé*. — Ces dé-
» bats n'aboutissent à rien. Madame, affirmez-vous avoir
» reconnu Bastide dans la maison Bancal?

» — Oui, il est un des assassins de Fualdès! oui, il a
» voulu m'égorger! je le dis pour la cinquième fois, je
» l'affirme.

» Bastide. — Quelle affirmation que celle d'une

» femme qui a abjuré tout sentiment d'honneur et de pu-
» deur ! »

Plaçons ici une remarque bien triste ; c'est la facilité avec laquelle ce chef d'une bande d'assassins se jouait des témoignages les plus sérieux et les tournait en ironie, en sarcasmes quelquefois plaisants ; c'est le ton dégagé et facétieux de quelques-unes de ses réponses, comme si l'application à se défendre n'eût pas dû absorber toutes les facultés de son esprit. Ainsi il dit :

A l'avocat Boudet : « Il paraît que Me Boudet est
» fort bien à sa place, et moi, je suis fort mal à la mienne. »

A madame Manson : « Nous sommes dans le royaume
» des fées. » Sur quoi celle-ci réplique : « En tout cas,
» vous y êtes un bien mauvais génie. »

Au témoin Broussy : « Vous ne remarquâtes pas mon
» air égaré, mes cheveux hérissés, et je ne sais trop
» quoi ? Il me semble que je suis dans le temple des
» Euménides. »

A Anne Pascal : « Je prie le témoin de me dire si la
» Garonne ne passe pas dans son pays. »

A M. Gache, qui déclare l'avoir vu avec une lévite :
« Comme chacun m'habille à sa manière ! L'un me laisse
» là-haut à la Guioule en bottes et en équipage galant ;
» l'autre me met en petite veste et en gros souliers,
» comme un bon campagnard ; un troisième me donne
» un habit bleu, celui-ci une lévite. Quel changement
» de toilette ! Je pourrai bientôt, je crois, être placé dans
» le royaume des esprits... à moins que je ne sois un
» esprit follet. »

FUALDÈS.

A Ursule Pavillon, qui parle de sa timidité : « Voyez » un peu la timidité d'une jeune vierge qui va courir les » rues d'une ville à dix heures du soir avec un jeune » homme ! »

A la dame Regnès, qui apprit le propos du domestique : « Ah ! si la jument grise parlait !... Il est bien mal- » heureux qu'on ne puisse pas appeler mon cheval et les » arbres pour témoigner contre moi. »

Et une autre fois : « Je suis comme Jupiter dans l'O- » lympe, de droit le premier. »

Durant plusieurs autres séances encore, madame Manson eut occasion de renouveler, de confirmer ses aveux; réunis déjà à ceux de Bach et de la veuve Bancal, ils étaient accablants et sans réplique. Jamais cependant elle ne convint avoir reconnu Jausion; elle le laissa deviner, mais ne le nomma pas, croyant concilier ainsi le sentiment de la reconnaissance avec les exigences de la vérité. Les débats touchaient à leur fin.

Après huit jours de plaidoiries, le jury déclara Bastide et Jausion coupables de meurtre avec préméditation et de vol avec effraction ;

La Bancal, Colard et Bach coupables de complicité de meurtre avec préméditation ;

Anne Benoist, coupable de complicité de meurtre sans préméditation;

Missonnier non coupable de meurtre ni de complicité dans le meurtre, mais coupable de la noyade du cadavre;

Madame Manson non coupable à l'unanimité.

M. le président ordonne qu'on introduise les accusés. Leur contenance présente des contrastes frappants. Jausion, faible et abattu, était soutenu par des gendarmes. Bastide, au contraire, toujours ferme, montrait plus de fierté encore. Colard paraissait calme et résigné auprès d'Anne Benoist plongée dans la douleur.

Mais lorsque la cour, après la lecture faite de la déclaration du jury, se fut retirée pour délibérer sur l'application de la peine, Jausion offrit un douloureux spectacle; les phrases échappées au délire de son affliction n'offraient aucune suite : « Ah ! messieurs; s'écriait-il, vous n'avez » pas voulu connaître la vérité... je suis innocent... Il » fallait demander à M. Fualdès quels étaient ses enne- » mis... M. le procureur général a juré ma perte... On » veut mon argent, qu'on le prenne, mais qu'on me laisse » à mes enfants... Quand je serai sur l'échafaud, je par- » lerai comme à présent... Dieu vous jugera... Je suis » innocent... Pauvres enfants ! que vont-ils devenir sans » honneur, sans fortune?... ils mourront à l'hôpital !... » Qu'on creuse une tombe pour y mettre ma femme et » mes enfants avec moi... on écrira dessus : Jausion était » innocent !... Que Bach, puisqu'il est condamné, dise » maintenant la vérité; qu'il dise si j'étais dans la maison » Bancal. »

Et la voix accusatrice de Bach répond : « Oui, vous y » étiez. »

Le retour des magistrats interrompt pour un instant les exclamations de Jausion, qui maintenant n'inspire pas moins de pitié que d'horreur.

M. le président lit l'arrêt qui condamne :

La femme Bancal, Bastide, Jausion, Colard et Bach à la peine de mort ;

Anne Benoist aux travaux forcés et à la flétrissure des lettres T P ;

Missonnier à deux ans de prison;

Et prononce l'acquittement avec la mise en liberté de madame Manson, qui descend du banc des accusés et disparaît de la salle.

L'arrêt de mort renouvela la scène de désespoir qui avait précédé la délibération de la cour. Jausion réitéra ses protestations; mais sa douleur était moins touchante que celle de Colard et d'Anne Benoist. Elle disait avec un accent déchirant : « Ah! condamnez-moi comme Co-» lard... je veux la mort ; s'il meurt... je veux mourir... » Et Colard, insensible à la sentence qui frappait sa tête, versait des larmes sur la condamnation de sa maîtresse.

L'espoir de se soustraire à leur sort n'avait pas entièrement abandonné Bastide et Jausion. Dans le cours des débats, on avait essayé de leur faire parvenir du poison pour leur épargner l'ignominie de l'échafaud; mais la trame avait été découverte. Ils devaient un grand exemple, une éclatante satisfaction à la société ; la justice veillait sur leurs jours.

Leur pourvoi en cassation fut rejeté le 29 mai. M. le procureur du roi reçut l'arrêt le 29 juin, à dix heures et demie du soir, par estafette.

Le 3 dès le matin, les postes militaires sont doublés,

toutes les mesures de vigilance et de sûreté prises afin de procéder à l'exécution dans la journée.

A onze heures, l'huissier Cussac pénètre dans la prison de Sainte-Cécile. Les noms de Bastide, de Jausion, de Colard retentissent sous les voûtes, et chacun des condamnés avance chargé de chaînes, les mains liées derrière le dos, incertain de l'événement, dévoré d'inquiétude. L'huissier lit. On les sépare. Chacun est plongé seul dans un cachot et gardé à vue jusqu'au moment fatal.

Jausion montra du calme et de la résignation. Bastide parut accablé; son audace l'abandonna. Colard pleurait avec amertume, protestant de son innocence et parlant sans cesse de sa chère Anne Benoist, qui de son côté ne s'occupait que de Colard.

Les aumôniers des prisons s'étaient présentés pour accomplir leur pieux ministère. Bastide et Jausion, interrompant leurs discours, demandèrent un notaire pour faire leur testament de mort. Le soin de recueillir leurs dernières révélations fut confié à M. Pagan, conseiller. Il employa vainement les efforts de la plus douce persuasion, surtout auprès de Jausion, l'invitant, au nom du souverain Juge devant lequel il allait paraître, à ne pas ajouter l'imposture au crime. Jausion se bornait à répondre : « Je meurs innocent... je désire, pour l'honneur de ma famille, qu'on retienne acte de mes protestations. » Bastide fit entendre le même langage, avec prière de garder ses dernières paroles. Colard pleurait toujours moins de quitter la vie que de quitter à jamais Anne Benoist.

Le magistrat se retire le cœur déchiré de tant d'obstination. Les ecclésiastiques lui succèdent; mais la religion fut aussi impuissante que la justice.

A quatre heures et demie, les condamnés paraissent. On les place sur la charrette. Bastide, Colard et Jausion sont au milieu, deux ecclésiastiques aux extrémités. Ils exhortent les condamnés, leur parlent avec une émotion qui arrache des larmes aux spectateurs. M. Rivière s'est placé à côté de Jausion; M. Chatard à côté de Bastide. Ils leur présentent la croix, et au nom du Dieu qui a été crucifié, les invitent à la résignation et au repentir. Les condamnés ne cessent de protester de leur innocence.

Bastide et Colard, vêtus comme aux débats, avaient la tête découverte. Jausion portait d'autres vêtements. Il avait quitté ses bas et sa montre avant de sortir du cachot, et les avait remis au concierge pour sa famille. Durant le trajet, ils persistent à répéter hautement qu'ils ne sont pas coupables.

Arrivés enfin au lieu de l'exécution, sur la place dite du Manége, un premier mouvement d'horreur et d'effroi parut les frapper à la vue de l'appareil de leur supplice. Jausion monta le premier sur l'échafaud avec assez de courage. Avant de placer sa tête sur le billot, il dit ces paroles : « Je meurs innocent de l'assassinat de Fualdès; » un jour viendra qu'on ne reprochera plus à mes enfants » d'être les fils d'un assassin. »

Colard, qu'il fallut porter presque agonisant, accusait Bastide de sa perte; et celui-ci, sans force et sans fermeté, ne reprit ses sens que pour s'écrier : « Que dira » ma famille? »

L'exécution dura à peine quelques minutes; l'ordre ne fut pas troublé un instant, pas un cri ne s'échappa de l'immense foule des spectateurs : on respecta l'humanité dans ceux qui l'avaient le plus outragée.

Bach, recommandé à la clémence du roi, et la Bancal, durent déposer dans le nouveau procès dirigé contre les sieurs Yence, Constans et Bessières-Veynac, accusés aussi d'être auteurs ou complices. Les débats de cette nouvelle affaire ne tardèrent pas à s'ouvrir. Là madame Manson, Bach, Théron, renouvelèrent leurs déclarations. La présence de Yence et Bessières-Veynac au crime fut constatée par de nombreux témoins; mais des témoignages non moins graves constatant leur alibi firent prononcer l'acquittement.

Trois têtes ont tombé sur l'échafaud, le sang de Fualdès n'a pas coulé sans vengeance; la société a reçu une réparation. Mais tous les coupables ont-ils été atteints? Après vingt-cinq années, on doute encore, et on a cherché à insinuer qu'une compagnie fameuse avait armé le bras des assassins. Quoi qu'il en soit, ce drame sanglant n'en restera pas moins inscrit au premier rang dans les fastes du crime.

Où trouver plus d'audace, plus de barbarie, une plus grande magnificence d'horreurs? On ne saurait inventer un mélodrame plus complet; rien n'y manque, l'appareil, l'obscurité, le mystère. Les bourreaux, la victime, le crime, l'innocence, sont confondus pêle-mêle.

D'un côté l'élément romanesque et sentimental fourni par madame Manson, et jusqu'à un rôle de niais, joué au naturel par Missonnier, qui semble avoir été jeté là pour tempérer, par sa grotesque figure, tout le hideux de ce drame. Et quel théâtre! Rodez, une ville au fond du Rouergue, située sur une colline, entourée de hautes montagnes, au bas de laquelle serpente une eau jaune et sinistre, l'Aveyron, où l'on arrive à travers des précipices et des ravins affreux.

Aussi cette funèbre histoire a soulevé dans le midi de la France une émotion qui dure encore; c'est une sorte d'Iliade populaire qu'on y apprend au berceau. On dirait qu'elle fait partie du sol, que c'est un fruit de la terre. La nuit, dans ces rues obscures, sales et tortueuses, de cette petite ville du Midi, qui entendra les sons monotones d'une vielle sans frémir, sans croire apercevoir, se dressant devant lui, le cadavre de Fualdès, et comme des cris étouffés sous cette musique de lugubre mémoire? Partout ailleurs, dans l'Europe entière, à ce nom se rattache la pensée du plus épouvantable forfait, et l'on se demande encore s'il ne s'y mêlait par des vengeances fruits de nos réactions politiques.

# LE TRIGAME.

Le 25 août 1819, la foule encombrait les avenues de la Conciergerie et remplissait la grande cour du Palais de Justice. Un homme de soixante ans, d'une constitution vigoureuse encore et d'une force athlétique, refusait de franchir la petite porte du guichet. Il se débattait avec violence contre les efforts réunis des gendarmes et des geôliers pour le pousser hors de la prison. Ils y étaient parvenus enfin et lui avaient fait monter les degrés; mais lorsqu'il fallut le hisser dans la charrette qui conduit les condamnés au lieu de l'exposition, sa résistance devint plus animée. Il criait, il mugissait, et quoique comprimé par des bras nerveux et par des liens, comme un taureau furieux, il semblait prêt à tout rompre et à tout renverser. Jamais il n'avait fallu autant d'efforts pour infliger la peine que la justice avait prononcée. Lorsqu'on y fut parvenu et qu'on l'eut garrotté au poteau, on découvrit mieux encore cette stature remarquable, cette face large et audacieuse, ces regards insultants, cette bouche murmurant l'injure, enfin cette contenance telle, que le criminel semblait fier de la curiosité publique et triomphait de son infamie.

Au-dessus de sa tête était écrit en caractères gros et lisibles : « Sarazin (Jean), condamné à dix ans de travaux forcés, à l'exposition, à dix années de surveillance, etc. »

Jean Sarazin naquit au bourg de Saint-Sylvestre, département de Lot-et-Garonne, le 15 août 1770, de parents cultivateurs. A l'âge de seize ans, il s'engagea dans le 5e régiment de dragons, et fut réformé l'année suivante, le 14 septembre 1787. A cette époque, il alla s'établir à la Réole, département de la Gironde, où il exerça la profession de maître de mathématiques, et obtint ensuite, le 1er septembre 1790, la place de professeur de cette science à l'école de Sorèze, dirigée alors par les bénédictins. Deux ans après, il quitta cet emploi, emporté par le mouvement général qui appelait presque tous les Français aux frontières, et il se rendit à l'armée du nord. Après la prise de Verdun, il se trouvait à Châlons lorsque les habitants formèrent un bataillon, dont il fut nommé adjudant-major. A la fin de 1792, il était capitaine d'une compagnie franche.

Dès son entrée dans la carrière militaire, se révélait déjà dans Sarazin un esprit inquiet et tracassier. Pour avoir pris part à des réclamations séditieuses, il fut en 93 cassé, dégradé par ordre du général Houchard, et forcé de servir comme simple soldat. Bientôt néanmoins on le vit successivement secrétaire auprès du général Marceau, dans la Vendée, adjoint aux adjudants-généraux, adjoint de première classe au corps du génie, adjudant-général chef de bataillon après l'expédition de Coblentz; enfin, le 25 prairial an III, adjudant-général chef de brigade.

Après avoir fait les campagnes de l'an III, de l'an IV et l'an V, aux armées de Sambre-et-Meuse et d'Italie, Sarazin se trouva du petit nombre de Français qui opérèrent leur débarquement en Irlande, fut nommé général de brigade à la prise de Killala, et général de division à l'affaire de Castle-Bar, où il enleva un drapeau à la cavalerie ennemie. Plus tard, ne trouvant pas le Directoire disposé à confirmer cet avancement rapide, il recommença à servir sous Joubert en Italie, avec le grade d'adjudant-général, et reconquit à l'affaire de la Trébia celui de général de brigade.

A cette époque il épousa une demoiselle anglaise nommée Schwartz. Brave, mais hors des champs de bataille d'une conduite équivoque et tortueuse, Sarazin tomba sous le soupçon le plus humiliant pour un militaire, celui d'être un délateur. Les désagréments de cette imputation flétrissante furent tels, qu'ils le forcèrent à la vie privée, et, en 1801, il rentra dans ses foyers. Son inquiétude naturelle le poussa à divers projets. Dans son impatience de repos, il demanda à être employé tantôt en Amérique, tantôt dans les Indes orientales, tantôt dans les troupes de la république batave, tantôt enfin à Saint-Domingue, où il fut envoyé, mais d'où il revint après une année.

Admis de nouveau au service dans le camp formé à Brest, de nombreux ennemis se soulevèrent contre lui;

il fut atteint et convaincu de dénonciation. Le mémoire où il se porta accusateur des généraux et des administrateurs resta bien secret, mais ses propres indiscrétions ayant révélé une partie des faits, un cri d'indignation s'éleva contre lui et lui ôta le courage de soutenir publiquement le rôle dont il avait eu la bassesse de se charger. Prenant et quittant tour à tour ses fonctions, éloigné, puis rappelé, il reçut des lettres de service pour la seizième division militaire et fut dirigé sur le camp de Boulogne.

Le penchant à la délation s'était converti chez Sarazin en goût prononcé et en habitude; mais jusque-là du moins il n'avait dénoncé que des camarades. L'occasion était belle pour s'élever plus haut et trahir sa patrie. Le 10 mai au matin, accompagné d'un domestique nègre, le général Sarazin s'embarqua à la Petite-Garenne, avec un pêcheur du Pausier, pour faire la pêche. Arrivé au large, il aperçut un brick anglais et força le pêcheur de le conduire à bord de ce bâtiment, sous prétexte qu'il avait l'ordre d'aller en parlementaire. Une fois à bord du brick, il renvoya son équipage avec une déclaration de l'ordre qu'il avait donné de le conduire.

Cette nouvelle frappa l'armée d'étonnement; on l'attribuait à une espèce de frénésie. Depuis quelque temps personne n'avait déployé une activité plus soutenue dans les mesures essentielles et dans les moindres détails: comment croire à une trahison? Sarazin lui-même la dissimula longtemps; il prétexta l'humiliation de servir sous les ordres de jeunes gens ses anciens aides de camp. Il rougissait du titre de lâche déserteur qui avait été vendre les secrets de la patrie. Plus tard il s'en vanta ; et en 1813 il écrivait la lettre suivante :

« Ma désertion a été utile au gouvernement anglais, » puisque les plans que j'ai fournis m'ont mérité plu- » sieurs distinctions honorables, entre autres de dîner » avec tous les lords de l'amirauté, le 2 août 1810, pour » me remercier du plan que j'avais donné pour attaquer » l'Ile-de-France, plan qui a complètement réussi. C'est » aussi de moi que vient le plan suivi en 1812 par les » Russes pour détruire l'armée de Bonaparte ; je le remis » aux ministres de sa majesté en 1810, avec tous les dé- » tails de l'attaque par les Français, qui se sont trouvés » exacts. Il n'y a rien dans tout cela qui puisse noircir » mon caractère : un bon Anglais ne peut haïr le géné- » ral Sarazin. »

Les Anglais en effet ne le haïrent point ; ils le méprisèrent, et une pension provisoire de douze mille francs fut le brevet de honte qu'il en obtint, au lieu des sommes énormes qu'il avait convoitées. En même temps le conseil de guerre permanent de la seizième division militaire, séant à Lille, le condamnait, le 15 octobre 1810, par contumace, à la peine de mort comme traître. Ainsi l'infamie le marquait à la fois dans les deux pays, dans l'un par la récompense, dans l'autre par la condamnation. Réduit au dernier degré d'abjection, il crut se cacher dans des régions où son nom serait moins connu. Il demanda et obtint un passeport pour la Suède. Le débarquement lui fut refusé, et après avoir erré quelque temps, il fut contraint de revenir en Angleterre, seul asile qui lui restât. Il devait le profaner encore.

On se rappelle que pendant la campagne de l'an VII en Italie, Sarazin avait épousé une demoiselle anglaise nommée Schwartz. L'acte civil en avait été passé le 4 juin 1799, et dans le contrat qui en réglait les conditions, il reconnaissait avoir reçu du père de sa future épouse la somme de vingt-huit mille sept cent cinquante francs pour sa dot. Au bout de quelque temps, il la délaissa, et avec elle un enfant, fruit de ce malheureux mariage. Lorsque, repoussé par la Suède en 1813, il retourna en Angleterre, il savait sa femme légitime encore vivante. Lancé dans les voies du déshonneur, rien ne devait plus l'arrêter. Il s'introduisit chez la dame Hutchinson, qui occupait un appartement dans la même maison que lui, et après quelques assiduités, demanda la main d'une des filles de cette dame, nommée Georgina.

La famille Hutchinson était peu riche, mais respectable; elle tenait aux premières maisons d'Angleterre. Comment Sarazin se décida-t-il à passer sur ce défaut de fortune, lui qui s'était avili pour de l'argent? Quel lâche intérêt le poussait à une alliance criminelle? Par quelle erreur fatale la famille Hutchinson acceptait-elle une existence précaire et une réputation souillée? C'est un mystère que ni le temps ni les débats n'ont dévoilé. Un obstacle pourtant restait encore; pour tout autre il eût été insurmontable, pour Sarazin il ne fut rien et ne l'arrêta pas un moment.

La demoiselle Hutchinson était protestante, le général

Sarazin catholique. Elle témoigna le désir de le voir changer de religion. A l'instant il presse son instruction et fait son abjuration suivant la formule de l'église anglicane, publiquement et pendant le service divin, dans la paroisse de Sainte-Anne (Westminster).

« *D*. Désires-tu vivement être reçu dans la communion » de cette église, comme formant une seconde partie de » la sainte église catholique?

» *R*. Je le désire vivement.

» *D*. Abjures-tu les erreurs et les superstitions de l'é» glise actuelle de Rome?

» *R*. Je les abjure toutes. »

Puis Sarazin reçut le saint sacrement de la communion selon les rites de l'église anglicane.

Le mariage fut célébré le 26 mai 1813, dans les formes anglaises. Les nouveaux époux allèrent habiter un appartement que le général avait fait disposer, loin de la maison occupée par madame Hutchinson. Là, dès les premiers jours, Sarazin, contenu longtemps, se montre ce qu'il était. Brutal jusqu'à la férocité, il compromit par des coups la vie de l'enfant que sa femme portait dans son sein; méfiant jusqu'à l'injure, il la renfermait des semaines entières; parcimonieux jusqu'à une avarice sordide, il lui fit souffrir plus d'une fois les horreurs du besoin; passant tour à tour des manéges de l'hypocrisie à l'effronterie du cynisme, il l'abreuvait de douleur et d'humiliation. Elle, patiente, résignée, supportait son malheur par devoir, et le cachait à sa famille; mais bientôt son âme se brise à une nouvelle imprévue.

## LE TRIGAME.

Des personnes dignes de foi apprennent à madame Sarazin que l'homme dont elle porte le nom avait déjà été marié en Italie ou en Suisse, et que sa première femme vit encore. D'autres détails confirment ces avis ; on va jusqu'à nommer la femme. La certitude du malheur est acquise, il ne reste plus qu'à obtenir les preuves du crime ; mais avant, pour une personne honnête et bien née, un parti était à prendre. La cohabitation, légitime tant qu'elle avait été de bonne foi, devenait adultère le jour où elle apprenait le lien formé avec une autre encore vivante ; elle n'était plus que l'épouse d'un homme marié ! Elle quitte donc ce domicile qu'elle ne pouvait appeler *conjugal* et qui devenait un mauvais lieu. Le 9 juin 1813, elle se réfugia dans une maison respectable, faisant un mystère au général de sa retraite, de peur qu'il n'abusât du titre d'époux lors même qu'il n'en avait que les droits apparents.

La belle-mère, trompée sans doute par quelque roman du général, persistait seule dans son aveuglement ; elle se joint à lui pour rappeler sa fille. Ses supplications, ses ordres sont inutiles ; elle n'est pas plus heureuse que Sarazin dans ses menaces et ses prières.

Il lui écrivait le 23 juillet :

« Ma chère Georgina,

» Reviens auprès de ton époux ; souviens-toi des trois
» mois qui ont précédé notre mariage ; songe aux enga-
» gements sacrés que nous avons contractés au pied des
» autels. Si tu ne te rends pas à tes devoirs et aux in-

» stances de ton époux, la malédiction de ta mère, la haine » de lady Besborough (chez qui la demoiselle Hutchinson » s'était retirée), et le mépris de tous les gens de bien, ne » seront que les précurseurs de la vengeance terrible dont » le ciel punit tôt ou tard les parjures... Songe que tu » portes dans ton sein un gage précieux de notre amour. »

D'autres fois, furieux, il poursuivait sa victime des imputations les plus outrageantes, en des termes dont les réponses de la demoiselle Hutchinson peuvent seules donner une idée.

« Il est affreux, disait-elle dans une lettre du 27 août, » que vous fassiez passer mademoiselle Fosse pour ma » maq...... Je lui ai tout dit; elle est bien résolue de se » disculper devant la justice. »

Dans une autre du 22 septembre :

« Si vous me croyez capable des crimes qu'on me re- » proche, comment pouvez-vous désirer d'avoir avec vous » une personne aussi indigne de votre confiance? La com- » tesse de Besborough s'amusera beaucoup, comme je l'ai » fait, en lisant dans votre lettre que je couche toutes les » nuits dans le lit du comte, tandis que lui et son cheval » font ensemble cent ans. Excusez-moi si je refuse une » entrevue avec vous... »

Puis, après avoir provoqué de pareilles réponses, il prenait un ton pathétique et écrivait :

« Tu es ma femme, la moitié de moi-même... Tu as » assez de bon sens pour rejoindre la maison de ton mari, » quand tu seras persuadée que tu y trouveras le bon- » heur. Que ce soit demain, dans un an ou dans dix, tu

» seras toujours reçue à bras ouverts. Je ne t'ai point » épousée pour tes richesses ni pour ta beauté, mais pour » avoir une compagne qui adoucisse les amertumes de la » vie pendant le peu de temps que j'ai à rester dans ce » monde. Que ce ne soit pas le devoir qui te ramène ; si » cette démarche ne t'est pas dictée par le cœur, reste là » où tu peux être heureuse, ton bonheur me sera toujours » plus cher que le mien. »

Le 14 mars 1814, la demoiselle Hutchinson donna le jour à une fille et réclama pour son enfant des secours qu'elle n'avait jamais sollicités pour elle-même. Sarazin fut sourd et inexorable. Il quitta l'Angleterre, au mépris du premier devoir de la nature, et laissa la mère et la fille à toutes les horreurs de la misère.

Rentré en France à la suite des Bourbons, il vit, comme bien d'autres, sa félonie non pas oubliée seulement, mais récompensée. Son nom vint souiller les tables de l'armée française. Une ordonnance du roi du 1er février 1815 lui rendit tous ses droits civils et militaires, et prescrivit qu'il ne serait donné aucune suite à son passage en Angleterre. Alors, comme si une faveur inespérée eût pu le réhabiliter, il leva fièrement la tête, brava le mépris et affecta le luxe d'un officier général. Il ne voulait plus être ni époux ni père, et se préparait à nier effrontément les liens formés sur une terre étrangère. Il repoussait avec barbarie toute supplication de ses deux victimes; la dernière lettre pourtant était si touchante !

« L'étendue de mes souffrances et de ma misère n'a pu » vous déterminer à faire quelque chose pour votre pauvre

» enfant et pour moi. Je n'ai rien à espérer de la démar-
» che que je fais aujourd'hui auprès de vous. Je vous écris
» pour vous déclarer solennellement que nous sommes,
» mon enfant et moi, sans nourriture et sans feu ; je pour-
» rais ajouter sans asile ; car, n'ayant pu payer le loyer,
» je suis à la merci de mon propriétaire... je n'ai aucune
» ressource. Faudra-t-il envoyer votre enfant à la paroisse
» et mendier mon pain ? Jusqu'à présent j'ai travaillé pour
» soutenir mon existence ; mais je succombe de chagrin
» et de fatigue... Si votre cœur n'est pas plus dur qu'un
» rocher, vous aurez pitié de notre misère. »

En 1815, il eut l'audace d'attendre à Paris le retour de Napoléon, qu'il avait trahi à Boulogne. Espérait-il être replacé sous le drapeau par l'irréconciliable ennemi de tous ceux qui avaient déserté ? Le grand homme donna l'ordre sur-le-champ de le constituer prisonnier à l'Abbaye. La seconde restauration lui rendit la liberté, mais pour le précipiter dans une disgrâce plus grave. Le 12 avril 1816, le lieutenant général commandant de la première division militaire lui fit enjoindre de quitter Paris et de se rendre au lieu de son domicile. Cet exil fut suivi, au mois de février 1817, de sa radiation des contrôles de l'armée, de la suppression même de son traitement de maréchal de camp.

Quoique privé de tout grade et de toute sorte de fortune, Sarazin n'en trouva pas moins le moyen d'abuser de la bonne foi d'une troisième femme. Le 14 mai 1817, devant le maire de Pennes (Lot-et-Garonne), il épousa la demoiselle Delard, et de cette union naquit aussi un enfant.

De son côté, la demoiselle Hutchinson, étonnée de ne recevoir aucune réponse à ses nombreuses lettres, n'appartenant plus à sa patrie, à cause de l'étranger auquel elle avait uni sa destinée, incapable de partager le patrimoine de sa famille qui venait de lui être dévolu, à cause du titre d'épouse, frappée à la fois de toutes les exclusions et de toutes les misères, se décida à faire valoir en France au moins les effets civils d'un mariage contracté de bonne foi. Elle arriva à Paris en 1816 ; mais ni démarches ni menaces ne purent déterminer Sarazin à reconnaître les droits d'une femme abusée et ceux de sa fille. Enfin, il revint lui-même à Paris en 1818, et à des offres nouvelles de conciliation opposa le mensonge, l'injure, la calomnie et la violence, au point de lui inspirer des craintes sérieuses sur sa sûreté et celle de son enfant. Les excès dont elle rendit compte décidèrent le duc de Richelieu à la placer sous la protection particulière des ministres de la justice et de la police générale. Sarazin ne s'arrêta pas, et la menaça encore ; alors, poursuivie jusque dans son dernier refuge, elle invoqua l'appui des lois.

Le 7 août 1818, plainte aux magistrats contre le général Sarazin, pour avoir légalement contracté mariage avec Georgina Hutchinson, lorsqu'il était lui-même dans les liens d'un mariage légal avec la demoiselle Cécile-Charlotte Schwartz, native de Coire, lequel avait été contracté devant l'église et civilement à Livourne, le 4 juin 1799 ; et subsidiairement pour avoir contracté un troisième mariage dans le cours de l'année 1817, selon la notoriété publique.

Sarazin, arrêté, conduit dans les prisons de la Force le 8 octobre suivant, convaincu par l'instruction, mentit et diffama pour se défendre.

Mademoiselle Schwartz? jamais il ne l'avait valablement épousée. Elle l'avait suivi en Italie, où elle était venue d'Excester; et quand il avait quitté Bologne, elle s'était proclamée sa femme. Elle ne l'avait pas été et ne pouvait l'être.

Mademoiselle Hutchinson? il ne l'avait prise à Londres qu'à titre de femme entretenue. Il n'avait pas signé l'acte de son apparition avec elle devant un prêtre protestant. C'était une femme perdue de mœurs, un espion de la police de Londres, un agent dépêché par le gouvernement anglais pour susciter sa ruine.

Mademoiselle Delard? celle-là seule était son épouse légitime.

Enfin parut le jour où Sarazin s'assit sur ces bancs qui le réclamaient depuis tant d'années. L'affluence des spectateurs était immense; beaucoup de dames s'y faisaient remarquer par une élégante recherche de toilette, et au milieu d'elles la demoiselle Hutchinson, par son vêtement noir, sa tournure noble et modeste, sa beauté à laquelle le malheur donnait je ne sais quoi d'accompli. Quel contraste avec les traits durs de l'inculpé, ce regard impudent, cette expression farouche d'une physionomie qui respirait le crime dans toute son assurance et s'offrait aux regards avec la liberté d'un front innocent!

Sarazin avait un habit de général sans épaulettes ni décorations. « C'est par respect pour le roi, dit-il, que je

» me présente ici sans les attributs de mon grade et les » marques d'honneur qui m'ont été décernées. »

Les débats n'offrent de remarquable que le progrès du cynisme toujours croissant à chaque question de M. le président.

« — Vous vous êtes marié deux fois?

» —Quand j'ai cohabité avec les demoiselles Schwartz » et Hutchinson : nous étions en guerre avec les Anglais; » tout était de bonne prise. J'étais chargé de la partie » secrète, j'avais carte blanche. La première fois, j'ai » paru devant un avoué; la seconde, devant un prêtre : » c'était une mascarade.

» — Vous avez abjuré la religion catholique?

» — Que je sois juif ou turc, cela ne vous concerne » en rien et ne fait rien à mon affaire de bigamie. Quand » j'étais à Londres, j'allais à la chapelle; cela valait » mieux que d'aller au b..... »

Tandis que chacun baisse les yeux et murmure, Sarazin seul a la tête haute.

« —Vous adressiez à la demoiselle Hutchinson des tendresses et des menaces en qualité de mari?

» — Elle m'avait quitté par libertinage; je voulais la » faire revenir auprès de moi. Oui, je suis très-fâché de » n'avoir pas suivi la première inspiration, je lui aurais » attaché une corde au cou et je l'aurais conduite au » marché; j'aurais bien fait de vendre une femme comme » celle-là.

» — Vous vous êtes vanté de plusieurs félonies?

» — Je suis de la Gascogne; j'en ai dit beaucoup plus

» qu'il n'y en avait. Je suis un homme d'honneur et au-
» dessus du mépris des hommes.

» — Vous avez épousé mademoiselle Delard?

» — Ne parlons pas de la demoiselle Delard ; voilà une
» demoiselle respectable! Sa famille est en pleurs, tout le
» département du Lot est dans l'affliction, parce qu'on lui
» a enlevé un de ses plus vertueux citoyens. C'est là que
» je suis connu. Je n'ai jamais manqué à l'honneur.
» Mademoiselle Hutchinson a été entraînée par ses ga-
» lants. Voici une lettre écrite de sa propre main : « Je
» suis une criminelle, je n'oserai jamais paraître devant
» vous ; c'est à genoux que je dois vous parler. Vous me
» reprochez mes amours avec le capitaine Williams avec
» une délicatesse qui ajoute encore à mes remords. »
» Est-ce clair, cela ? »

Ainsi, ce qu'elle lui disait avec ironie, il trouvait, en lisant un fragment détaché, le moyen de le changer en crime.

Lorsqu'il entendit prononcer l'arrêt qui le condamnait à dix ans de travaux forcés et à l'exposition : « Je vous
» remercie, monsieur le président, dit-il en se retirant ;
» d'un général de terre, vous faites un général de ga-
» lères. Les habitants de Lot-et-Garonne se ressouvien-
» dront de votre impartialité ; je vous en réponds, je ne
» vous dis que cela. On m'a condamné à 40,000 francs ;
» je n'ai rien au monde : *Omnia mecum porto.* »

Il se pourvut en cassation, échoua, et sept mois après seulement, parut au carcan un général traître à sa patrie, mari de trois femmes abusées tour à tour, père de deux enfants repoussés par le préjugé. Du carcan où nous l'avons vu dès les premières lignes de ce récit figurer avec tant d'insolence, n'aurait-il pas dû bientôt être transporté aux bagnes? L'honneur français se serait-il offensé de retrouver là celui qui lui avait fait de si sanglants outrages? Cet honneur avait-il quelque chose de commun avec un pareil général? Cependant il n'a point subi sa peine; on lui a donné un sauf-conduit jusqu'en Espagne, sans doute pour y devenir plus criminel encore par de nouvelles trahisons et de nouveaux mariages.

# LE PRONOSTIC.

## LE FAUX.

Le 13 octobre 1809, le docteur Blanchard, dans une de ses visites au gouverneur de la Banque, dont il était le médecin, développait quelques parties du système de Lavater et le préconisait à outrance.

« Voilà bien la ferveur des nouveaux adeptes, dit en » souriant le gouverneur; ils vont toujours plus loin que » le maître. Dans votre système de Lavater, comme dans » tous les autres, il y a du vrai et du faux, du bon et du » mauvais : lire tels ou tels indices de caractère sur une » figure, soit; mais prédire toute une destinée, c'est trop » fort, et, cher docteur, je vous conteste le titre de sor- » cier. »

Celui-ci allait répliquer; l'huissier annonça M. Louis Lelièvre. C'était un jeune homme de vingt-quatre ans environ, d'une taille au-dessus de la moyenne; ses yeux bleus respiraient la douceur; sa figure pâle n'offrait que des traits réguliers; sa chevelure blonde, bouclée, ondoyante, était magnifique, sa mise élégante, et tout son extérieur modeste.

« Je viens, dit-il de l'accent de la voix la plus timide,

» remercier monsieur le gouverneur de la confiance dont » il m'a honoré en m'accordant d'abord des appointe- » ments de cent louis ; je la justifierai, je le promets, par » beaucoup de zèle et de régularité.

» — Le nom, la fortune de votre père, répondit le » gouverneur, sa réputation sans tache, votre éducation » soignée, et, à ce qu'il m'a appris, la netteté remar- » quable de vos idées, l'aplomb de votre esprit froid et » réfléchi, vos dispositions prononcées pour le calcul, tout » me répond d'avance de la bonté de mon choix. Les » ordres sont donnés ; vous pouvez dès aujourd'hui pren- » dre votre place au bureau du contrôle des bons. »

Le jeune homme se retira en s'inclinant.

« Ah ! pour celui-là, docteur, il porte, je l'espère, un » excellent certificat sur la face ; quelle douce et aimable » physionomie !

» — Voulez-vous toute ma pensée? reprit celui-ci. S'il » se fût présenté en solliciteur et que la question eût été » indécise, je vous aurais conseillé, supplié de la résoudre » contre lui.

» — Grands dieux ! qu'avez-vous donc découvert d'ex- » traordinaire sur ces traits où mon ignorance n'a rien » vu que d'agréable et de séduisant?

» — Je le crois bien ; les belles boucles, la douceur » du regard, la modestie du maintien, ce charme exté- » rieur, voilà ce qui vous a subjugué... Moi, suivant mes » règles à peu près infaillibles, j'ai remarqué dans ses » lèvres un mouvement de contraction effrayant et si- » nistre ; oui, je me suis arrêté avec une attention sou-

» tenue à l'examen de ses lèvres : tout le reste en im-
» pose, là seulement est la vérité. J'en suis tout ému; elle
» me fait horreur.

» — Voulez-vous plaisanter avec votre effroi subit?
» Parlez sans détour, je ne vous trahirai pas.

» — Eh bien, ce pincement nerveux et contracté des
» lèvres, qui se combine avec tous les symptômes d'un
» naturel doux et calme, est pour moi le signe d'une
» scélératesse profonde, d'une atroce perversité. Ou je
» me trompe bien, ou je viens de voir le type de plusieurs
» de ces crimes qui se méditent avec bassesse et s'accom-
» plissent avec lâcheté.

» — Assez, s'écria en éclatant de rire le gouverneur,
» assez de mélodrame; vous avez manqué votre vocation.

» — La sienne s'accomplira trop tôt peut-être, dit le
» docteur d'un ton solennel; nous verrons si vous rirez
» toujours du prophète. » Et il s'éloigna.

Le jeune Lelièvre était né à Madrid de parents français. Ils revinrent dans leur patrie vers 1790, et les premières années de leur enfant n'offrirent rien de remarquable. Il avait une sœur presque du même âge, à laquelle il semblait confier sans réserve ses moindres émotions et ouvrir son âme tout entière. Sa prudente circonspection avec les autres pouvait s'appeler de la défiance. A son goût prononcé pour les études abstraites, se joignait, en apparence du moins, un certain penchant vers les exercices de piété. Il fréquentait les églises, s'agenouillait, communiait parfois. A côté de ses traités d'algèbre et de géométrie, figuraient plusieurs volumes de sermons et deux ou trois exemplaires de l'Imitation de Jésus-Christ : c'était le livre préféré ; il le portait avec lui et l'ouvrait souvent jusque sur les promenades publiques.

Dès les quinze premiers jours de son entrée dans les bureaux de la Banque, il tint si bien la parole donnée au gouverneur, que déjà on le citait comme le modèle des commis. Une exactitude parfaite, une attention soutenue le firent remarquer d'abord; à peine levait-il les yeux. Certains papiers les fixaient surtout. Souvent, en les examinant d'un regard curieux, il paraissait comme absorbé par une sorte de contemplation. C'étaient les bons que les maisons de commerce en compte courant tiraient sur la Banque. L'échange de ce simple morceau de papier contre de fortes sommes lui semblait merveilleux. Deux ou trois suffiraient pour enrichir le porteur, remarque qui le jetait dans des rêveries fréquentes. Un jour, il en fut tiré tout à coup par cette question de l'un des employés, son voisin de bureau :

« Avez-vous jamais assisté à quelque séance remar-
» quable de cour d'assises ?

» — Non.

» — Depuis deux jours la foule se porte au palais de
» Justice, pour voir le fameux faussaire Bernetti. Demain
» sans doute sera la dernière séance ; auriez-vous le désir
» d'y aller ? Un huissier de mes amis nous introduira.

» — J'aurais refusé pour un assassin, répondit Lelièvre.
» La vue de ces hommes cruels soulèverait mon âme
» et exciterait en moi des mouvements d'horreur, je ne
» pourrais la soutenir ; mais un faussaire, quelque cou-

» pable qu'il soit, n'inspire pas la même répugnance ; ses » mains, habilement perfides, ne sont pas du moins » teintes de sang. J'accepte et je vous accompagnerai. »

Le lendemain en effet, vers dix heures et demie, l'huissier de service faisait placer au-dessous du jury, presque en face du banc des criminels, nos deux commis, l'un calme, indifférent, accoutumé à de pareils spectacles ; l'autre, Lelièvre, ému, inquiet, fixant avec une anxiété fiévreuse la petite porte par laquelle devait entrer l'accusé. Enfin il est introduit.

Bernetti, Italien de trente-trois à trente-six ans, avait les cheveux d'un noir de jais, les yeux gris foncé, ardents et caves, le creux des joues comblé par d'épais favoris bruns, les dents d'une blancheur éclatante, les lèvres flétries et décolorées, les mains sèches et les doigts d'une délicatesse extrême. Il se présente avec audace ; ses regards se promènent effrontément sur la foule des spectateurs. A peine sont-ils tombés sur Lelièvre, qu'ils s'arrêtent, ne se détournent plus, ne semblent voir que lui dans la salle. Chacun remarque la personne qui l'a subitement captivé.

« Cet homme vous aurait-il déjà vu quelque part? dit » à Lelièvre son camarade ; comme il vous considère ! il a » l'air de vous reconnaître ; ses yeux lancent des flammes » ardentes ! Voulez-vous vous retirer ou au moins chan» ger de place?

» — Pourquoi? répondit Lelièvre ; en me mettant de » côté, j'éviterai sa vue ; dans quelques minutes il n'aura » plus à songer qu'à sa défense. Cette tête porte tous les

» caractères de l'exaltation ; les traits en sont saillants et » même distingués. Il m'envisage parce que je me trouve » précisément en face de lui. Jugez s'il ne doit pas être » à lui-même l'objet de sa préoccupation la plus vive. »

Bientôt après, comme s'il se fût aperçu de l'effet singulier produit par son attention obstinée à fixer l'inconnu, Bernetti détourna les yeux; ce n'était pas d'ailleurs sans avoir rencontré ceux de Lelièvre. Quoique ce fût la première fois, ils semblaient s'être secrètement compris. Dans cette correspondance sympathique et instinctive, ils s'étaient sans doute interrogés et répondu comme ils le souhaitaient l'un et l'autre. Un pacte invisible les liait déjà ; s'ils pouvaient se revoir jamais, ils s'entendraient au premier mot.

Le crime de faux consistait à avoir contrefait des billets gravés et à en avoir rempli les blancs de son écriture. L'imitation était si habile, les rapports des experts si contradictoires, que le défenseur triompha sans peine et fit résoudre le doute en faveur de son client. Quelques marques de surprise accueillirent la décision du jury ; elles ne causèrent aucun trouble à l'accusé, et la satisfaction marquée du jeune auditeur parut le dédommager. En se séparant, ils échangèrent encore un regard.

« Quel acquittement! dit sur le pont Neuf l'employé » de la Banque à Lelièvre. Il y avait là, j'en suis assuré, » plusieurs ouvriers graveurs; si nous eussions demandé » leur avis, tous l'auraient condamné.

» — Sans doute, reprit Lelièvre, parce que c'est un » Italien, par rivalité de pays, par envie de son talent.

» — Non ; mais précisément par conviction de sa dex-
» térité inouïe. Quel intérêt portez-vous donc à un étran-
» ger dont la figure égarée ne me revient pas du tout,
» je l'avoue ? »

Lelièvre s'aperçut de son imprudence, et pour détourner toute mauvaise idée, ajouta : « Vous avez raison, il
» avait en effet quelque chose de surnaturel ; je ne me
» soucierais pas de le rencontrer le soir. »

Quinze jours s'écoulèrent, durant lesquels le protégé du gouverneur s'étudia à mériter de nouveaux éloges et en même temps à se mettre sur les traces de Bernetti ; car déjà sa tête avait conçu, arrêté même un projet pour l'exécution duquel le concours de l'étranger lui était indispensable. Ses recherches personnelles n'aboutirent à rien ; les gens payés et qui s'adressèrent soit au greffe, soit à la Préfecture de Police, ne parvinrent pas non plus à découvrir sa demeure.

Comme il revenait, le 18 février, à l'entrée de la nuit, d'une promenade à travers les Champs-Élysées, avec sa mère et sa sœur, il s'écria tout à coup : « Ah ! mon Dieu,
» j'aperçois de l'autre côté un de mes camarades de la
» Banque auquel j'ai quelque chose de pressant à dire ;
» continuez, je vous rejoindrai bientôt. » Il avait reconnu Bernetti se dirigeant vers l'allée des Veuves ; c'était bien lui, son air, sa tournure, sa tête haute, ses traits prononcés, que le jour baissant permettait de distinguer encore. Il le suivit à certaine distance, délibérant s'il l'aborderait ou non.

La nuit commençait. Bernetti s'arrêta à l'endroit le

plus solitaire, et, quelques minutes après, fut rejoint d'abord par un premier individu, puis par un second. Tous les trois se promenèrent assez longtemps à pas comptés, se séparèrent, se rejoignirent. Inquiet de ces allées et venues, dont, avec un peu plus d'expérience, il aurait pu soupçonner la cause, Lelièvre se tenait caché derrière un gros arbre. Ils abordèrent un passant qui presque aussitôt s'éloigna avec rapidité. A plusieurs reprises il entendit des hum! des pst! et quelques mots de ralliement comme étouffés. L'effroi le saisit, lorsque bientôt, traversant la route, ils gagnèrent la rue Royale, dans laquelle il continua à les suivre, pleinement rassuré.

Neuf heures sonnaient; l'obscurité régnait toujours. Les promenades, les manœuvres singulières de l'allée des Veuves recommencèrent sur le boulevard qui borde la rue Basse-du-Rempart. A dix heures et demie, ils se séparèrent. Bernetti, plus grand que les deux autres et facile à reconnaître à la lueur du réverbère, alla jusqu'à la rue de Grammont. Là, doublant le pas, il força son observateur obstiné à marcher très-rapidement jusqu'à la rue des Saints-Pères, où il entra au n° 7.

« Je le tiens enfin l'homme introuvable, dit Lelièvre; » ma fortune est faite. Dès demain je saurai mon sort. » Et chemin faisant il prenait toutes ses dispositions pour pouvoir le lendemain se trouver seul quelques instants dans son bureau.

Le lendemain en effet, dès huit heures et demie, il se présentait à la Banque. Sa venue matinale provoqua une exclamation du garçon qui le rencontra dans la cour :

« Quel zèle ! Ces messieurs ont raison ; vous ne tarderez » pas à devenir chef. » Ils montèrent ensemble.

Comme le garçon vaquait à tous ses soins de propreté avec d'autant plus d'ardeur qu'il avait un témoin, Lelièvre, qui n'en voulait aucun, se hâta de lui dire : « Je ne déjeune » jamais ici ; mais, pour gagner du temps, ne le pourrais- » je pas aujourd'hui ? — Monsieur, je cours à l'instant » chercher ce que vous voulez. » Et il le laissa seul.

Lelièvre saisit avidement l'un des cartons qui contenaient les bons quittancés des maisons en compte courant avec la Banque, et au nombre de cent cinquante environ. Il en prit deux au hasard, signés, l'un *Récamier*, l'autre *Schérer*, les plia avec soin et les serra dans l'une des poches de sa redingote.

Cette journée fut une de celles où son travail se montra le plus soutenu. Presque immobile sur sa chaise, à peine se laissait-il distraire par les questions des autres employés. « Vous vous rendrez malade, » lui dit le chef. Un demi-sourire pincé fut toute sa réponse. Le docteur l'eût pris pour un atroce symptôme ; le chef n'y vit que l'expression de la modestie.

Dans une mansarde de la rue des Saints-Pères, avec quelques outils déjà empaquetés, en face de deux ou trois portraits d'hommes qu'il venait de décrocher, et sous les yeux une lettre qui l'engageait à quitter la France, Bernetti faisait ses préparatifs de départ pour l'Italie. L'ami dont les conseils étaient pressants lui écrivait entre autres choses : « Ton séjour prolongé devient inexplicable. Si » Viviani avait fait comme toi, où en serait-il ? Depuis

» son acquittement, de nouvelles preuves ont fait arrê-
» ter un de ses complices; la procédure recommence à
» Lyon. Lui, déjà à Venise, se rit de toutes les recherches
» et s'apprête à passer en Orient sous le costume de pè-
» lerin. Sans doute l'argent te manque; eh bien, fais
» plutôt le voyage à pied. » Docile, et avec de graves raisons de l'être, Bernetti s'apprêtait à partir.

Vers cinq heures, un coup légèrement frappé à sa porte l'interrompt; il ouvre et n'en peut croire ses yeux.

« Ne soyez pas surpris, dit Lelièvre avec l'accent flat-
» teur d'un éloge médité; le talent dont les débats ont
» révélé toute la portée vous explique ma visite. En vou-
» lant vous démontrer coupable, les experts n'ont réussi
» qu'à vous proclamer habile. J'aurais besoin de faire
» graver en particulier, sans qu'on en sût rien, vous en-
» tendez? certains bons dont j'ai sur moi le modèle. »

L'œil de Bernetti, étincelant d'abord de plaisir, devint sombre et scrutateur. Armé tout à coup de défiance, il se tint sur ses gardes; l'instinct de la sûreté, plus fort que les élans d'une nature pervertie, lui inspira une réserve froide et compassée.

« Vous savez qui je suis, la justice a eu soin de l'ap-
» prendre à tout le monde; mais vous, monsieur, souf-
» frez que je le demande, qui êtes-vous? mon innocence
» même m'a rendu soupçonneux. Il m'en a assez coûté
» pour l'établir! Pourquoi vous adresser à moi plutôt
» qu'à un autre? Le hasard vous mit une fois en ma
» présence; aujourd'hui, est-ce bien votre volonté seule
» qui vous y conduit? » Et il le fixait, s'efforçant de

sonder les profondeurs de son âme, y cherchant avec une ombrageuse curiosité les traces de l'espionnage ; Lelièvre le devina.

« Rassurez-vous, reprit-il vivement ; le service dont » j'ai besoin mérite au moins de la franchise ; apprenez » mon nom, ma demeure, mon emploi ; informez-vous si » je dis la vérité. » La figure de Bernetti s'épanouit.

« Je vous crois et je vous comprends. Vous avez égaré » deux bons semblables à ceux dont vous me parliez et » vous voulez les remplacer. La gravure est la seule chose » dont je me chargerai volontiers ; l'écriture vous regar- » dera.

» — Soit ! et le prix ?

» — Assez peu d'argent, quoique j'en manque, et beau- » coup de reconnaissance.

» — Mon cœur pourrait-il en manquer ? le souvenir... » Il s'arrêta ; le bras de Bernetti lui pressait la taille, et sa voix répétait d'une inflexion douce et molle : « De l'ami- » tié, signor, de l'amitié seulement. »

Plus de doute, tout s'expliquait en une minute, et le regard extraordinaire des assises, et la course de l'allée des Veuves, et la rue Basse-du-Rempart ; cette amitié n'était plus un mystère.

Fut-elle satisfaite ? Le marché entre la cupidité et la dépravation fut-il conclu ? se consomma-t-il ? Qu'importe ? Laissons dans l'ombre la honte de ce commerce réprouvé. C'est assez de poursuivre les détails du crime dont il était le prélude et dont il paya l'instrument.

Après un mois de zèle affecté à son travail, de basses

complaisances en débauches avec Bernetti, et d'attente troublée par mille perplexités, Lelièvre s'imagina être dupe; mais plus hypocrite encore que l'Italien n'était rusé, un jour il l'aborde d'un air triste, abattu, et avec ces paroles :

« Tu veux donc me perdre? La vérification aura lieu » bientôt; si je ne remplace pas les deux pièces égarées, » il faut quitter ma place et fuir.

» — Fuir! » s'écria Bernetti; le mot l'avait glacé. « Non, cher petit ami... je vais y travailler nuit et jour; » tu les auras bientôt. » Il était hors de lui-même; il croyait voir lui échapper sans retour celui qu'il appelait *le caro biondino, la sua vita.*

En effet, quatre jours plus tard, Lelièvre reçut douze bons contrefaits avec une rare perfection. « Tiens, dit » l'Italien en les lui donnant, voilà ton salut et mon bon- » heur. J'ai tiré douze exemplaires, afin que si ta main » tremble sur les premiers, elle en ait d'autres pour s'af- » fermir. Glisse-les avec bien du soin parmi les autres. »

La place des signatures et celle des chiffres restaient seules à remplir. Ce n'était plus alors chose difficile à Lelièvre. Il s'était mis souvent à l'étude, et sous la direction du maître avait profité au point que les noms de Récamier et de Schérer furent écrits à s'y méprendre. Deux bons de trente mille francs chacun lui parurent suffisants pour essayer.

Comment oser paraître à la caisse et en toucher le montant? A qui confier et la vérité et l'exécution? Lelièvre se réserva tout, retenu, le croira-t-on? par un point unique. Parmi divers obstacles qui devaient se presser en foule dans son esprit, un seul l'arrêta sérieusement : sa chevelure. Elle le trahirait, s'imaginait-il. Il y avait mille moyens de la changer; eh bien, il délibéra trois jours, non sur le sacrifice complet, mais sur celui de quelques boucles trop flottantes. Il revenait sans cesse à son miroir, le consultait, oubliait le crime, ne songeait plus qu'au vain ornement de sa tête; c'était sa beauté, il en était fier et idolâtre. O vanité! ni la pensée du péril, ni un juste et salutaire effroi, ne provoquèrent la moindre hésitation; la coquetterie seule suspendit ses premiers pas dans le crime, où il entrait avec tant de résolution.

Enfin, après avoir livré quelques mèches au ciseau d'un coiffeur, il se crut assez défiguré et presque méconnaissable. Alors plus d'incertitude. Le 19 mars, à onze heures du matin, il traverse rapidement la cour de la Banque et se présente hardiment à la caisse. Deux jeunes Hollandais l'y avaient précédé et y touchaient une assez forte somme. Ils étaient blonds aussi. L'idée lui vient de déguiser au besoin son accent, comme s'il était du même pays, ce qui le dispenserait de toute espèce de phrase.

A son tour il donne les deux bons. Le caissier lui remet six paquets de dix mille francs en billets, l'invitant à les compter. Il ne s'en donne pas le temps, les saisit avec une si grande vivacité, que deux échappent. Quoique relevés assez vite, l'incident le fait remarquer.

Lorsque, de retour à sa demeure, Lelièvre eut caché sous le linge enfermé dans la commode de sa chambre les soixante billets, il redescendit tranquillement chez sa sœur.

« Quoi! dit-elle en le voyant, tu n'es pas à ton bu-
» reau aujourd'hui... serais-tu malade?

» — Oui, Eugénie, mais d'esprit seulement. Écoute
» un aveu : cette carrière d'argent n'est guère de mon
» goût.

» —Comment! malgré tes succès! Avant-hier encore,
» le gouverneur faisait de toi le rapport le plus flatteur à
» maman.

» — J'en suis charmé; mais il ignore ce que mon zèle
» me coûte de dégoûts et cache d'ennuis dévorants. D'ail-
» leurs, on doit obéir à sa vocation; tu connais la mienne,
» ne vient-elle pas d'en haut?

» — Te faire prêtre! y songes-tu? notre père te déshé-
» riterait.

» — Que m'importent ses biens? j'aspire à d'autres;
» et puis, je ne cède pas à un premier mouvement. »
Alors il lui donna lecture de la prétendue lettre d'un abbé
Genin :

« Mon cher monsieur,

» Défiez-vous de l'élan trompeur qui vous emporte;
» prenez le temps de vous bien étudier. Quant au moyen,
» le meilleur serait de venir assidument à nos conférences
» du soir, rue du Pot-de-Fer, près Saint-Sulpice. »

« Certes je m'y rendrai, ajouta Lelièvre. Si mes ab-
» sences étaient remarquées, tu expliqueras le motif. »

Ainsi il jetait d'avance un voile religieux sur le changement subit de ses habitudes et préparait avec astuce l'indépendance de sa vie nouvelle. Dès le jour suivant elle commença.

D'un côté, le père exprima quelque surprise de ne plus voir son fils aux soirées de famille. La bonne sœur s'empressa de produire l'explication convenue. Loin de paraître irrité comme elle le redoutait, M. Lelièvre répondit : « Le but est noble ; il a assez de talent pour devenir un » prédicateur célèbre. »

D'autre part, le chef de bureau n'acceptait pas toujours comme vérité les excuses du jeune commis, auquel il reprochait de devenir beaucoup moins exact. Son dernier rapport se terminait par cette phrase sévère : « Il ne » remplit la place qu'avec paresse, avec dédain, comme » s'il ne s'en souciait plus. »

Vers ce temps, le conseil de la Banque était convoqué extraordinairement. Les maisons Récamier et Schérer, en recevant l'état de leur situation, réclamèrent chacune contre la somme de 30,000 francs, qu'elles soutenaient n'avoir pas demandée. Après des explications précises, on reconnut, on constata le faux. Mais dans cette foule de gens qui touchent des bons chaque jour, sur qui arrêter ses soupçons?

Le caissier, mandé, se borna à dire : « En se repor- » tant vers cette époque, ma mémoire ne se rappelle que » trois jeunes Hollandais très-blonds et quelques mille » francs que l'un d'eux laissa tomber. »

Comme éclairé d'une lumière inattendue, le gouverneur se mit à dire : « Messieurs, gardez bien le secret sur » cette séance ; dans peu de jours, je l'espère, la somme » sera recouvrée. » Tout à coup revenaient en même temps à sa pensée la blonde chevelure de Lelièvre, la prédiction du docteur, le rapport du chef de bureau. Il écrivit au ministre de la justice :

« Il s'est commis un vol de 60,000 francs à l'aide de » faux bons. L'intérêt de la Banque, celui de la vérité, » celui peut-être aussi d'une famille très-honorable, com» mandent quant à présent le plus grand mystère. J'ai » des soupçons qui se vérifieront facilement si vous voulez » bien faire surveiller par quelques-uns de vos agents les » moindres démarches du nommé Lelièvre, commis dans » mes bureaux, et logé rue de la Michodière, n° 13. »

Trois jours ne s'étaient pas écoulés, que le ministre invitait le gouverneur à venir dans son cabinet, et lui communiquait le rapport suivant :

« Les soussignés se sont occupés, le 21 et le 22 cou» rant, de la surveillance à eux confiée, et dont voici le » résultat : « Neuf heures du matin. Le nommé L*** » quitte la maison n° 13, rue de la Michodière. Mise très» soignée et très-élégante. — Dix heures. Il entre rue » de la Victoire, dans un petit hôtel n° 9, que nous ap» prenons avoir été loué depuis peu par une dame Ro» salba. Un cabriolet neuf avec un beau cheval et un » jockey s'arrêtent à la porte.

» Onze heures et demie. Le nommé L*** et la » dame... (femme entretenue) montent ensemble. Im» possible de suivre. Deux hommes attendent en parcou» rant la rue.

» Retour vers quatre heures. On descend divers pa» quets qui semblent être des étoffes.

» A la nuit, vers huit heures, le nommé L*** paraît

» seul et à pied. Gardé à vue jusqu'à la rue Sainte-Anne.
» Il s'arrête à une porte déjà connue de nous, et semble
» monter au premier, chez madame Durand, qui donne
» à dîner et à jouer.

» L'un de nous va prévenir Rateau, qui a ses entrées
» et qui était au Vaudeville, d'arriver. Nous lui donnons
» le signalement, et il a rapporté :

» — Votre blond s'est mis à l'écarté, où il a perdu
» deux mille francs. Peu après est venue une dame Ro-
» salba, avec laquelle il paraît vivre. Elle s'est appuyée
» sur son épaule : « Courage, Louis, courage ; je vais te
» porter bonheur, » lui a-t-elle dit. Il a continué et
» perdu trois mille francs sur parole. « C'est trop! je
» cours et je reviens bientôt. Aline, attends-moi. » Il ne
» paraissait ni ému ni agité.

» Vers onze heures, il était de retour et a demandé
» des cornets et des dés. Cinq mille francs y ont passé
» encore. Selon toutes les apparences, il a eu affaire à
» des escrocs. — Une heure du matin, reparti pour la
» rue de la Victoire.

» Le 22, journée insignifiante. Vers neuf heures,
» monté seul au Palais-Royal, n° 113. Joué à noire et
» rouge. Gagné d'abord huit cents francs. Reperdu et
» quinze cents autres avec. »

« Voilà mon faussaire! s'écria le gouverneur ; une
» figure d'ange, imaginez-vous ; qui ne s'y serait pas mé-
» pris?... le docteur avait donc raison? Que va devenir
» son malheureux père... et sa sœur... et sa mère si res-
» pectable?...

» — Peut-être n'est-ce pas là encore le coupable, re-» prit le ministre; avant de prendre aucun parti, laissez-» moi écrire deux lignes à son père :

« Monsieur,

» Veuillez bien examiner votre caisse, le portefeuille » de vos effets, et me faire savoir immédiatement s'il n'y » manquerait pas quelque somme assez forte. Certain rap-» port autorise cette demande, toute dans votre intérêt. »

Puis se tournant vers le gouverneur :

« — Il y a loin de quelques écarts de jeune homme à » un crime qui suppose autant d'habileté que d'audace. » Vous le verrez, comme tant d'autres dont les noms me » parviennent, il aura dérobé quelques billets de banque » dans le secrétaire paternel, et il se sera livré à tous » les excès d'une vie par malheur trop commune.

» — Je le voudrais ; mais une voix secrète me le dé-» nonce comme le véritable voleur. » Il lui raconta la prédiction du médecin, et gémit de nouveau sur le désespoir dans lequel cette découverte allait plonger sa famille.

Le messager était revenu, et M. Lelièvre répondait qu'après examen fait, il ne lui manquait pas la plus légère somme.

« Quel parti prendre, monsieur le ministre? saisirons-» nous la justice? Ce père, mon ancien ami, verra-t-il son » nom flétri et son fils parmi les forçats? n'existe-t-il pas » un moyen quelconque?...

» — J'en vois un, dit le ministre, si le père peut et » veut rembourser les soixante mille francs.

» — Il le peut, je le sais ; il le voudra, je n'hésite pas » à le déclarer.

» — Eh bien, le déficit une fois couvert, vous ordon- » nez un secret inviolable à cause de la sévérité de l'em- » pereur, et on envoie le jeune homme dans un bataillon » colonial. Voulez-vous me charger de l'affaire ? j'accuse- » rai, je jugerai ; vous solliciterez le pardon et vous fixe- » rez la mesure de la peine. A demain midi le tribunal ; » je me charge d'y faire comparaître le coupable et celui » que je plains de tout mon cœur. »

Dans la soirée du même jour, madame Lelièvre disait à sa fille : « Décidément ton frère est perdu pour nous ; » je ne le vois presque plus. Un de ces jours, il va nous » demander la permission d'entrer au séminaire. Sa toi- » lette seule contraste avec ses exercices de piété. Il est » toujours élégant et il devrait être simple ; mais en re- » vanche, que son air est humble et sa parole décente ! » tu le verras dépouiller tout d'un coup ce reste de mon- » danité. »

M. Lelièvre entra : « Que puis-je donc avoir à démê- » ler avec la police ? Voilà depuis hier deux lettres du » ministre. L'une me demande si l'on m'a volé, et, Dieu » merci, il n'en est rien ; l'autre m'invite à passer chez » lui vers midi. Nous verrons. Est-ce que ces ecclésias- » tiques ont imposé un jeûne rigoureux à ton frère ? » Il ne paraît presque plus à notre table. »

Le lendemain, à onze heures et demie, deux agents de police introduisaient dans le cabinet du ministre Louis Lelièvre. Le gouverneur l'y attendait déjà, et son premier regard se porta sur ces lèvres dont le docteur lui avait inspiré une si grande frayeur. L'interrogatoire commença sur-le-champ.

« Vous avez un cabriolet?

» — Oui, monsieur, répondit très-froidement Le-
» lièvre.

» — Vous avez une maîtresse, madame Rosalba, un
» petit hôtel?

» — Oui, sans se déconcerter encore.

» — Vous avez joué et perdu, rue Sainte-Anne, huit
» mille francs; au Palais-Royal, quinze cents. Comment
» expliquez-vous ces pertes avec vos appointements de
» cent louis? »

Lelièvre baissa les yeux, se recueillit, et de l'accent d'un homme que le remords a saisi et que le repentir gagne : « Je vais vous avouer toute la vérité. J'aimais une
» femme; elle m'a entraîné... Mon père avait laissé son
» portefeuille ouvert, j'y ai pris quinze billets de banque.
» Je les ai dépensés; il ne m'en reste plus rien. Ne me
» perdez pas dans son estime. »

En ce moment on annonce M. Lelièvre, qui, apercevant son fils dans une attitude suppliante, s'arrête tout surpris et tout ému.

« Monsieur, lui dit le ministre du ton de l'intérêt le
» plus vif, vous m'avez trompé sans doute, parce que vous
» vous étiez trompé vous-même. Il ne vous manque pas,
» m'avez-vous écrit, la plus légère somme, et votre fils
» nous déclare avoir dérobé quinze mille francs dans votre
» portefeuille.

» — Ne le croyez pas, monsieur, il en impose ; il y a » erreur, ou bien il se charge de la faute d'un autre... » c'est pure générosité... Depuis un certain temps, sa » vie se consacre à la religion. » Et il regardait son fils muet, immobile : « Quoi ! Louis, tu m'as pris de l'argent? » où?... dans quel portefeuille?... je les ai visités tous; » d'ailleurs, je n'ai pas tant de billets de mille francs ; » je n'en ai pas quinze... Parle, qu'as-tu voulu dire?... » explique-toi... » Lelièvre gardait un silence obstiné.

« Messieurs, de grâce, ajouta-t-il avec l'accent d'un » homme qui redoute une fatale nouvelle, mes pensées » s'égarent... faites cesser cette incertitude... Pourquoi » suis-je ici? et lui surtout, pourquoi s'y trouve-t-il? »

Le ministre lui fit signe de s'asseoir, et le fixant d'un œil où se peignait une douloureuse commisération : « Prenez courage, monsieur ; nous vous devons la vérité ; » mais nous n'oublierons pas un moment que nous allons » la révéler à un homme digne de notre estime, à un père.

» — Jeune homme, reconnaissez-vous ces deux bons?

» —Non, répliqua sèchement Lelièvre.

» — Alors, indiquez la source où vous avez puisé l'argent que vous venez de dépenser, non pas en œuvres » pies, comme vous auriez voulu le faire croire, mais en » folies et en débauches.

» — Juste ciel ! s'écria M. Lelièvre d'une voix entrecoupée de sanglots, les yeux baignés de larmes, la face » couverte de ses deux mains, juste ciel !... ô ma fille ! ô » ma femme ! »

Le gouverneur alla se placer à ses côtés, lui prit les

mains, les serra affectueusement; cédant à l'émotion, le ministre avait peine à continuer. L'œil sec et fixe de Lelièvre ne trouvait pas une larme même hypocrite.

« Vous persistez, reprit le ministre, à nier que ces deux » faux bons soient votre ouvrage ou celui d'un complice?

» — Oui.

» — Eh bien la justice en décidera.

» — Avoue donc, s'écria le père hors de lui-même; » il y aura peut-être moyen de te tirer de là... Quelle » que soit la somme, je la payerai... Ah! messieurs, » grâce pour nous, pour sa sœur, pour sa mère! » Et se levant, il se rapprocha du ministre, s'inclina : « Faut-il » qu'un malheureux père se mette à vos genoux? » Il prenait déjà la posture des suppliants, lorsque le ministre l'arrêta :

« Mettons fin à une leçon qui ne profite pas; traitez » avec M. le gouverneur la question d'argent, et fiez- » vous à moi pour résoudre l'autre comme il convient. »

Le père comprit, baissa la tête et se retira en proférant ces seules paroles : « Je vous l'abandonne. »

A peine il était sorti, que le gouverneur apostropha Lelièvre violemment : « Monsieur, vous êtes plus qu'un » faussaire; l'homme qui voit son père à genoux sans s'é- » mouvoir est un monstre! »

Lelièvre, remis entre les mains de deux agents de police, fut provisoirement détenu, et, à quelque temps de là, incorporé dans un bataillon colonial alors à Granville.

LA DÉSERTION.

Le premier soin du nouveau soldat fut de multiplier les questions autour de lui ; il craignait que la véritable cause de son enrôlement ne fût connue et que le plus profond mépris ne l'accueillît. L'honneur de sa famille avait fait une loi rigoureuse du secret, on le garda. L'ignorance de ses camarades lui inspira donc une pleine sécurité et un projet dont l'exécution commença aussitôt.

Son instruction, sa capacité, la douceur de ses manières, le faisaient rechercher des soldats les moins instruits et des officiers eux-mêmes, qui lui confiaient les uns la rédaction de leurs lettres, les autres celle même de petits mémoires. Il passait pour le savant du bataillon. Un jour il s'adressa à un nommé Chevalier, qui avait avec lui les rapports les plus frappants : même taille, même couleur de chevelure et des yeux, même physionomie.

« Vous êtes bien triste, Chevalier; vous avez reçu, à » ce que j'ai ouï dire, de mauvaises nouvelles de vos pa- » rents... ils vous refusent tout. Quelque faute de jeu- » nesse, sans doute, et ils les punissent comme des » crimes.

» — Ah! mon Dieu! presque rien... une cousine qui » m'a fait violence, qu'on m'accuse d'avoir séduite et » que j'ai refusé d'épouser... J'avais promis à une autre; » je n'ai qu'une parole. Après une querelle terrible, ils » m'ont forcé de partir.

» — Fort bien! et pourquoi ne vous êtes-vous pas » adressé à moi?... est-ce que vous ne valez pas mieux

» que la plupart de ceux qui me font tenir leur correspondance? Comme vous ne savez pas écrire, on vous aura fabriqué quelques phrases dures et inconvenantes : de là le courroux de votre père.

» — Je n'en ai pas.

» — Alors, de votre mère, et sa malédiction.

» — Elle me l'a donnée.

» — Qu'avez-vous répondu?

» — Rien encore... et depuis qu'elle m'a frappé, je ne dors plus; j'ai des songes effrayants, je rêve toujours que j'ai été abandonné dans un hôpital.

» — Pauvre garçon! je me charge de vous rendre le repos avec une supplique qui la désarmera. Le plus tôt sera le mieux, mon ami. L'irritation d'un père passe encore... on peut la braver; mais une mère, celle qui nous a donné le jour!... Ah! si la mienne pouvait m'en vouloir, je serais désespéré.

» — Comme vous comprenez bien ma douleur! Vous serez assez bon pour écrire?

» — Dès ce soir; remettez-moi tous vos papiers, afin que j'apprécie parfaitement votre situation.

» — Je n'ai pas d'argent, vous le savez?

» — Fi donc! Je griffonne gratis toutes leurs missives amoureuses, et je me ferais payer l'humble prière qui sera exaucée, je l'espère bien, et qui rendra un fils à sa mère!... vous ne me connaissez pas. »

Le soir, Chevalier apporta une liasse de papiers de famille.

« Maintenant, allez dormir tranquille, lui dit Lelièvre;

» vous avez commencé une bonne œuvre, cette nuit même » Dieu vous en récompensera... vos cauchemars vont » cesser. »

Chevalier se confondit en témoignages de reconnaissance et accepta ces paroles comme le gage d'un repos assuré. Seul une fois, son camarade se hâta de rompre le lien du paquet, et à travers mille papiers insignifiants, trouva une feuille de route, un signalement, deux certificats de bonne conduite et quatre autres pièces établissant les relations de famille de Chevalier. Il les enleva, et en échange replaça une quantité à peu près égale d'écritures, convaincu que sa dupe n'avait pas le pouvoir d'une vérification et n'en aurait même pas l'idée. D'ailleurs il comptait le gagner sans retour par quelque chef-d'œuvre de pathos sentimental.

Le lendemain vers une heure, Chevalier frappa à la porte d'une petite chambre louée par Lelièvre ; il l'appelait son cabinet et y donnait ses audiences à tous les amoureux et à tous les ignorants du bataillon.

« Comment s'est passée la nuit? s'écria-t-il en ouvrant ; » excellente, je le vois... plus d'hôpital maintenant?

» — Non, mais trop de plaisir, et l'agitation a été » aussi forte... ma mère me tendait les bras... puis je » n'ai plus rien trouvé ; j'étais tout triste.

» — C'est le commencement du bonheur ; voici qui » va l'achever ; » et il lui lut :

« Ma tendre mère,

» Me sera-t-il permis encore de vous donner ce doux

» nom? ne l'êtes-vous plus pour moi? m'avez-vous condamné sans retour? ne vous reverrai-je plus?... Le souci me ronge, le chagrin me dévore à cette pensée... Je veux mourir... Quand le bataillon partira-t-il? J'appelle les combats, non comme tant d'autres, pour la gloire, mais pour y trouver la mort, cette mort... »

« — Vous pleurez à chaudes larmes, dit Lelièvre en » s'interrompant; j'ai rencontré juste, votre mère n'y résistera pas. Je ne lis pas plus loin, je ménage votre sensibilité. Apposez ici votre signature. »

Les doigts roides et tremblants du jeune soldat hors de lui-même tracèrent avec difficulté je ne sais quels signes bizarres, l'équivalent de son nom. Puis il s'éloigna, colportant partout les louanges de sa providence littéraire. Les camarades s'empressèrent autour de Lelièvre; les chefs lui adressèrent leurs compliments; l'aumônier même vint y joindre les siens, avec quelques questions pleines de bienveillance sur la cause de son enrôlement dans le bataillon.

« Elle est fort simple, reprit-il en tirant à l'écart » l'abbé Bourgoing, ecclésiastique chéri et vénéré des » soldats; deux mots suffiront. Je voulais entrer au » séminaire, et en même temps mon père poussait ma » sœur au protestantisme. Il se préparait avec elle à » une abjuration d'éclat; je résolus de l'empêcher à tout » prix.

» — Noble lutte! dit l'abbé en l'interrompant, et qui » redouble mon intérêt pour vous. Quel en fut le résultat?

» — La disgrâce, la persécution paternelle. J'avais » conduit ma sœur chez l'abbé Doulens, le plus vénérable » des prêtres. On m'accusa, qui le croirait? de l'avoir » livrée à un homme capable de la déshonorer. L'infamie » de ce prétexte servit d'excuse à une mesure arbitraire. » Un soir on m'enleva. Le lendemain, je reçus dans la » prison même l'uniforme dont vous me voyez revêtu, et » je fus dirigé sur Granville. Permettez-moi demain de » vous montrer la lettre qui prononce contre moi une » irrévocable sentence.

» — Très-volontiers, répondit l'abbé, et dès à présent » comptez sur mon appui et sur mon affection ; vous avez » souffert pour la bonne cause. »

Quelques instants après, Lelièvre composait, en contrefaisant l'écriture de son père, la lettre suivante, qu'il s'empressa de porter le lendemain au crédule aumônier.

« Monsieur, car je n'appellerai plus mon fils celui qui » se révolte contre l'autorité d'un père et n'hésite pas à » compromettre une sœur, qui vous a fait le juge de ma » conscience et l'arbitre de la sienne? Quel fanatisme » vous a armé contre moi et vous a jeté au-devant de nos » pas dans la voie qu'il nous plaît de suivre? Quel piége » n'avez-vous pas tendu? Ainsi, point de grâce; l'arrêt » est porté, il recevra son exécution. Vous allez vous éloi- » gner à jamais; puisque vous n'avez pas voulu la car- » rière que je vous destinais, restez enchaîné à celle que » votre emportement vous a faite. N'écrivez pas; votre » repentir me trouverait incrédule et votre prière inexo- » rable. »

« — A cet endurcissement, s'écria l'abbé, je recon-
» nais bien la première punition de ceux qui s'éloignent
» d'une religion d'amour. Votre douleur, je le comprends,
» a besoin de distractions ; j'y pourvoirai. Le comman-
» dant vous permettra avec moi quelques excursions dans
» la campagne. »

Lelièvre était ravi ; il obtenait le premier jour ce qu'à peine il aurait osé demander au bout de quelques semaines. La première course promise devait avoir lieu à un château situé à six lieues. Ils en avaient déjà parcouru quatre, tantôt discourant sur les passions humaines, tantôt lisant l'un son Bréviaire, l'autre sa petite Imitation de Jésus-Christ, son livre favori ; et ils atteignaient un village adossé à une forêt qu'il fallait traverser, lorsqu'un orage éclata ; la pluie tombait par torrents.

« Si elle dure, dit l'aumônier, impossible d'aller plus
» loin, les chemins dans la forêt seront impraticables ; la
» nuit nous y surprendrait ; il vaut mieux la passer ici,
» nous y trouverons bien deux mauvais lits. » Un paysan les leur procura dans la même chambre.

Une ruelle étroite les séparait à peine. En se couchant, ils avaient mis leurs vêtements sur la même chaise, placée à la tête des lits. Lelièvre se tint éveillé, et lorsque, par le ronflement de son compagnon, il se fut assuré de son profond sommeil, il prit doucement sa soutane, avec le reste de ses hardes, et s'en revêtit. Ainsi affublé, il épia la pointe du jour. A sa première lueur, il tira sur l'alcôve les rideaux épais laissés ouverts jusque-là, replongeant ainsi son compagnon dans l'obscurité, et sortit à petits pas de la chambre, puis de la maison. Comme il rencontra un paysan qui se rendait aux champs, il lui offrit dix francs pour le mettre sur la route de Lille. Il y fut rendu au bout d'une heure. Avant de payer son guide, avec l'argent de l'abbé bien entendu, il s'arrêta dans une auberge pour lui écrire la lettre suivante :

« Très-respectable abbé,

» J'ai fait ce que le ciel m'a inspiré, j'ai pris les vête-
» ments que vous n'auriez pas osé m'offrir ; aujourd'hui
» ils servent à ma fuite, plus tard ils attesteront ma vo-
» cation véritable. Si je les porte par anticipation, une
» fois hors de France, je m'en dépouillerai, je me ren-
» fermerai pour me rendre digne de les reprendre. Adieu,
» mon sauveur. Des chefs asservis aux lois de leur dis-
» cipline humaine voudront peut-être vous demander
» compte de moi ; vous le devez à Dieu seul. Il vous ré-
» compensera de lui avoir rendu un serviteur fidèle, en
» dépit des cruautés d'un père et des ordres d'un pouvoir
» son complice.

» *P. S.* J'ai trouvé vingt-cinq francs dans votre bourse ;
» j'aurai soin de vous les faire parvenir à la première
» occasion favorable. »

Depuis deux heures le soleil éclairait la campagne ; il y avait du mouvement et du bruit dans le village, chacun se rendait à ses travaux. L'aumônier, toujours condamné à la nuit par ces rideaux dont le jour ne pouvait percer l'épaisseur, se leva, les écarta, et la lumière, en pénétrant dans l'alcôve, montra d'abord à ses regards étonnés un lit vide. « Ah ! il est plus matinal que moi, » s'écria-t-il ; il aura respecté mon sommeil, il m'attend » dans la cour... » Puis il chercha ses vêtements sur la chaise ; il n'y trouva que ceux du soldat. « Il aura voulu » plaisanter, ajouta-t-il ; je vais me recoucher, il revien- » dra bientôt. »

Pendant qu'il faisait ses prières du matin, entra le porteur de la lettre ; il se hâte de la lire, et puis s'écrie : « Dieu soit loué !... C'est bien, mon ami, retirez-vous... » Au moin, que le Tout-Puissant le conduise sain et sauf » à la frontière !... Il pense à me restituer mon argent ! » qu'il m'envoie de ses nouvelles, je lui en ferai passer » d'autre. Il a trois jours devant lui, il ne sera plus temps » quand on s'apercevra de son absence. Pendant trois » jours je porterai l'uniforme et ne rentrerai à Granville » que la nuit ; je ne serai pas reconnu et il sera sauvé. » Puis, demandant pardon au Très-Haut de la pieuse fraude, il appela ses bénédictions sur le vertueux fugitif.

## LA BELLE HOLLANDAISE.

Dix jours après, le 27 octobre 1810, Lelièvre s'installait à Anvers, dans l'auberge du Cygne, sous le nom de l'abbé Chevalier. Il y passa un mois dans le désœuvrement le plus complet, à visiter les curiosités, et surtout la cathédrale, qu'il avait choisie pour ses dévotions ; il les accomplissait avec les marques d'une humilité parfaite, se dérobant à tous les yeux dans le coin obscur d'une petite chapelle, et obtenait ainsi de l'argent de quelques prêtres.

Un soir, comme il s'agenouillait, il vit s'asseoir assez près de lui une femme habillée de noir, dont il ne put distinguer les traits, mais dont la taille était remarquable. Lorsqu'elle eut achevé sa prière, interrompue plusieurs fois par des soupirs et même quelques sanglots, elle se leva ; il la suivit jusque dans une rue étroite, où elle entra dans une maison d'assez chétive apparence.

Les renseignements recueillis dès le lendemain lui apprirent que c'était la veuve d'un officier hollandais appelé Débira, mort depuis huit jours. Sa fortune était médiocre, mais sa réputation de beauté si grande, qu'on l'avait surnommée *la belle Hollandaise*. Il ne manqua pas de se trouver dans l'église à la même heure et à la même place. Elle y reparut. Pendant une semaine entière ils se retrouvèrent tous les deux comme à un rendez-vous convenu. Lelièvre s'aperçut que cette assiduité était inutile, qu'il était à peine regardé. En observateur profond, il attribua cette indifférence, non à la douleur, mais à son costume de prêtre. Il avait produit son effet ; le temps de s'en dépouiller était venu. Jetant le froc d'emprunt aux orties, il reprit, autant que l'habileté des tailleurs d'Anvers le permit, et sa mise élégante d'autrefois, et sa tournure parisienne. Sa chevelure seule, écourtée sous le schako, et même sous la calotte, ne répondait pas encore à ses nouveaux projets ; elle ne les retarda pas néanmoins.

Le temps pressait ; les larmes sèchent si facilement, la prière fatigue si vite ! Lelièvre le savait, et toute sa crainte était de voir cesser avec la semaine ce tribut que venait payer chaque soir l'affliction de la veuve. Le jour donc où il revêtit sa première forme, il alla s'asseoir sur la chaise placée en avant de celle qu'elle occupait. Au bout de quelques minutes, elle arriva. Le mardi et le mercredi, même manége. Beaucoup plus près d'elle, Lelièvre s'aperçut que ses regards se levaient parfois et s'arrêtaient sur lui. Il l'accompagna avec une affectation marquée.

La correspondance lui avait réussi jusque-là ; il y excellait. Mais la veuve Débira n'entendait peut-être pas le français. N'importe! elle la ferait traduire; il lui écrivit donc :

« Madame,

» J'ai connu celui que vous regrettez et je l'ai pleuré » avec vous. A peine ai-je appris l'événement fatal, que » je me suis informé de celle qui en devenait la victime; » on n'a pu m'entretenir de votre douleur sans me parler » de votre beauté. Je m'étais adressé à vos admirateurs ; » ils l'ont exaltée avec ravissement, et j'ai voulu en être » juge. Vous alliez chaque soir à l'église. Le respect tou- » jours dû à une femme, et plus encore dans ce triste » moment à une veuve, m'imposait la loi de me confon- » dre avec ceux dont la présence dans le lieu saint » s'explique naturellement. Pour saisir un seul de vos » traits, pour entendre un de vos soupirs, je me suis » fait prêtre, au moins d'extérieur et de pratiques appa- » rentes ; je suis cet ecclésiastique qui s'est agenouillé » souvent à l'entrée de la petite chapelle ; je suis aussi ce » jeune homme qui a osé se placer devant vous ; je suis » enfin un étranger que le soin de sa fortune rappelle

» bientôt dans sa patrie, mais qu'un mot favorable arrê-
» tera encore dans la vôtre; il ose l'attendre, etc. »

» CHEVALIER. »

La veuve Débira avait passé trois années de sa jeunesse dans une pension française; elle comprit la lettre. C'était un hommage rendu à sa beauté; elle y fut sensible. Le prétendu Chevalier était jeune, beau, élégant, passionné, à en croire et son déguisement et son style. Quel contraste avec le défunt usé par la guerre! D'ailleurs il allait repartir; elle ne permettrait qu'une visite. Bientôt elle en eut reçu vingt, et au bout d'un mois l'intimité la plus étroite s'établit entre eux.

La veuve ne voulait pas en demeurer à une intrigue. Chevalier, c'est le nom qu'il portera désormais à l'aide des papiers soustraits, ajournait le mariage jusqu'au moment où il aurait mis ordre à ses affaires. C'est en France, au milieu de ses amis, dans le château même dont la maladie mortelle de son père le rendrait bientôt possesseur, qu'il entendait la conduire à l'autel. Par intervalle il appuyait ses vœux et ses promesses d'une fausse correspondance, dont il savait ménager les effets avec un art perfide. Sa maîtresse abusée se livrait sans réserve au rêve d'un bonheur imaginaire.

Six mois s'étaient écoulés; les ressources de sa compagne s'épuisaient, il en avait usé largement. « Mon père, » répétait-il, me tient rigueur; il explique mon absence » prolongée par une passion qu'il blâme sans la connaî- » tre. Il me refuse de l'argent jusqu'à mon retour auprès » de lui. » Et il produisait la preuve écrite de ses mensonges. Débira n'avait jamais d'objection ; elle voyait dans l'avenir un assez beau dédommagement de cette médiocrité qu'elle se faisait un mérite d'abandonner. Elle attendait cette mort annoncée comme très-prochaine, et sans la hâter de ses vœux, n'y fondait pas moins toutes ses espérances.

Chevalier se présente, le 23 mars 1811, vêtu de noir, une lettre à la main, le visage triste, la parole brève et le ton d'un homme résolu. « Il faut du courage ! perdre un » père et quitter plus que sa vie !... il en faut... j'en au» rai... point de larmes stériles... L'homme d'affaires » me conjure de précipiter mon départ... il aura lieu de» main... Tu me rejoindras bientôt, et comme une femme » est toujours embarrassée de trop de paquets, je me » chargerai de ceux qui courront quelques risques. » Débira n'avait pas de soupçons ; il eût été bien tard. Elle lui remit deux boîtes renfermant ses petits bijoux les plus précieux et une somme d'argent.

Le camarade dont il avait dérobé les papiers était de Lyon et d'assez bonne origine. C'est dans cette ville que se rendit le faux Chevalier. Après de minutieuses recherches, il se convainquit que tous les membres de la famille s'étaient transportés à Avignon et qu'ils y avaient établi leur domicile définitif. Le champ était libre, il pouvait l'exploiter à son gré ; il jeta les yeux sur la préfecture, et le début fut heureux.

Un matin du mois d'avril, le préfet du Rhône recevait d'un solliciteur dont le style donnait la meilleure idée la requête d'une audience. Il l'accorda sur-le-champ, et Lelièvre, muni de papiers, les uns vrais, les autres fabriqués, paraissait devant le magistrat avec cette figure pleine de distinction, ces manières aisées, cette politesse exquise qui avaient triomphé partout. Elles réussirent encore, et dès la première entrevue lui obtinrent un emploi dans les bureaux de la préfecture; là, comme autrefois à la Banque, de la régularité et du talent le firent remarquer aussitôt.

Triste et impatiente, Débira reçut enfin à Anvers l'ordre du départ. « Tu n'iras pas d'abord au château, lui » écrivait-il, à cause d'un procès relatif à l'ouverture de » la succession; les juges de Lyon, anciens amis de mon » père, le termineront promptement. Viens m'y rejoindre; » ta présence adoucira les ennuis du procès. »

La dernière nuit que la veuve de l'officier devait passer dans sa patrie fut troublée de songes affreux; elle se leva sous l'influence des plus sinistres pressentiments, qu'elle a décrits dans une lettre trouvée par hasard, neuf années après, oubliée parmi d'autres papiers. Alors elle pouvait s'appeler la rêverie d'une imagination romanesque et malade; depuis elle a semblé contenir un de ces avis secrets venus d'en haut sous la forme de songe, pour provoquer notre attention quand il en est temps encore, éclairer nos regards au sein de la nuit même, et à travers leur mystérieuse obscurité, nous découvrir l'abîme creusé sous nos pas. Elle écrivit donc :

« Je pars, mon cher ami; mais, le croirais-tu? et en » te faisant cet aveu, je cède à l'irrésistible vérité qui me » presse, le croirais-tu? j'ai hésité à partir. J'ai délibéré

» entre ma patrie et toi !... toi, que je serais désespérée » de ne plus revoir... ma patrie, que je ne reverrai ja- » mais ! Des larmes coulent de mes yeux à la pensée de » cette séparation éternelle, et un rêve les fait couler... » J'étais au lit, un feu consumait mes entrailles, la soif » desséchait mon gosier... tu me présentais une liqueur ; » je la saisissais avidement, et il me semblait boire de la » flamme... une femme voulait t'arrêter, tu la repoussais, » et tu me disais : « Bois donc, bois donc vite... » Je ne » sais quel bruit au-dessus de ma chambre est venu met- » tre fin à ce tourment, ou plutôt à cette agonie. J'aurais » dû t'épargner ces détails. Debout maintenant, tout en- » tière au bonheur de te presser bientôt dans mes bras, » ils me semblent autant de chimères. Quand je serai » bien heureuse, nous les relirons, et le contraste nous » fera rire de ma faiblesse. »

La veuve Débira rejoignit Chevalier au mois de mai 1812. Elle le trouva dans un logement fort modeste au troisième étage. Sa surprise fut visible. Pour lui donner le change, Chevalier lui dit au même instant :

« Tu le vois, les débats de la succession la dévorent » avant qu'on en puisse recueillir les fruits. Afin d'éviter » des ventes ou des emprunts, je me suis réduit au strict » nécessaire. J'achète la fortune par les privations et » même par le travail ; le préfet a bien voulu me confier » la rédaction de mémoires importants. Tu me seconderas, » je l'espère, dans mes économies. »

Il la couvrit de caresses et la rassura par ces mots : « Sois tranquille, ce n'est plus un amant, c'est un mari

» qui, à ce moment même, t'engage sa parole devant » Dieu. »

La vente de ce que possédait sa maîtresse lui avait procuré une assez forte somme. Les appointements étaient modiques ; bientôt il fallut se défaire des bijoux, contracter des dettes. Elle lui dit un jour : « Tes juges, ces anciens » amis de ton père, oublient beaucoup trop ce qu'ils doi- » vent à son fils ; si j'allais les solliciter?

» — Tu as raison ; ta beauté sera plus puissante que » les souvenirs d'une affection déjà presque éteinte. J'ap- » prouve ton idée ; mais attends huit jours encore pour la » réaliser, j'ai besoin de préparer tes démarches. »

Le fourbe allait donc être démasqué, et le château, et les procès, et la mort du père, tout allait se révéler. L'inévitable manifestation de la vérité le troublait ; sa maîtresse, revenue tout à coup de son long aveuglement, frémirait de la découverte, le maudirait, se jetterait, par vengeance, par haine, par besoin, dans les bras d'un autre ; elle était assez belle pour le choisir entre les plus riches. Après l'avoir maudit, elle l'insulterait, peut-être le signalerait comme un imposteur ; elle devenait d'ailleurs, en continuant à demeurer avec lui, un obstacle réel à sa fortune, à un établissement avantageux. Dès ce moment il jura que puisqu'elle devait cesser d'être à lui, du moins elle ne serait jamais à un autre. Il ne fallait plus que se mettre en mesure ; il y était au bout de quatre jours.

Par économie, Débira s'était imposé une privation pénible à une Hollandaise, celle du thé chaque soir. « Ma

» foi, dit Lelièvre en rentrant le 28 août dans la jour-
» née, je souffre trop de te voir manquer d'une chose aussi
» nécessaire ; en voilà une livre ; le sacrifice est fait, ne
» me gronde pas ; j'y ai ajouté aussi un morceau de ce
» jambon que tu aimes tant. »

Elle sourit en signe de remercîment, et ajouta avec tristesse : « C'est une prévenance bien aimable ; mais
» l'autre chose est une obligation sacrée, quand s'accom-
» plira-t-elle ?

» — Accuse la justice et plains-moi. »

Ils dînèrent vers cinq heures ; elle mangea beaucoup de ce jambon, auquel il ne toucha pas, sous le prétexte que les viandes salées l'incommodaient.

A sept heures, elle fut prise tout à coup de coliques de bas-ventre. « C'est une indigestion, s'écria Lelièvre ;
» je te le disais, tu as mangé beaucoup trop de cette
» viande. » Les douleurs redoublèrent ; elle se mit au lit.

« Par bonheur j'ai apporté le remède ; je vais t'apprêter
» du thé. » Au bout d'un quart d'heure, il s'approcha d'elle et l'invita à boire.

Après quelques gorgées, elle le repoussa en se plaignant : « J'ai un incendie dans ma poitrine ; va chercher
» un médecin. » Le docteur Dittmar arriva bientôt ; il ordonna les calmants les plus efficaces. A une seconde visite, vers minuit, il s'étonna de ce que la malade n'éprouvait aucun soulagement. « Elle a donc bu ou mangé
» quelque chose qui irrite son mal ? » dit-il en s'adressant à Chevalier. Celui-ci le tira un peu à l'écart et répondit sans se déconcerter :

« La malheureuse! je le lui prédisais bien... impos-
» sible de la corriger... hier encore elle a bu de cette
» infernale eau-de-vie.

» — Comment ne l'empêchiez-vous pas?

» — Elle profite de mon absence et en envoie cher-
» cher quand je suis dehors.

» — Elle périra, je vous en préviens, si elle continue. »
Puis, s'approchant en particulier de la malade, il lui adressa des reproches sur son imprudence :

« Moi, boire de l'eau-de-vie! c'est un mensonge; à
» peine si je bois du vin. »

Cette réponse éveilla quelques soupçons dans l'esprit du docteur, qui se borna néanmoins à prier madame Jouvenne, propriétaire de la maison, de donner quelques soins à la malade. Comme elle frappait, Chevalier accourut, sortit, referma la porte, fit redescendre l'escalier à madame Jouvenne en lui disant : « Chut! elle dort enfin, » elle a tant besoin de repos! Je vous avertirai, si vous le » permettez, dès qu'elle se réveillera. » Puis il remonta auprès de sa malade.

Les convulsions la reprirent; elle poussait par intervalle des cris assez aigus. Il plaça le paravent devant la porte, ferma les rideaux de l'alcôve afin d'intercepter le moindre bruit, et s'assit dans un fauteuil, calculant les progrès du mal à la violence des contorsions marquées par le craquement du lit.

« De l'eau! s'écria-t-elle tout à coup, de l'eau! je » brûle!... » Il se hâta de lui en donner un grand verre. « Jésus! je brûle plus fort... » Elle prit sa chevelure et l'arracha à poignées. Lelièvre gardait le silence et observait.

Vers quatre heures du matin, elle s'assoupit quelques minutes, l'abattement avait remplacé l'agitation ; elle l'appela. Alors, comme si elle eût recueilli toutes ses forces pour lui lancer la terrible vérité, elle s'écria d'une voix très-haute : « Voilà mon rêve, il s'accomplit; vous m'avez » emp..... » Il ne lui laissa pas le temps d'achever le mot; lui portant une main au gosier, l'autre sur la bouche, il l'étrangla et l'étouffa en même temps.

Madame Jouvenne, depuis quelques minutes à la porte, avait recueilli l'exclamation ; étonnée du silence subit qui lui succédait, elle frappa avec assez de force.

« C'est moi... elle a parlé... je l'ai entendue... pour- » quoi ne m'avez-vous pas appelée? »

Il ouvrit et lui dit froidement à voix basse :

« Oui, elle a dit quelques mots, mais elle s'est aussitôt » rendormie ; voyez plutôt. » Et il la conduisit à l'alcôve. Elle considéra attentivement, écarta un peu le rideau, s'étonna de l'extrême pâleur, se baissa, et trouvant qu'elle ne respirait plus, s'écria :

« Elle est morte!

» — Non, c'est une syncope, reprit sans émotion Che- » valier; elle en a déjà eu plus de vingt semblables. Elle » vous a peut-être entendue; votre exclamation serait » capable de la tuer. »

Madame Jouvenne recula de quelques pas, fixa Chevalier, qui lui prit la main et la serra affectueusement avec ces paroles : « Bonne madame Jouvenne, voyez les ter- » ribles effets de l'eau-de-vie ; un jour ou l'autre je devais

» m'y attendre. Depuis longtemps je prévoyais cette » catastrophe. Si jeune et si belle! » Il faisait effort pour montrer quelque trouble, il ne pouvait pas; son œil était sec comme toujours. En lui donnant un fonds si riche d'hypocrisie, la nature lui avait refusé celle des larmes.

L'incertitude de madame Jouvenne était inexprimable; mille pensées l'assiégeaient à la fois. « Il l'avait » d'abord reconduite mystérieusement; il ne l'avait » pas appelée. Il voyait sa maîtresse morte et il ne pleu- » rait pas. Était-ce bien l'eau-de-vie qui causait sa perte » ou autre chose de plus violent? Était-il un amant mal- » heureux ou un empoisonneur? » Elle attendit le retour de M. Dittmar pour résoudre ses doutes.

Lorsque le docteur arriva vers huit heures, elle l'arrêta au passage.

« Elle est déjà morte; c'est bien rapide. Une femme » si jeune, si fraîche, périr en quarante-huit heures! » est-ce naturel? Il m'a dit que l'eau-de-vie l'avait tuée; » si elle en avait bu à l'excès, son teint n'aurait-il pas » été enflammé? n'aurais-je pas surpris une fois du moins » sa tête exaltée? » Elle allait continuer.

« Comment résoudre toutes vos questions avant même » d'avoir constaté l'état du corps? laissez-moi d'abord » procéder à cet examen. » Et il monta, livré lui-même à de graves perplexités.

Il frappa. Chevalier n'ouvrait pas. Il frappa une seconde fois et plus fort. Chevalier sembla accourir avec un empressement affecté et en se frottant les yeux, comme un homme éveillé en sursaut.

« Pardon, monsieur le docteur, je m'étais endormi.
» — Et la malade?
» — Elle repose depuis plus de deux heures. »

Le docteur pénétra dans l'alcôve soigneusement fermée, souleva le drap qui couvrait la tête de Débira tournée du côté de la ruelle, lui prit le bras, le secoua comme pour la réveiller, plaça la main sur le cœur, et se tournant vers Chevalier, qu'il interrogeait du regard le plus défiant, il lui dit d'un accent prononcé et presque accusateur :

« Oui, monsieur, elle repose!
» — Je vous le disais bien, reprit-il soudainement.
» — Attendez, continua M. Dittmar en levant la main » et l'étendant vers Chevalier, oui, monsieur, et chaque » mot était lent, articulé, solennel, oui, elle repose, mais » pour toujours.
» — Ce n'est donc pas une de ses syncopes?
» — C'est la mort, monsieur.
» — Ah! Elle en avait donc bien bu!
» — De quoi?
» — De l'eau-de-vie... je vous l'ai déjà dit.
» — Êtes-vous sûr (il interrogeait chaque trait de » Chevalier), êtes-vous sûr qu'elle n'ait pas bu, qu'on ne » lui ait pas donné à boire autre chose?
» — Qui?
» — Vous.
» — Et quand cela serait?... expliquez-vous. » Et il s'arrêta, délibérant sur ce qu'il choisirait, d'une audacieuse remontrance ou d'une douloureuse consternation. La dernière offrait un rôle plus facile; il se couvrit donc

tout à coup la face de ses deux mains, se mit à genoux devant un fauteuil, baissa la tête, et à travers des gémissements étouffés, fit entendre par intervalles des demi-phrases : « Grand Dieu ! quels soupçons !... Vous n'avez » donc jamais aimé !... Pauvre Débira !... que je suis » malheureux !... »

La comédie fut éloquente et convainquit M. Dittmar. Entre cette mort dont, après tout, la cause pouvait être une maladie ou un vice, et cet homme qu'il déshonorait par la simple expression du doute, qu'il accusait sans preuve, il se reprocha d'hésiter. En une minute, son âme, subjuguée par l'émotion, fit du lâche empoisonneur un amant malheureux : tant nous sommes dupes de nos mobiles retours sur nous-mêmes et de l'affliction contrefaite comme de la véritable. Le docteur se pencha donc avec intérêt vers Chevalier :

« Monsieur, vous avez mal interprété mes paroles ; je » me borne à vous plaindre de tout mon cœur... Puis-je » vous être utile dans les tristes soins qui vous restent à » accomplir ? »

L'atroce imposteur fit de la tête un geste négatif accompagné de sanglots, et M. Dittmar s'éloigna en silence, comme s'il eût redouté de troubler une douleur si profonde, qu'elle ne trouvait plus de paroles pour s'exprimer.

« Eh bien, dit madame Jouvenne, qui épiait sur l'es- » calier la sortie de la chambre, que pensez-vous enfin ?

» — Elle a succombé, dit le docteur, à une inflamma- » tion des plus aiguës, et l'eau-de-vie pourrait bien en » être la cause... J'ai laissé son ami plongé dans un

» morne abattement; il m'a fait de la peine à voir.

» — Ainsi tout votre intérêt est pour cet homme?... » Comme je n'ai pas l'honneur d'être médecin, je garde » le mien pour la malheureuse. A chacun son juge- » ment. Que Dieu décide entre nous, puisqu'il n'est pas » possible d'en appeler à d'autres.

» — Voilà les femmes, elles prononcent sans cesse » d'après leurs premières impressions!

» — Et vous, messieurs, sans cesse d'après les der- » nières... notre tact est souvent plus sûr que votre art. » Et l'autopsie?...

» — Personne ne la demande. » Il la salua avec froideur. Madame Jouvenne, en rentrant dans sa chambre, ne put s'empêcher de dire : « Encore un qui échappera! »

Cependant Chevalier avait ouvert la fenêtre, inquiet un moment de ce que le docteur ne franchissait pas le seuil de la porte. Il redoutait la soupçonneuse madame Jouvenne, ses rapports, ses questions au passage. Il vit enfin M. Dittmar sortir et s'éloigner. L'inhumation faite sans bruit, dès le lendemain il changea de quartier.

### ÉTIENNETTE DESGRANGES.

Étiennette Desgranges, fille d'un bon propriétaire de Lyon, avait une vingtaine d'années environ; jolie, fraîche, assez instruite, d'une imagination romanesque. Elle disait un jour à Julie Guillot, sa cousine :

« Vois-tu ce monsieur tout vêtu de noir, dont la tour- » nure est si élégante et la chevelure si belle? depuis sept » mois il passe tous les jours à la même heure sous mes

» fenêtres, et, au bout de notre rue, il prend celle du » Cimetière. Je serais bien curieuse de savoir ce qu'il fait » par là.

» — La couleur de son habit, répond la cousine, son » air triste, ses yeux penchés vers la terre, te le disent » assez ; il va pleurer sur une mère, une sœur, sur quel- » que être chéri.

» — Oui; mais un hommage si persévérant, si rare, » excite mon intérêt; et cette petite boîte sans cesse dans » ses mains, que peut-elle contenir?

» — Ne te travaille pas tant l'esprit; tu n'es pas con- » tente de quelques indices vagues, et tu voudrais t'as- » surer par toi-même de la vérité. Rien de si facile : de- » main, par exemple, nous sortirons dès qu'il aura passé » et nous le suivrons; nous l'observerons à distance. »

Étiennette remercia sa cousine.

Délivré sans retour des premières inquiétudes qui avaient suivi la mort de Débira, Chevalier s'était occupé de la remplacer. D'abord ses regards s'étaient portés sur la nièce d'une boulangère riche chez laquelle il logeait ; mais, en femme clairvoyante, elle remarqua bien vite le manége amoureux, fut droit au locataire et lui dit :

« Je vous signifie congé, et, s'il vous plaît, vous quit- » terez ma maison avant le terme.

» — Pourquoi ? reprit Chevalier, non sans quelque » trouble.

» — Vous faites la cour à ma nièce; je n'ai pas envie » qu'elle y passe comme la belle Hollandaise... je con- » nais tout. »

LE PRONOSTIC.

Il n'y avait pas à s'expliquer avec une tante aussi résolue. Chevalier fut occuper un logement à l'autre extrémité de la ville, et dirigea sa conduite d'après la règle suivante, qui lui semblait infaillible : « La répétition journalière de la même chose fixe bientôt l'attention, surtout celle des femmes, s'il s'agit d'un homme jeune et agréable ; l'une ou l'autre ne tarde pas à éprouver un tendre intérêt, la fortune achève le reste. » En conséquence il garda le deuil, et chaque jour à cinq heures précises, quelle que fût la saison, il s'acheminait lentement vers le cimetière, avec l'extérieur étudié d'une morne et stupide douleur.

Le rôle coûtait peu à son hypocrisie consommée ; il lui fallut toutefois le répéter longtemps avant d'obtenir le moindre succès. Sept mois s'étaient écoulés, et dans le nombre assez considérable de femmes offertes à sa rencontre, aucune n'avait encore subi l'influence préméditée. Un autre se serait découragé ; mais la vanité ne soutenait pas Chevalier, c'était le crime, et par malheur il donne trop souvent la persévérance aux êtres asservis à ses atroces instincts. Chevalier s'obstinait donc.

Dès quatre heures, les cousines étaient réunies et faisaient sentinelle à travers les carreaux de leur fenêtre. L'homme attendu parut et continua sa marche. Elles descendirent, le suivant d'assez loin avec prudence. Arrivées près du cimetière, elles se cachèrent derrière un arbre et l'observèrent. Il s'avança jusqu'au milieu de l'enceinte, s'agenouilla pieusement, tira de sa poche l'*Imitation de Jésus-Christ*, en lut trois ou quatre pages, éleva au ciel les mains et les yeux. En prenant cette attitude, sa tête s'inclina légèrement vers la droite et lui fit apercevoir les deux jeunes filles. Alors il redoubla de ferveur, reprit la boîte déposée un moment à ses côtés, se baissa comme pour y mettre quelques poignées de terre, jetant par intervalles des regards à la dérobée, et satisfait de retrouver à la même place celles qui l'examinaient.

Tout à coup Chevalier se lève, tourne subitement la tête du côté des deux jeunes personnes. Elles portent la main sur leur visage et rebroussent chemin ; il ne les perd pas de vue, et les suivant à son tour, il remarque la maison où elles rentrent.

Un mois s'était à peine écoulé, qu'à l'aide de ces manœuvres dont il était artisan fameux, Chevalier avait eu accès dans la maison. Les parents l'accueillaient et laissaient croître sans l'arrêter la fatale passion de leur enfant ; elle s'y livrait avec toute l'ardeur de son âge, avec toute l'exaltation de sa tête. Julie Guillot seule, confidente et complice de la première démarche, se reprochait parfois sa faiblesse. Chevalier lui inspirait une répugnance secrète qui allait jusqu'à l'effroi ; elle n'hésita pas à le manifester le jour où Étiennette lui annonça son mariage.

« Quoi ! déjà décidée ? Si je l'avais su plus tôt, je t'au-
» rais fait part de mes réflexions et de mes découvertes.
» Connais-tu bien celui que tu aimes ?

» — Oh ! oui... une âme pure, tendre, passionnée...
» puis du talent... il sera bientôt chef.

» — Il ne s'agit pas de son mérite, mais de sa vie hors

» des bureaux. As-tu entendu parler de la belle Hollan-
» daise?

» — A lui-même; il m'a raconté son histoire, celle de » sa mort et le triste défaut qui l'avait produite.

» — L'eau-de-vie, n'est-ce pas?... et tu l'as cru?... » L'opinion du quartier est bien différente... je n'ose » pas la dire... elle me fait frémir pour toi...

» — Les infâmes!... il la pleurait encore il y a quel- » ques jours... Cette tendresse, ce culte religieux dont » tu as été témoin, seraient autant de simagrées, une » comédie jouée à plaisir pendant huit mois?

» — Oui; des gens bien instruits le soutiennent, c'est » un Tartufe après avoir été un empoisonneur.

» — Arrête! tu le calomnies et tu m'outrages! Quel » sentiment t'inspire?... va le porter ailleurs... ne trou- » ble ni mon présent ni mon avenir. »

C'était une rupture signifiée en termes formels. Julie baissa la tête, et, en se retirant, se contenta de dire : « Fasse le ciel que je me trompe! »

Le mariage se célébra, et la première année s'écoula au sein de l'union la plus douce; mais il vint un moment où la jeune femme sentit des coliques toujours renaissantes, auxquelles succéda un affaiblissement général. Une petite fille issue de ce mariage tomba dans une débilité complète et mourut. Nul soupçon sur la cause véritable de cette fin prématurée; le désespoir porta la pauvre mère à accuser la rigueur du sort plutôt que la main impie, mais adroite, qui lui versait goutte à goutte le poison sous l'apparence de la tendresse. Cependant, au mois d'octobre

1814, sa situation à elle-même devint des plus alarmantes.

Un matin, vers sept heures, Julie Guillot, qui, depuis la rupture, n'avait pas revu sa cousine, fut tout à coup réveillée par une femme à l'air inquiet et effaré. C'était la portière de la maison qu'habitaient les époux Chevalier.

« Ah! mademoiselle, s'écria-t-elle en se précipitant vers » le lit de la jeune fille, vite, vite, votre cousine est bien » mal; elle a failli périr cette nuit. Son mari est sorti; » elle a profité de ce moment pour me faire dire qu'on » allât chercher Julie. »

La cousine, les larmes aux yeux et la poitrine oppressée de sanglots, courut auprès d'Étiennette, qui, à sa vue, tendit les bras et lui dit d'une voix affaiblie : « Je ne » mourrai donc pas sans te voir!... pardonne-moi; tu » avais raison... mon mal est là, dans les entrailles... Il » y a une heure encore, je brûlais; je suis mieux main» tenant... le médecin me néglige. »

Elle s'interrompit tout à coup, et appelant la garde-malade : « Madame Guillaume, j'ai faim!... » Une minute après : « J'ai soif aussi; donnez-moi de ce vin, dit» elle en montrant la bouteille du doigt; l'autre est celui » de mon mari. » Elle but, et pressant avec affection la main de sa cousine : « Je me trouve mieux... quelle peut » donc être la cause de ce mal? Ma pauvre petite l'é» prouvait aussi; elle y a succombé... y survivrai-je?... » Julie Guillot était muette de douleur et glacée d'effroi! Tout ce qu'elle avait jadis recueilli sur la fin extraordinaire de la belle Hollandaise lui revenait à la pensée. Dans toute la vigueur de sa santé, sa cousine avait refusé de l'entendre; fallait-il le lui révéler à ce moment et hâter sa mort peut-être en lui en apprenant la cause?

« Et toi, que penses-tu, Julie? lui dit tout à coup la » malade d'un air animé; tu ne dis rien, parle... Non, » du secours plutôt... ma crise me reprend. » Ses doigts se tordaient, puis elle portait ses mains sur ses entrailles, comme si elle voulait les arracher. Julie se pencha vers elle, la prit dans ses bras, croyant à ses étreintes la puissance d'arrêter les convulsions.

On frappa à la porte; c'était Chevalier. « Que vois-je! » s'écria-t-il; madame Guillaume, qui a appelé cette » femme? qui lui a permis d'entrer?... Vous le voyez, » toutes ces tendresses-là ont provoqué une crise... il y » aura eu je ne sais quels discours... — Non, dit la garde- » malade, madame n'a absolument rien dit. » Alors il se dirigea vers le lit; mais à son approche la douleur arracha à sa malheureuse femme les cris les plus aigus et lui donna une force subite, inconnue depuis longtemps; elle se dressa sur son séant, repoussa et sa cousine et son mari : « Laissez-moi! laissez-moi! » Et d'un bond elle s'élança comme une furieuse au milieu de la chambre. Là, elle tomba tout à coup; ses membres se contractèrent et se roidirent, sa poitrine se soulevait avec des efforts inouïs pour se dégager de la liqueur brûlante qui la dévorait, ses yeux hagards semblaient prêts à sortir de leur orbite. Ce fut la lutte de quelques instants; vaincue par la douleur, elle tomba dans l'immobilité, ses paupières s'affaissèrent; elle attacha sur sa cousine un regard mourant, et son dernier soupir s'exhala sans qu'elle pût proférer une parole.

Chevalier, calme et sans émotion, assistait à cette scène terrible en homme qui l'a prévue et qui sait juste le temps qu'elle doit durer. La figure de la femme Guillaume exprimait plus d'effroi qu'elle n'en aurait dû éprouver avec sa longue habitude des agonies de tous genres. Quant à Julie, son désespoir éclata par une indignation trop contenue jusque-là ; elle étouffa ses sanglots, sécha ses pleurs, et fixant tour à tour Chevalier et le cadavre : « La voilà, » monsieur, telle que vous la vouliez... je le lui avais » prédit ; c'est la seconde... vous êtes responsable de » cette mort devant Dieu... Qu'ai-je dit?... s'il y a du » courage dans ma famille, s'il y a de la justice ici-bas, » vous en serez d'abord responsable devant les hommes... » vous avez empoisonné ma cousine !... » Et se dressant de toute l'assurance que donne la conviction, elle lui jeta cette menace : « Ma cousine ne tardera pas à être ven- » gée ! » Puis elle se retira.

Bonne et généreuse Julie ! elle ignorait et les prétextes de ces vains ménagements que la famille même opposerait à son âme ardente, et ce long avenir d'hypocrisie et de crimes que l'impénétrable Providence laissait encore à Chevalier. Lui, sans se déconcerter, écouta froidement l'accusation animée dont il était l'objet, et quand Julie eut disparu, se contenta de dire à la femme Guillaume : « Quelle tête ont ces jeunes personnes ! quand elles ne » peuvent être dans le roman, elles se lancent dans le » mélodrame ! » Alors il prit le verre, contenant encore la moitié du vin que sa femme avait bu, et alla le jeter sous la pierre du levier, puis ôta l'alliance et les boucles d'oreilles de la défunte ; et comme il se hâtait de la dépouiller du jupon qui la couvrait, la garde-malade lui fit remarquer que ce n'était pas à lui de s'occuper de ces détails douloureux : « Vous avez raison, répondit-il ; allez pré-» venir son père et sa mère. » Elle sortit.

En attendant leur arrivée, Chevalier prit le cadavre, le porta lui-même dans le lit et disposa tout de manière à offrir les apparences de l'ordre. Il entr'ouvrit la porte et prêta une oreille attentive ; au premier bruit de leurs pas dans l'escalier, il saisit un crucifix suspendu, le plaça sur le lit même en l'appuyant sur la morte, s'agenouilla, ouvrit son *Imitation de Jésus-Christ* et en lut des versets avec des élancements de poitrine et des éclats de voix assez hauts pour être entendus.

Le trouvant dans cette posture, les pauvres parents suspendirent leur marche, comme s'ils redoutaient d'interrompre sa prière ; les sanglots de la mère annoncèrent seuls leur présence. Il se tourna vers eux, et la pauvre femme, toute émue de la piété de son gendre, alla se précipiter dans ses bras avec ces seules paroles : « Nous » sommes bien malheureux ! » Ils ne s'occupèrent plus que de leurs regrets et des préparatifs de l'inhumation. Julie Guillot s'agita vainement dans la douleur et dans ses projets d'accusation ; celui qui avait eu l'habileté de se montrer en prière sur le cadavre même de sa femme, aux yeux des parents les plus intéressés, pouvait-il leur paraître coupable ? Il devait échapper encore à ce crime.

Continuerons-nous, comme nous l'avons fait jusqu'ici, à suivre Chevalier pas à pas dans sa carrière criminelle, et assisterons-nous à l'agonie de chacune des femmes qu'il épousa et qu'il empoisonna tour à tour? L'uniformité de sa méthode homicide produirait celle du récit et un dégoût trop révoltant; supprimons les détails et bornons-nous à signaler la marche constante suivie par ce scélérat.

L'époque où l'espoir d'être père devait ouvrir son cœur aux plus douces sensations était celle qu'il choisissait pour étouffer les murmures de sa conscience et apprêter la coupe fatale. Il savait, par un infernal calcul, que l'existence d'une femme est d'autant plus fragile, qu'elle souffre les douleurs et éprouve les joies de la maternité; alors il commençait à porter la désorganisation dans les sources de la vie.

Ainsi Marguerite Pisard, qu'il avait épousé le 20 août 1816, reçut les premières doses du poison quatre mois après sa grossesse déclarée.

Ainsi Marie Riquet, sa troisième femme, ne donna le jour à son enfant qu'après avoir éprouvé des convulsions singulières; mais cette fois son audace et sa fermeté même faillirent donner des armes contre lui.

La dame Pontanier, garde-malade connue depuis longtemps de Marie Riquet, s'était proposée pour la veiller durant ses couches. Redoutant sa clairvoyance ou son attachement, Chevalier l'avait refusée. Il la rencontre un jour et lui annonce la naissance d'un enfant qu'il avait l'intention de mettre chez la même nourrice que le premier.

« Vous me surprenez, dit la garde-malade; l'enfant ne » pouvait être à terme; c'est un accouchement bien extra- » ordinaire.

» — J'en conviens; il a fallu même recourir au for- » ceps.

» — Mais avant, n'aviez-vous pas eu recours à autre » chose? »

Chevalier se déconcerte, balbutie quelques mots sans suite et rapidement se dérobe à l'œil d'un témoin qui vient de lire dans son âme.

« Vous avez beau fuir, lui crie-t-elle, si malheur ar- » rive, je vous retrouverai. »

Le malheur arriva en effet; au bout de quelques jours, Marie Riquet succomba. Qui le croirait? la femme Pontanier fut la première à laquelle, pour déconcerter ses soupçons, il eut l'audace de porter la nouvelle. En l'apprenant, elle lui jeta à la face ces terribles paroles :

« Vous avez beau mettre un masque, je vous recon- » nais, vous ne m'échapperez pas; vous avez donné du » poison à votre femme, on le trouvera dans son cada- » vre; la famille Riquet va le faire ouvrir : si elle ne le » fait pas, je m'en chargerai. »

A ces mots prononcés avec le ton de la plus ferme assurance, Chevalier pâlit; sa présence d'esprit l'abandonna, la vérité semblait l'accabler. La femme Pontanier continua :

« Vous avez la réputation de tuer vos femmes; nous » verrons si vous la méritez. Je ne le vois que trop, ce » n'est pas l'affliction qui vous abat en ce moment, ce

» n'est pas le remords qui vous trouble, c'est la crainte.

» — L'accoucheur et moi assisterons-nous à l'ouver-» ture du corps? » furent les seules paroles qu'il prononça avec un tremblement visible.

Soit que la femme Pontanier n'ait pas réalisé sa menace, soit que la famille ait reculé devant une accusation capitale, l'heure de la justice n'avait pas encore sonné.

### LE PONT DU RHÔNE.

L'enfant que Chevalier avait eu de Marguerite Pisard, sa seconde femme, confié d'abord aux soins d'une nourrice, semblait avoir triomphé de l'état de faiblesse dans lequel il était venu au monde. Son énergie native avait lutté contre le germe destructeur qui lui avait été communiqué dans le sein de sa mère. Chevalier, surpris et chagrin de ses dispositions prononcées pour la vie, mais ne sachant trop comment en suspendre le cours par degrés, essaya bien, après le sevrage, quelques petits gâteaux empoisonnés ; mais ils ne produisirent que de faibles coliques ; la vigueur, la constitution, luttaient avec avantage contre l'infanticide. La mort n'arrivait pas assez vite, il résolut de la hâter, et cherchant querelle à la nourrice, il lui dit :

« Que donnez-vous donc à mon enfant? il dépérit, il a » des coliques; votre nourriture est mauvaise!

» — Non, monsieur, c'est la vôtre ; cet enfant souffre » depuis qu'il mange vos gâteaux ; reprenez-le. »

C'est ce que voulait Chevalier.

## LE PRONOSTIC.

« Faites son paquet ; je vais le conduire chez ses pa- » rents, dans le département de la Loire. »

Quelques instants après, on le vit passer emportant dans ses bras son fils de deux ans et demi, au teint rose, aux longs cheveux blonds, à la figure angélique.

Le même jour, entre dix et onze heures du soir, la demoiselle B*** arrivait à pas tremblants sur le pont du Rhône, enveloppée d'un manteau, et n'osait qu'à peine regarder autour d'elle. « Quelle imprudence ! accepter un » rendez-vous, se disait-elle, à cette heure et à cet en- » droit !... comment Alfred n'y est-il pas encore ? » A travers la clarté douteuse que répandaient les rayons de la lune à demi voilée de nuages, elle aperçut, vers l'autre extrémité du pont, un homme qui semblait avancer vers elle. « C'est lui ! » Elle hâta le pas. Tout à coup un cri enfantin échappé des bras même de l'inconnu la fait s'arrêter et rebrousser chemin ; lui poursuivit sa marche jusqu'au milieu du pont et s'arrêta.

Alfred, l'homme du rendez-vous, venait d'arriver, mais voyant devant lui cet homme qui pouvait le surprendre, il fait quelques pas en arrière, se baisse et se blottit derrière une borne, observant ce qu'il allait faire. Il le vit fort distinctement tirer de dessous son manteau un paquet assez volumineux, le lancer dans le Rhône et fuir précipitamment. Il s'imagina que c'était quelque contrebandier qui se débarrassait d'un ballot suspect.

Le lendemain, la femme Thize, dite Jeanne-Marie, était allée de bonne heure sur la rive du Rhône, près du hameau de Flavien, avec une de ses servantes pour y laver du linge ; celle-ci avait à peine déchargé sa corbeille, qu'elle jeta un cri d'effroi : « Ah ! mon Dieu, un enfant noyé ! » Elles se pressèrent toutes les deux de le retirer de l'eau. Il était du sexe masculin, de l'âge de deux ans et demi à trois ans, blond, les yeux bleus et beau comme un ange ; il était vêtu d'une petite robe, d'une chemise marquée C, d'un bonnet noir, d'une paire de bas bleus et de souliers noirs.

Les membres de ce petit infortuné étaient encore souples, et la femme Thize conserva quelque temps l'espoir de le rappeler à la vie ; mais il expira bientôt. Elle se rendit chez le juge de paix de Thernay pour y faire sa déclaration, voulut ensevelir l'enfant de ses propres mains, pensant que ce devoir sacré appartenait à celle à qui Dieu en avait réservé la découverte. Le marguillier de la paroisse fit un paquet des hardes trouvées sur l'enfant et les garda pendant un an et un jour, pour le cas où les parents viendraient à les réclamer. Comme personne ne se présenta, il soupçonna avec raison qu'il y avait là un crime à déplorer.

Le 5 juin 1820 Justin Pisard, frère de la seconde femme de Chevalier, entre dans la chambre de ce dernier d'une manière assez brusque et lui dit : « Beau-frère,
» je suis envoyé par la famille, inquiète de mon petit-ne-
» veu que vous avez retiré de nourrice et dit avoir envoyé
» dans le département de la Loire. Vous nous avez sou-
» vent promis de nous le confier pendant quelques jours ;
» nous ne le voyons jamais ; enfin quand l'aurons-nous ?
» — Mon Dieu ! rien de si facile, reprit Chevalier ; il

» est à Ville-Franche; dans deux ou trois jours j'irai le » chercher.

» — N'y manquez pas; autrement il y aurait là quel» que chose d'inexplicable; on a fait courir tant de bruits!

» — Je les connais; et s'il en circulait sur ce cher » enfant, ils seront bientôt démentis. » Le beau-frère se retira plein de sécurité.

Le 17 juin 1820 était *la Vogue* ou la fête à Saint-Rambert, village situé sur les bords de la Saône, près de Lyon. Parmi les curieux se promenait un étranger qu'on n'y avait jamais vu. Il s'arrêta dans la rue principale, près d'un groupe de petits enfants. L'un d'eux, à la chevelure blonde, aux yeux bleus et de l'âge de trois ans environ, attira surtout ses regards. Il s'approcha de lui, le caressa, lui donna des bonbons, puis l'emmenant un peu plus loin lui acheta un sifflet, lui fit boire quelques gouttes d'une liqueur contenue dans un petit flacon, le prit dans ses bras et l'emporta.

Quelques minutes après, grande rumeur dans le quartier; la fête est troublée, le sieur Berthier, chapelier, est prévenu qu'un monsieur bien vêtu venait d'emporter son enfant et que déjà sa femme était à sa poursuite. Berthier, sans veste et sans souliers y court aussitôt. Il rencontre sa femme; plusieurs ouvriers des manufactures voisines leur apprennent que le ravisseur suivait la rive droite de la Saône. Ils arrivent au port de la Glaire, où, un instant auparavant, l'inconnu venait de s'embarquer; ils traversent la rivière accompagnés de trois des ouvriers qui l'avaient vu passer. Arrivés au port de la Feuillée, ils aperçoivent le bateau qui l'avait traversé à la douane. Ils s'y font transporter tous à leur tour ; mais le voleur fuyait rapidement devant eux; ils courent jusqu'au pont de bois. Là, Berthier, tout haletant, épuisé par la fatigue et le désespoir, perd subitement ses forces ; il ne peut aller plus loin. Il envoyait les préposés qui l'accompagnaient aux portes de Saint-Georges et de la Guillotière, quand il s'entend appeler vivement du côté du pont de Tilsitt. Ces cris raniment son courage ; il court; il arrive à la porte d'un café ; on lui dit : « Il est là. » Berthier, hors de lui, entre furieux et allait porter un coup de bâton sur la tête de l'inconnu, lorsque plusieurs personnes retiennent son bras. Le voleur profite de ce moment d'agitation et se sauve On le poursuit; enfin on l'arrête dans une maison où il cherchait à se cacher. Conduit devant le commissaire de police et interrogé sur le motif qui lui avait fait enlever cet enfant, il répond : « Qu'on lui en avait volé un, qu'il » en avait pris un autre. »

Au moment de l'arrestation, l'enfant avait aux jambes des bas bleus que le voleur lui avait mis, et plusieurs autres objets d'habillements trouvés dans ses poches annoncèrent le dessein de changer tout le costume de l'enfant, il n'eut sans doute pas le temps de l'en vêtir. On remarqua qu'une fois entre les mains de l'étranger, loin de résister ou de crier, l'enfant s'y endormit presque aussitôt; dans le trajet de Saint-Rambert à Lyon il fut vu constamment dans cet état de sommeil. Sans doute quelque substance soporifique avait été mêlée aux bonbons qui l'avaient séduit.

LE PRONOSTIC.

Quel pouvait être le but de l'inconnu en enlevant cet enfant? Cette question était déjà un sujet de perplexité, lorsqu'il déclara se nommer Pierre-Claude Chevalier, sous-chef au bureau des finances à la préfecture du Rhône. La nouvelle excita une surprise générale; l'action de Chevalier était criminelle; la rumeur publique s'exerce d'abord sur le motif, et bientôt fouille toute sa vie depuis son arrivée à Lyon. Un vague singulier plane sur sa personne; mille bruits défavorables circulent; des faits se racontent, des témoins se présentent, des demi-plaintes arrivent aux oreilles de l'autorité : il ne s'agit plus du vol d'un enfant; on murmure les mots d'empoisonnement, d'infanticide; quelques gens enfin répètent hautement : « Chevalier n'a cessé de commettre des crimes depuis qu'il » est à Lyon. Il a empoisonné et sa maîtresse et sa pre- » mière et sa seconde et sa troisième femme. Bien plus, » il a été le bourreau de son enfant. »

Tant d'horreurs étonnent, effrayent et soulèvent l'indignation. Chaque instant voit naître quelque révélation nouvelle, et si les morts ne peuvent sortir de leurs tombeaux, une multitude de documents épars se réunissent pour prouver qu'une main homicide les y a fait descendre. L'enfant volé n'est plus que l'instrument dont la Providence semble s'être servie pour livrer le grand coupable.

Cependant Chevalier, dans sa prison, en butte au mépris, aux investigations les plus terribles, se rassurait encore par quelques apparences de bonne conduite qu'il comptait produire en sa faveur, et avant tout travaillait à se justifier du flagrant délit, le vol du jeune Berthier.

Voici la fable qu'il adressa à monsieur le lieutenant général de police :

« Mon enfant avait deux ans quand je le plaçai en » nourrice à Villembane. Il manquait de soins, j'allai le » retirer, et le 2 août 1819, à sept heures du soir, je tra- » versai, à mon retour, le pont de la Guillotière, dans l'in- » tention de le placer chez une nourrice nouvelle dont le » nom m'échappe.

» Au lieu de m'arrêter à Lyon, je préférai coucher à la » demi-lune, sur la route de Tassin, d'où je partis le len- » demain jeudi 3 août, me dirigeant sur Pollionay, qui » n'en est éloigné que de deux lieues. La chaleur et la » fatigue de la route m'ôtèrent presque toutes mes forces, » les vapeurs du vin que j'avais bu me montèrent au cer- » veau.

» Dans cet état je m'égarai au milieu d'un chemin de » traverse, près d'une colline, entre d'épaisses brous- » sailles. Alors une branche que je n'avais pu éviter vint » frapper mon enfant, le réveilla et le fit chanceler. Je » voulus retenir le mouvement de la tête qui entraînait » le reste du corps, mais je ne vis pas à mes pieds une » cavité remplie d'herbes glissantes ; je tombai brusque- » ment, l'enfant m'échappa, roula plus bas que moi, et ne » fit entendre aucun cri, parce que, suivant toute appa- » rence, sa tête avait porté contre un rocher.

» Étourdi de sa chute, égaré par le désespoir, je perdis » l'esprit et la raison ; la nuit vint me surprendre. J'appe- » lai au secours, ma voix ne fut pas entendue. Je fis des » recherches au milieu de l'obscurité pour trouver mon fils,

» elles furent vaines. Navré de douleur, je revins à Lyon, » commettant la faute de dissimuler mon chagrin. Le » dimanche suivant j'essayai de nouvelles recherches aussi » infructueuses que les premières.

» Sans doute, enlever l'enfant des époux Berthier a » été une faute répréhensible, mais n'en accusez que ma » tendresse, elle seule m'a inspiré l'idée de réparer autant » qu'il est possible une perte irréparable. Elle m'en a » imposé; elle m'a fait illusion, je le reconnais mainte- » nant, père malheureux! un fils ne se remplace pas. »

Les contradictions, les invraisemblances de ce récit ne pouvaient échapper à l'œil des magistrats. On voulut s'assurer si les détails en étaient vrais, et chaque éclaircissement vint lui donner un démenti. Déjà même la procédure établissait que Chevalier n'était pas le véritable nom de l'accusé; on était venu à bout de découvrir à Lyon quelques parents des Chevalier morts en 1792 et 1793, et aucun d'eux ne reconnaissait le soi-disant Chevalier pour être de la famille. On savait bien qu'un jeune homme du même nom, de la même ville, de la même taille, du même âge que lui avait été au service, mais on n'était pas encore certain que ce n'était pas l'accusé. Au milieu de toutes ces conjectures, on apprend que le véritable Chevalier vit encore, qu'il sert et qu'il est en garnison à deux cents lieues; on le demande; il arrive; on les confronte.

« — Tiens! s'écrie d'abord le nouveau venu, c'est ce » bon enfant de Lelièvre, celui qui a écrit à ma mère une » lettre qui m'a fait tant pleurer et qui pourtant ne m'a » pas valu mon pardon. N'est-ce pas vous qui m'avez

» pris certains papiers quand je vous en remis un gros » paquet autrefois ? Ah ! nous avons bien ri quand vous » avez déserté avec la soutane de l'aumônier. »

Cette apostrophe inattendue et pour ainsi dire miraculeuse renversa toutes les idées du prétendu Chevalier ; le désordre s'empara de son esprit et il balbutia néanmoins à plusieurs reprises :

« — Je suis bien Pierre-Claude Chevalier ; je ne me » suis jamais connu d'autre nom ; mes parents m'ont in- » duit en erreur.

» — Comment ! dit le véritable Chevalier, tout le » monde vous appelait Lelièvre à Granville, dans le batail- » lon colonial où nous servions ensemble. » Après une articulation si nette et si tranchante, impossible de soutenir plus longtemps le mensonge.

Jusque-là Lelièvre, car il faut bien lui rendre son véritable nom, avait été retenu au secret le plus rigoureux. Il demanda la permission de voir sa femme, la quatrième, qu'il n'avait pas eu le temps encore d'envoyer rejoindre les autres. « Permettez-moi, disait-il, de conférer avec » elle, ensuite je répondrai sur tout, je le promets ; mais » si l'on me refuse cette grâce, je m'obstinerai au silence. » L'épouse prévenue se berça de l'espoir qu'il l'appelait pour protester de son innocence et lui en donner l'irrécusable preuve ; elle arrive à la prison accablée de douleur et de honte, s'assied en présence de son mari, sans avoir la force de lui adresser une parole, elle écoute.

« — Je vous ai trompée, lui dit-il, je vous ai appelée » pour vous l'apprendre. Je ne suis point Pierre-Claude

» Chevalier ; je viens de voir celui dont j'ai pris le nom.
» Je ne sais jusqu'à quel point notre union est valable ;
» vous prendrez des mesures pour la faire rompre.

» J'appartiens à une famille respectable ; elle avait de
» la fortune, elle tenait un rang dans la société. J'ai mon
» père et ma mère, ma sœur existe encore ; je ne les
» nommerai pas, parce que je ne veux pas les déshonorer.
» Ils m'ont forcé à prendre du service ; par suite d'une
» erreur de jeunesse, j'étais sur le point d'être condamné
» à une peine infamante ! de puissantes protections me
» sauvèrent ; je n'ai subi aucune condamnation. Depuis
» mon entrée au service je n'ai pas revu mes respectables
» parents. Je suis perdu, je le sais ; la mort est mon
» unique recours, je la désire. Mais il me reste un de-
» voir à accomplir : celui de ne pas faire rejaillir sur ma
» famille la honte qui m'attend. »

De tels aveux avaient une si haute importance qu'on essaya d'en arracher de nouveaux. La plupart des crimes qui lui étaient imputés par la rumeur publique prenaient de plus en plus de la vraisemblance. En effet, ni son changement de nom, ni l'enlèvement d'un enfant ne semblaient suffire pour lui inspirer la pensée désespérante de n'avoir d'autre recours que la mort et de la désirer. La voix si longtemps méconnue de la conscience s'était fait entendre ; il y avait obéi un moment, et il composa un mémoire où, en révélant le déshonneur des premières années de sa vie, il cachait ce que les autres avaient eu d'atroce ; mais la justice leva le voile tout entier, et une ordonnance de la chambre des mises en accusation le renvoya devant la cour d'assises du Rhône, et il dut y comparaître le 11 décembre 1820, comme accusé :

1° D'avoir commis seize faux;

2° D'avoir successivement empoisonné ses trois femmes : Étiennette Dégrange, Marguerite Pisard et Marie Riquet;

3° D'avoir immolé Denis-Marie-Eugène Chevalier, son fils;

4° Enfin, d'avoir enlevé l'enfant des époux Berthier.

Il serait difficile de se faire une juste idée de la sollicitude avec laquelle les habitants de Lyon attendirent l'ouverture des assises. Les graves questions de la politique, les débats législatifs fixaient alors l'attention de toute la France. Celle des Lyonnais seule était absorbée par l'affaire de Lelièvre. Détrompés sur des qualités que l'hypocrisie les avait presque contraints de reconnaître en lui, éclairés enfin sur son infamie, ce n'était plus des spectateurs que la curiosité pousse à un procès, c'était comme les membres d'une honorable famille jaloux de rejeter de son sein le vil étranger qui s'y était frauduleusement introduit et de le voir porter la peine de ce deuil dont il avait couvert leur ville.

Dès huit heures du matin, une foule immense encombrait les avenues du palais de justice, et la salle d'audience était déjà remplie de personnes de tous les rangs. Au milieu de l'enceinte s'élevait un fauteuil exhaussé sur une sorte d'entablement et destiné à l'accusé, afin qu'il n'échappât à aucun des regards.

Vers dix heures, Lelièvre est introduit. Tous les yeux

se portent avidement sur lui. Sans être grand, sa taille est bien prise et pleine d'élégance; sa magnifique chevelure descend en boucles flottantes sur ses épaules; elle ombrage son front, assez étroit d'ailleurs. Une douceur angélique donne à ses beaux yeux bleus une suavité irrésistible; la pâleur répandue sur tous ses traits en fait mieux encore ressortir la régularité parfaite; seulement on remarque toujours sur ses lèvres ce pincement nerveux, juste cause d'effroi pour le docteur Blanchard lorsqu'à la première vue de Lelièvre il n'hésita pas à prédire au gouverneur de la Banque une série de jours remplis de scélératesse. Aujourd'hui comme alors ce mouvement des lèvres imprimait à la physionomie de l'accusé quelque chose d'astucieux et de sinistre.

Les débats n'ajoutèrent rien à la vérité des faits déjà dévoilés; mais de l'interrogatoire de l'accusé sortit la connaissance certaine de son effroyable caractère. Là se retrouvent, comme dans toutes les actions de sa vie, ce sang-froid, cette tranquillité, ce calme imperturbable, cette noble résignation, attributs ordinaires de l'innocence; enfin ces formes gracieuses, polies, séduisantes qu'on croit incompatibles avec le crime. Et ce n'était que calcul; l'hypocrisie règle tous les gestes, dicte toutes les paroles, et va jusqu'à lui inspirer une éloquente indignation.

Ainsi, lorsque la femme Pontanier déclare que la famille Riquet avait renoncé aux poursuites juridiques par la crainte de conduire Lelièvre à l'échafaud, celui-ci d'un ton élevé et solennel articule lentement chacune des phrases qui suivent.

« Il ne s'agit pas de dire : on voulait le sauver de l'é-
» chafaud. Avant de m'y conduire il fallait prouver que
» j'étais coupable, et cela était difficile. Je répudie leur
» générosité et pour moi et pour mes enfants. (*Avec un*
» *redoublement d'énergie.*) Je n'ai rien répondu à son
» apostrophe ! dit-elle ; et quel est l'homme qui l'enten-
» drait de sang-froid ? Mais elle n'en a fait aucune ; je l'au-
» rais repoussée avec indignation, ou du moins, si j'eusse
» été coupable, avec de l'audace, puisqu'on m'en suppose
» tant, puisqu'on soutient que je suis organisé pour le
» crime.

» J'ai pâli ! ajoute-t-elle, j'ai été déconcerté ! Moi,
» pâlir devant une femme qui ne sait rien, qui n'a rien
» vu ! moi j'aurais empoisonné ma chère Marie, Marie à
» qui je n'ai donné que des preuves d'affection ! »

Ici la voix de l'accusé semble étouffée par les sanglots. La première larme qu'il ait jamais versée tombe enfin de son œil sec, et c'est une larme hypocrite ! Elle n'en produit pas moins son effet ; un grand nombre de personnes paraissent émues, et lui qui s'en aperçoit contrefait avec plus d'art encore l'accablement qui semble l'anéantir.

Ainsi encore lorsqu'on vient à discuter les charges relatives à la disparition de son fils, il s'écrie les mains jointes et les yeux levés au ciel :

« Un père assassiner son fils ! horrible supposition !
» Nos aïeux, nous les aimons, nous les respectons ; mais
» nos enfants ! qui pourrait exprimer les sentiments dont
» ils nous animent? nous nous retrouvons en eux, nous
» nous confondons en eux ; nos travaux, nos soins, nos

» veilles ne sont que pour eux. Ah! si le mot adorer ne » convient qu'à la Divinité, inventons-en un autre à peu » près équivalent pour définir ce qu'ils nous font éprou- » ver. Et j'aurais immolé mon enfant! Non, vous ne le » croyez pas. » L'auditoire frémit.

Toutefois cette contenance d'honnête homme qu'il a su se faire, ce rôle médité avec profondeur et joué avec un rare talent, ne peuvent pas se soutenir sans cesse ; certaines phrases de l'avocat général, empreintes de sensibilité et d'énergie, troublent ce Tartufe et le bouleversent ; il s'agite sur son banc, il rougit, il pâlit, il baisse les yeux comme si une lumière trop vive venait les offusquer. Par exemple, lorsque l'avocat général s'écrie en le désignant du doigt : « Cet homme, je le dis hautement, je ne puis le regarder » sans émotion et sans effroi ; il semble n'avoir passé dans » le monde que pour reculer au dix-neuvième siècle les » bornes de la perversité humaine! Les Bastide et les » Jausion ne sont presque plus rien près de lui : ceux-là, » du moins, n'avaient immolé qu'une victime, et la ven- » geance avait armé leur bras. Mais ici, que de victimes » et quelles sont ces victimes! l'âge, la beauté, la ten- » dresse, une mère, une épouse, un enfant, le dépérisse- » ment, les convulsions, les souffrances, les larmes, rien » ne le touche, rien ne l'arrête. Son éloquence froide et dé- » placée a glacé plusieurs fois mon sang dans mes veines. »

Mais si par intervalle il succombe sous une émotion supérieure à sa résistance calculée, il se remet bientôt. Chaque fois même que l'auditoire attendri écoute avec un frémissement marqué le détail des souffrances de chacune de ses femmes, lui ne peut contenir le mouvement de je ne sais quelle satisfaction cruelle, et un horrible sourire erre sur ses lèvres.

Enfin les débats sont terminés, le verdict du jury est rendu, et la cour, par l'organe du président, prononce l'arrêt qui condamne Pierre-Étienne-Gabriel Lelièvre à la peine de mort, ordonne qu'il aura la tête tranchée sur l'une des places publiques de la ville de Lyon.

En ce moment terrible, le coupable ne donna aucun signe de consternation ; il joignit les mains, et de l'accent d'une piété résignée, se contenta de dire : « La justice » n'est que là-haut ! Seigneur, que votre volonté soit faite. » Ils l'ont condamné parce qu'ils ne l'ont pas connu. » Je boirai le calice jusqu'à la lie. » Puis avant de quitter le banc des accusés, il salua respectueusement ses juges. A peine rentré dans la prison, il s'empressa de se pourvoir en cassation. L'hypocrisie systématique développée pendant le cours des débats ne l'abandonna point.

« Tout mon espoir, disait-il, est dans l'Etre suprême, » dont les décrets sont impénétrables. S'il éclaire mes » juges et si mon arrêt est cassé, mon innocence triom» phera devant d'autres ; il sera cassé, j'en ai la ferme opi» nion. Elle est fondée sur mon innocence ; d'ailleurs je » suis résigné à mon sort ; l'échafaud n'a jamais fait pâlir » un innocent. » Alors il montrait aux personnes qui allaient le visiter l'Évangile qu'il affectait de lire. « Voilà » ma consolation. J'en ai fait toute ma vie la règle de » ma conduite. »

Telle était l'influence de cette dévotion de parade sur l'esprit d'un trop grand nombre de personnes dupes des apparences, qu'elle avait rendu sa culpabilité presque douteuse ; tant de modération, de douceur, de patience, semblait exclure l'idée du crime. « Suis-je donc le » premier, disait-il, qui ait souffert sans être coupable? » n'ai-je pas sans cesse devant mes yeux Jésus-Christ » mis en croix? Mon nom grossira la liste des victimes de » la prévention. Je n'accuse pas mes juges, je les plains ; » aveugles de bonne foi, ils ont cru marcher dans le vrai » et ils se sont enfoncés dans l'erreur. Ma position est » supportable ; il y a des gens plus malheureux que moi ; » je dors comme un ange. »

Cette abnégation chrétienne en imposait de plus en plus, et la crédulité allait jusqu'à la conviction de son innocence ; on le pressait de publier un mémoire justificatif. « C'est un soin dont je m'occuperai, répondit-il, » lorsque je serai sorti de ma prison. — Mais s'il arrivait » que votre captivité n'eût d'autre terme que la mort? — » Alors, répliquait-il en souriant, les anges se charge- » ront de ce soin. »

Ce n'étaient là que de vaines paroles ; au bout de quelques jours, l'anxiété du supplice commença à porter dans son âme un trouble contre lequel les mensonges ne la rassuraient plus. Déjà les appréhensions de l'échafaud anticipaient sur l'instant fatal. Enfermé dans un cachot humide de la maison d'arrêt de Roanne, gardé à vue par quatre sentinelles qui veillaient incessamment sur lui, une misérable camisole de toile couvrait son corps ; sa belle chevelure blonde et bouclée était cachée sous un sale bonnet ; il était couché sur un matelas qu'un peu de paille étendue de chaque côté défendait de l'humidité. Un collier de fer, auquel aboutissait une chaîne du même métal, entourait son cou, et cette chaîne fixée à un angle de la muraille n'avait guère plus de deux pieds et demi de longueur, ce qui l'empêchait de se tenir debout et l'obligeait à passer la journée sur son grabat.

A ses réflexions, presque toutes inspirées par les livres saints, avait succédé un silence continuel, un état de dégradation et de stupidité ; aussi, lorsqu'on vint lui annoncer le rejet de son pourvoi, il entra dans une fureur extrême. « Canaille de justice! gredins de jurés! frapper » un innocent! ce sont leurs têtes que la guillotine de» vrait abattre! que mon sang retombe sur eux. »

Quel contraste dans le même homme et à si peu de jours de distance! Le rôle était fini, il n'y avait plus de profit à le continuer.

Lorsque le jour fixé pour l'exécution, le 29 janvier 1821, on entra dans la prison pour détacher ses chaînes et procéder aux apprêts de la fatale toilette, il se soumit d'abord d'assez bonne grâce et demanda d'un ton suppliant s'il ne lui serait pas permis de conserver sa chevelure ; sur la réponse négative, il la saisit vivement avec ses deux mains devenues libres, et s'écria : « Que ne » puis-je l'arracher! » Alors, comme s'il en avait eu le pouvoir, il la secoua avec de violents efforts ; il ne voulait plus lâcher prise ; il fallut toute la force des aides pour triompher de sa répugnance à la livrer aux ciseaux, tant l'amour de ce vain ornement semblait quelques minutes imposer silence à celui de la vie même. Lorsqu'il s'en vit dépouillé, il poussa un profond soupir.

Le vénérable aumônier des prisons ne le quittait pas et lui prodiguait ses exhortations ; mais il les recevait machinalement, sans la moindre attention. La parole sainte, qui coulait naguère si facile et si abondante de sa bouche, semblait s'être tarie tout à coup. A la vue du tombereau, un tremblement convulsif le saisit et agita tous ses membres ; il voulut se roidir et combattre cette émotion en se levant et en marchant d'un pas délibéré ; ce fut en vain ! il chancela bientôt, ses genoux fléchirent ; il fallut l'y monter plus mort que vif ; justifiant par cette prostration de toutes ses facultés physiques et morales cette remarque faite souvent sur les empoisonneurs et sur tous les coupables des crimes lâches, qu'ils ne savent pas mourir avec courage.

Lelièvre fut conduit au lieu du supplice à travers une double haie de soldats, au milieu d'une foule immense à laquelle il dérobait ses traits. Au pied de l'échafaud, sa vanité, ranimée tout à coup, tenta un dernier effort ; on le vit se soulever, se donner du mouvement ; il alla même jusqu'à dire à l'ecclésiastique qui le soutenait : « Je marcherai seul maintenant ; je ne suis séparé de la mort » que d'un degré, je le franchirai sans appui. » Il posa en effet son pied avec assez de fermeté sur la première marche ; mais cette force factice le trahit bientôt ; il tomba, et les aides de l'exécuteur ne portèrent plus sur l'échafaud qu'un corps déjà inanimé. Ils lui prirent la tête, la placèrent sur le billot..... elle tombe..... La société fut vengée.

Lorsque les détails du procès et dė l'exécution de Lelièvre parvinrent à Paris, le docteur Blanchard en les lisant fut frappé de ce nom de Lelièvre; il recueillit ses souvenirs, et ne put s'empêcher de dire : « Ah ! si monsieur » le gouverneur de la Banque de France vivait encore, il » trouverait que Lavater avait raison et que son disciple » n'était pas un mauvais prophète. »

---

# LA FAIM.

La révolution française occupait tous les esprits; en Corse, les notables du canton de Casinca s'étaient assemblés au couvent de Venzolasca, dans la salle du réfectoire, pour en discourir.

« Une motion doit précéder toutes les autres, s'écria » l'un d'eux; les amis seuls de la liberté méritent de figu- » rer à pareille réunion, et j'en vois ici qui ne le sont » pas.

» — Nommez-les, s'écrièrent ensemble plusieurs voix.

» — Ne les connaissez-vous pas assez! Nous sommes » tous ici de la race du peuple, excepté une famille.

» — Laquelle? laquelle? demanda-t-on de toute part » avec animosité.

» — Eh bien, celle des Frédiani! »

Trois membres en effet de cette famille se trouvaient là. Le plus jeune et le plus ardent d'entre eux s'élança tout à coup dans la chaire qui servait de tribune.

« Pourquoi la liberté n'habiterait-elle pas dans le cœur

» d'un noble comme dans celui d'un plébéien, et qui » s'est arrogé le droit de nous juger sans nous connaître?

» — A bas! lui cria-t-on ; qu'un autre prenne sa place, » et s'il l'ose, qu'il défende les Frédiani. »

A l'instant on vit paraître Simon Viterbi.

« Puisque nous avons tous répondu à l'appel fait par » la liberté, c'est que nous l'aimons tous, c'est que nous » voulons tous la défendre! Pourquoi d'odieuses distinc- » tions? Il n'y a ici ni nobles ni plébéiens, il n'y a que » des Corses animés du même amour de l'égalité et de la » patrie. Point d'exclusion pour personne! »

Des applaudissements retentirent dans la salle; et comme si le triomphe de son opinion eût été assuré, l'orateur descendit de la tribune. Les partisans de la motion lui succédèrent, la reproduisirent avec obstination et demandèrent la mise aux voix. Viterbi, voyant qu'elle allait être adoptée, abandonna son opposition et se joignit à la majorité. Les Frédiani furent exclus.

Pierre-Jean Serpentine, l'ami des Frédiani, l'un des notables, adressa les plus vifs reproches à Simon Viterbi sur sa vacillation, et s'écria :

« C'est toi, bavard, qui seras chassé.

» — Je suis surpris, répliqua Simon, qu'un lâche tel » que toi ose élever la voix dans cette enceinte. »

A ces mots, Serpentine s'élança sur lui et le frappa de deux coups de poignard.

Le bruit de l'événement parvint sur-le-champ aux oreilles de ses fils, Antoine et Pierre Viterbi, qui étaient dans la cour du couvent; ils s'élancent, forcent la porte du réfectoire, se précipitent vers leur père pour lui donner du secours.

« Je n'en ai pas besoin, mes fils, je sens déjà la mort; » vengez-moi!... j'ai été immolé aux Frédiani; vengez-» moi! » Ce sont les seuls mots qu'il put murmurer.

Tandis qu'Antoine recueille ce qu'il croit le dernier soupir et la volonté suprême de son père, Pierre les avait quittés pour l'exécuter. Le bruit circulait qu'André Frédiani venait d'être tué à l'entrée de la salle. Ce bruit arrive jusqu'aux oreilles du mourant; son fils le lui répète avec l'accent de la joie. Un rayon de plaisir semble briller un moment sur cette face déjà couverte des ombres du trépas. Il se ranime et retrouve la force de dire : « Em-» portez-moi d'ici. » Quelques jours après, son état ne donnait plus d'inquiétudes; il renaissait à la santé.

L'assassin qui avait frappé Frédiani s'était glissé dans la foule et n'avait pas été reconnu; mais tous les soupçons s'arrêtèrent sur les Viterbi, et la suite les confirma. De là, entre les deux familles, une haine irréconciliable.

Quatre mois après la mort d'André Frédiani, vers sept heures du soir, la servante des deux frères Viterbi, qui habitaient ensemble la même maison à la Penta, vint, d'un air mystérieux, dire à Pierre, seul en ce moment au logis :

« — J'ai vu jusqu'à six personnes armées entrer chez » Venturino Suzzavini, qui demeure en face. »

A cette nouvelle, Pierre, qui connaissait le dévouement de son voisin pour les Frédiani, courut avertir ses parents. Ils organisèrent rapidement leur défense. Bientôt commença une fusillade, dans laquelle Suzzavini reçut une blessure grave, et deux des siens furent tués. A son retour de Balagna, où il se trouvait pendant la fête, Antoine adressa de vifs reproches à son frère.

« Pourquoi ne m'avoir pas envoyé un exprès ? ils sont » venus nous livrer bataille et je n'y étais pas ! Tu m'as » fait violer le serment prêté à notre père. »

Au bout de cinq mois, Pierre passant à cheval près de la maison de Donato Frédiani, fut blessé à l'épaule d'une balle de mousquet. Nul doute sur l'endroit d'où le coup était parti. Leur inimitié s'envenimait donc chaque jour; elle était exaltée jusqu'à l'assassinat, lorsque Paoli revint en Corse comme mandataire de la république française. L'arrivée de cet ancien chef sembla pour un temps calmer l'animosité des deux familles, et les Viterbi, à ce qu'il paraît, épousèrent chaudement la cause de Paoli; mais ils l'abandonnèrent du moment que, désertant la cause de la France, il appela le secours de la Grande-Bretagne.

Lors de la capitulation de Bastia avec les Anglais, les Viterbi s'embarquèrent pour Toulon. A peine furent-ils partis, que les Frédiani, qui s'étaient réunis à la faction anglaise, brûlèrent leurs maisons, dévastèrent leurs propriétés et se rendirent seuls maîtres de la Penta. Quand les Anglais quittèrent l'île, les Viterbi revinrent et traduisirent les Frédiani devant les tribunaux, demandant à être indemnisés de leurs pertes.

Quel malheur que ces divisions éternelles, que cette haine implacable entre deux familles dont les chefs et plusieurs membres même méritaient la considération publique à tant de titres, dont l'union aurait fait le bonheur et la force de leur pays! Simon Viterbi, père d'Antoine et de Pierre, le même qui avait été frappé du poignard de Serpentine, était chef d'une nombreuse famille. Il cultivait les lettres avec succès, et ainsi que son fils Antoine, marquait parmi les avocats les plus distingués du pays. De son côté, le père d'André Frédiani était renommé dans la contrée pour l'élévation de ses sentiments, pour sa générosité sans bornes et son amour des malheureux; l'un et l'autre détestaient au fond de leur âme le fatal événement qui avait amené leur rupture par un coup de poignard qu'un autre avait porté. Ils étaient prêts à saisir la première occasion de renouer leurs liaisons si tristement brisées. Comme les événemens semblaient conspirer contre leur penchant secret à se réunir, Frédiani dit un jour : « Pourquoi attendre des circonstances » ce que la volonté peut produire? l'occasion ne vient » pas, je la ferai naître. »

Le mois de février, à sept heures du soir, tous les Viterbi étaient réunis autour de leur foyer; ils s'entretenaient des chances plus ou moins favorables de leur procès en indemnité. On frappe à la porte, et bientôt après on annonce et on introduit Jacques Frédiani. A son aspect tous se lèvent et le considèrent avec surprise.

« Quel motif peut amener un Frédiani dans la demeure » des Viterbi? dit le premier, le vieux Simon.

» — La paix, répondit avec assurance et simplicité le » nouveau venu.

» — Je l'accepte, répliqua Simon sans hésiter. Quel » en sera le gage?

» — Ma fille, si votre petit-fils, le fils d'Antoine, con- » sent à l'épouser.

» — Elle est si belle! s'écria le jeune homme là pré- » sent, et on la dit si bonne! »

Alors Simon s'avança vers Jacques Frédiani et lui tendit la main avec ces paroles : « Vous l'emportez en gé- » nérosité pour le moment ; c'est à nous de vous égaler » dans l'avenir. » Et se tournant vers sa famille : « Mes » fils, il nous demande l'oubli, n'ayez plus comme moi » de mémoire que pour sa noble démarche.

» — Nous le jurons! » répondirent d'une voix ferme tous les enfants. Les deux vieillards émus s'embrassèrent, et Jacques Frédiani, qui avait osé venir sans escorte, eut pour retourner chez lui celle même des hommes qu'une heure avant il croyait ses ennemis implacables.

Parmi les partisans des Frédiani se trouvait une famille Palfiero, composée de trois fils impétueux, vindicatifs, dignes en tout de figurer au premier rang dans une vendetta. Leur sœur aînée, belle, jeune, exaltée, avait conçu depuis longtemps une passion violente pour le fils d'Antoine Viterbi; plus il la dédaignait, plus elle soupirait après le jour qui verrait enfin s'éteindre une inimitié qui après tout n'était pas directement celle de sa famille. Elle disait à son frère Muciano : « Que nous ont fait les » Viterbi? Pourquoi nous être déclarés contre eux? Nous » sommes du peuple et nous avons pris le parti des no- » bles! Notre place était ailleurs.

» — Je connais le sentiment qui te fait parler, lui ré- » pondit Muciano, et tu ignores celui qui fait agir tes » frères; tu ne le comprendrais pas. Au reste, grande » nouvelle! la guerre va finir, un mariage la terminera.

» — Et lequel? répliqua la sœur avec une surprise » mêlée d'inquiétude.

» — Voici ce qui m'a été assuré ce matin. Avant- » hier au soir, le vieux Jacques Frédiani est allé pro- » poser la paix aux Viterbi et sa fille au fils d'Antoine. » L'une et l'autre sont acceptées. »

Stéfania pâlit et répliqua tout à coup : « Pour un homme » aussi habile, Muciano est bien crédule ; ce consente- » ment des Viterbi est un piége grossier. Quoi! au premier » mot, sans réflexion, sans délibérer et certes sans l'aveu » des enfants, ils auraient disposé de leur sort et en une » minute étouffé leurs ressentiments! Non, Muciano, tu » ne le crois pas. Au lieu de s'endormir sur la foi de ces » promesses mensongères, il faut veiller plus que jamais, » épier leurs démarches, les prévenir, porter les premiers » coups. »

Ces réflexions inspirées à Stéfania par le dépit, par le démon de la jalousie, réveillèrent la défiance instinctive de son frère. « Tu pourrais avoir raison! j'en prévien- » drai nos amis, et si les Viterbi s'imaginent nous faire » glisser dans le précipice, nous saurons les y jeter les » premiers. »

Jaloux de lever le principal obstacle à la célébration du mariage et de donner une garantie formelle de sa parole,

Simon Viterbi se mit en route pour Porta d'Ampugnani afin d'arrêter les procédures commencées.

Instruit de son départ, mais en ignorant ou feignant d'en ignorer le motif, la famille d'Alfiero se réunit et délibéra sur ce qu'il y avait à faire.

« Je vous l'avais bien dit, s'écria Stéfania la première ; » il y a là-dessous quelque embûche. Que signifie ce » voyage? Pourquoi aller à la Porta d'Ampugnani? Sans » doute presser le procès ; ainsi, d'un côté ils offrent l'ap- » parence d'une trêve par le mariage, de l'autre ils vont » exciter la guerre par la justice. Ils tendent une main » pour la dot et l'autre pour l'indemnité. Vous êtes des » hommes, et vous vous laissez ainsi tromper ! »

Ce discours perfide et passionné produisit l'effet qu'elle en espérait. Le soir, les trois frères, enveloppés dans leur manteau, munis de leurs armes, allèrent se poster dans un petit bois traversé par le chemin que devait prendre le vieux Simon à son retour de la Porta. Ils y passèrent toute la nuit ; déjà même une partie de la journée s'était écoulée, et le vieillard ne paraissait pas ! Retenu en effet par le désir d'annoncer la nouvelle de l'union projetée à quelques-uns de ses amis, après avoir suspendu toutes les poursuites il avait fait une espèce de tournée. Trois d'entre eux l'avaient accompagné jusqu'à deux lieues de distance de la Porta et l'avaient laissé précisément au moment même où il allait entrer dans le bois.

« Attention, dit tout à coup Muciano à ses deux frères. » J'aperçois le vieux fourbe ; il est suivi de Piétro, son » domestique ; chargez-vous de ce dernier, je réponds de

» Viterbi. » Les deux voyageurs s'étant avancés jusqu'à la portée du fusil, deux coups dirigés sur le domestique l'étendirent roide mort. Le cheval de Simon se cabra, fit un saut de côté et jeta son maître contre un des arbres de la lisière du bois. Les trois frères coururent à lui, et le saisissant l'emmenèrent dans le plus épais du taillis ; là commença pour lui une espèce d'interrogatoire.

« — Pourquoi Jacques Frédiani est-il venu chez toi le » vendredi soir?

» — Vous êtes ses amis, répondit le vieillard, vous » ne devez pas l'ignorer ; c'est moi, je le reconnais main- » tenant, c'est moi qui ne le savais pas. Vos armes, vos » menaces, la mort de mon pauvre Pietro me l'appren- » nent assez.

» — Qu'avez-vous fait à Ampugnani?

» — Que vous importe? Jacques Frédiani était un » traître!... Ses partisans ne sont que des lâches! »

A ce mot, et comme pour le justifier, Muciano plonge son poignard dans le côté du vieillard, ses frères l'achèvent, puis ils vont chercher le corps de Piétro, et creusent une grande fosse dans laquelle ils les ensevelissent tous deux.

Pendant le voyage de son grand-père, le fils d'Antoine Viterbi avait reçu la permission de rendre visite à la belle Georgina Frédiani. Ces deux jeunes fiancés se félicitaient déjà d'avoir été désignés par la Providence pour servir de lien entre les deux familles et devenir comme les otages de sa tranquillité future. Ils attendaient impatiemment le retour de Simon pour fixer le jour de leur bonheur. La semaine s'écoula, il ne reparaissait pas. Antoine, inquiet, vole à la Porta ; il apprend que son père en est reparti depuis trois jours, revient, fait part de ses soupçons à la gendarmerie. Les recherches commencent sur toute la route qu'a dû parcourir le malheureux vieillard ; d'abord elles n'aboutissent à rien.

Enfin, dans le bois même où l'assassinat s'était commis, retentissent des hurlements plaintifs ; c'étaient ceux d'un des vieux chiens de chasse de Simon. On accourt et on trouve le pauvre animal creusant avec ses pattes une terre fraîchement remuée ; on fouille ; les deux cadavres revêtus de leurs habits, souillés de fange et de sang, la face à demi rongée par les vers, apparaissent aux regards consternés des Viterbi.

« Quelle trahison ! quelle scélératesse ! » disait Antoine en contemplant les restes de son malheureux père. Il appuya la main sur ses cheveux blancs, et à plusieurs reprises : « Tu seras vengé, je le jure, tu seras vengé. »

Dès qu'ils apprirent cette découverte inattendue, les Frédiani prirent la fuite ; mais ils furent tous arrêtés, à l'exception d'un seul, Charles, qui se réfugia dans les marais du canton de Tavagna ; y périt. Entendant la troupe qui se dirigeait de ce côté, il voulut, pour mieux se cacher, s'enfoncer au milieu de roseaux épais ; le terrain, plus humide et plus profond, lui manqua tout à coup, les roseaux auxquels il s'accrocha se brisèrent sous ses mains, il s'enfonça ; la troupe, avertie par le bruit, tourna les yeux de ce côté, le vit se débattre et périr. Son cadavre ayant surnagé, on l'attira sur les bords au moyen de longues branches.

Alors se passa une scène qu'expliquerait seule une rage furieuse et qui n'est peut-être que l'atroce invention de la calomnie. Antoine, à ce qu'on rapporte, s'approcha du mort, s'assura qu'il ne respirait plus, et dit : « Oui, c'est » bien un cadavre, il a fini comme il avait vécu, dans la » fange. Tiens, reçois, autant que je puis te les donner, » ces coups portés à mon père Simon ; je te les rends, » que ne peux-tu les sentir ! » Et se baissant à trois reprises, il lui plongea son poignard dans le cœur. Comme il semblait vouloir continuer, les témoins de cette inutile barbarie l'arrachèrent de dessus ce cadavre. Sa main avait serré si convulsivement un pan de l'habit qu'elle traînait le mort. Pour l'en séparer, le gendarme Badureau porta sur le drap un coup de sabre, le coupa, et le morceau resta dans les doigts d'Antoine Viterbi.

Le tribunal procéda contre les Frédiani, soit par suite de la plainte primitive, soit comme accusé de l'assassinat de Simon Viterbi. Les principaux membres de cette famille furent condamnés en même temps aux indemnités réclamées et aux galères pour dix ans. C'était le moment où le gouvernement français organisait les tribunaux. Antoine fut nommé accusateur public. Il remplit cet office avec honneur et le conserva jusqu'à son refus de voter pour l'élévation de Bonaparte à l'empire. Il se retira à Penta, et y vécut dans une tranquille obscurité. Les agents de l'empereur lui firent éprouver mille vexations, et il fut emprisonné sans sujet par ordre du général Berthier.

En 1814, Donato Frédiani était revenu, il fut tué en entrant dans sa propre maison. Quoique dans le principe les soupçons fussent tombés sur d'autres, Antoine fut définitivement accusé comme complice et son fils dénoncé comme le véritable auteur du crime. Cependant, avant que les poursuites contre eux fussent commencées, la Corse avait appris que Napoléon s'était échappé de l'île d'Elbe, et les partis commencèrent à s'armer.

La plaine de Bivinco fut assignée pour rendez-vous à la population de l'arrondissement de Bastia, et Antoine, suivi d'une centaine d'hommes, se mit en chemin pour le lieu assigné. Dans sa marche il rencontra le général Casalta, qui commandait un autre corps, et comme ils étaient l'un et l'autre ennemis de Napoléon, ils cheminèrent ensemble. En approchant du camp, ils apprirent que les Péraldi et autres ennemis personnels des Viterbi s'y étaient déjà rendus. Vainement engagea-t-on Antoine à se porter sur un autre point ; il répondit : « Non, non, la bonne cause » a besoin de moi, je ne l'abandonnerai pas, dussé-je y » périr ! » Ceux qui lui conseillaient de ne pas aller plus avant avaient raison, car à peine furent-ils arrivés, qu'une escarmouche eut lieu entre les siens et les Cécaldi, qui perdirent deux des leurs. Son fils ne voulait pas moins tenir la campagne. « Les Cécaldi sont les agresseurs, di- » sait-il; nos hommes sont encore dévoués et ne deman- » dent qu'à marcher. Le champ de bataille nous reste, » pourquoi l'abandonner?

» — Notre victoire même fait notre crime, reprit le » père. Est-ce que jusqu'ici chaque succès ne nous a » pas coûté une persécution? l'île est en pleine révolte, » le plus sûr est de fuir. »

## LA FAIM.

La nuit venue, ils s'éloignèrent tous deux en secret de l'endroit où ils étaient campés et coururent se réfugier à Borgo, où ils échappèrent à toutes les recherches des émissaires envoyés pour les arrêter.

« Vois, dit un jour à son fils Antoine Viterbi, com- » bien j'avais raison. » Et il lui lut la lettre suivante :

« Les Cécaldi vous ont accusé personnellement du » meurtre de leurs deux partisans ; ils ont fourni je ne » sais quelles preuves et des témoins nombreux ; la jus- » tice a été saisie, elle a prononcé, et vous êtes condamné » à mort. Choisissez une retraite impénétrable, car tous » vos ennemis se liguent pour s'emparer de vous. »

Quelques jours après ils apprirent le décret d'après lequel leurs propriétés étaient confisquées, leur maison détruite et une colonne d'infamie élevée sur son emplacement. Errants d'asile en asile, tantôt dans les bois, tantôt dans l'humble chaumière de quelque paysan, ils échappèrent quelque temps aux perquisitions les plus actives. Lorsque les troubles de l'île furent apaisés, ils crurent pouvoir reparaître et braver une sentence rendue contre eux dans les temps d'orage ; mais les Cécaldi commencèrent un nouveau procès, et ils furent arrêtés et incarcérés dans les prisons de Bastia.

Après une instruction qui dura plusieurs jours, ils furent acquittés et mis en liberté. Antoine revint alors dans le sein de sa famille. En arrivant au pont qui traverse le Golo, il trouva soixante-dix de ses partisans réunis pour l'attendre ; ils voulurent l'accompagner jusqu'à Penta, et quoiqu'il fût nuit lorsqu'il entra dans son bourg natal, les habitants accoururent en foule à sa rencontre. A la lueur des torches qu'ils portaient chacun dans leurs mains, Viterbi les harangua.

« Puisque je me retrouve enfin au milieu de vous, le » temps de mes dures épreuves est terminé, je l'espère; » j'ai vécu depuis notre séparation, j'ai combattu pour la » liberté, je mourrai pour elle s'il le faut. » Des acclamations l'interrompirent. Il était profondément ému, quelques larmes roulaient dans ses yeux. Il ajouta :

« Le jour de la justice est arrivé, je n'aspire plus qu'à » celui du repos. Je suis venu le chercher au milieu de mes » compatriotes et de mes amis. »

Ce bien, dernier objet de ses désirs, ne fut pas de longue durée. Son fils, au retour d'une excursion qu'il avait faite à quatre lieues de Penta, entra précipitamment dans sa chambre.

« Ah ! mon père, tu comptais sur la justice, tu croyais » qu'elle avait réglé notre sort à jamais, il va s'agiter » encore devant elle.

» — Nous accuserait-on de quelque nouveau crime? » reprit le père étonné.

» — Non, on en fait revivre d'anciens ; les Frédiani » redemandent vengeance du meurtre de Donato.

» — Je ne les redoute plus.

» — Et moi je les crois plus puissants que jamais ! Autrefois, jeune et sans expérience, je conseillai de rester; » aujourd'hui, mon père, je te supplie de fuir.

» —Suis ton idée, mon enfant, laisse-moi la mienne ; » si elle me conduit au malheur, ne cours pas la chance

» de le partager. La mauvaise fortune de ton père n'a » que trop pesé sur toi ! je demeurerai.

» —C'est une faute, mon père, je ne sais quel instinct » secret me le dit. Nous avons triomphé des Cécaldi, » notre destin est de succomber sous la race maudite des » Frédiani. Fuyons, croyez-moi.

» — Mais c'est m'avouer coupable !

» —Non, non, c'est seulement être prudent et donner » à la vérité le temps de se manifester. »

Antoine prit sa tête dans ses deux mains comme pour mieux y concentrer ses pensées. Son fils se rapprocha de lui, le pressa dans ses bras afin, par ce mouvement de tendresse, de provoquer la décision souhaitée. Antoine gardait le silence.

« — Parlez, mon père ! les moments sont précieux. »

Antoine leva la tête, attacha sur son fils un regard paisible.

« — Je suis décidé, obéis à ta destinée, je cède à la » mienne; passe sur le continent, et quand j'aurai anéanti » leur accusation ressuscitée, tu viendras me rejoindre ; » ce n'est qu'une séparation de quelques jours. »

Le lendemain, docile à l'invitation de son père, le fils d'Antoine se rendit en Provence. Lui, dès qu'il eut connaissance officielle de la procédure, il fit appel de la juridiction de Bastia à celle de la cour d'Aix. Cet appel fut écarté, et des gendarmes vinrent l'arrêter. La prédiction de son fils s'était réalisée. De nombreux amis et toute sa famille s'étaient réunis pour tenter de le sauver ; ils avaient fait parvenir au prisonnier un billet dans lequel ils sollicitaient son consentement pour l'enlever. Il leur écrivit : « Plus » d'évasion, plus de moyens violents, plus de sang à ré- » pandre, plus de vengeance à satisfaire. Je me réfugie » dans la loi, je me place sous son égide; ne redoutez pas » son glaive. » Ainsi dans cette âme troublée durant tant d'années par la haine, par la vengeance, par toutes les passions des discordes civiles, rentraient le calme, la sérénité, un courage stoïque, une fermeté romaine, et cette foi du juste digne d'un meilleur sort.

On le conduisit à la prison de Bastia. Pierre Viterbi, son frère, après avoir servi longtemps dans les armées françaises, venait d'obtenir son congé et regagnait sa demeure natale pour y vivre désormais paisible à côté de son frère. Il le rencontra entouré de ses gardiens, précisément à quelque distance de la Penta. Comme il portait encore son uniforme d'officier, un gendarme qui l'aperçut le premier, dit : « Voilà des épaulettes. » Antoine leva les yeux et reconnut son frère. « Pierre, Pierre, s'écria-t-il, » comme tu me retrouves ! »

Pierre n'en pouvait croire ses yeux ; il se précipita vers lui et supplia les gendarmes de lui permettre de l'embrasser. La croix d'honneur qu'ils virent sur sa poitrine lui valut cette grâce. Le brigadier dit : « C'est un brave ; » qu'il embrasse son frère avant de le quitter. » Ils se tinrent étroitement serrés quelques minutes sans proférer une parole. Antoine le premier se dégagea, et rompant le silence : « Continue ta route, mon frère, je te rejoindrai » sous peu de jours ; c'est pour la forme que je suis ar-

» rêté. » Triste illusion. Le frère ne la partageait pas; mais il s'éloigna sans dire un mot qui pût la détruire.

Dès que Pierre eut perdu le prisonnier de vue, au lieu de poursuivre sa route vers la Penta, il visita successivement quelques familles de l'île, auxquelles il supposait le plus de crédit, et sollicita avec les plus vives instances l'ordre de sa mise en liberté provisoire; il écrivit à son frère :

« Tu t'es opposé au coup de main qui pouvait te ren-
» dre la liberté quelques minutes après qu'on te l'avait
» ravie. Je ne blâme pas ta noble confiance; elle est
» digne des sentiments que d'aveugles ennemis se sont
» obstinés à méconnaître en toi; mais tu me pardonneras les
» nombreuses démarches que je tente en ta faveur. Du
» sein de tes foyers, mieux encore que du fond de ta pri-
» son, tu repousseras leurs attaques. J'ai quelque espoir de
» succès; envoie-moi seulement un mémoire justificatif. »

Antoine lui répondit :

« Tu agis comme un homme qui aime passionnément
» son frère, mais qui ignore complétement les lois. En
» matière d'assassinat et de peine capitale, il n'y a pas
» lieu à élargissement. Tu te trompes aussi sur l'influence
» du foyer domestique. L'étroite enceinte, la solitude de
» la prison retrempent mon âme d'une vigueur nouvelle;
» cette pensée que l'injustice me tient enfermé excite
» mon esprit à la défense et le met sur la voie de mille
» moyens qui lui échapperaient ailleurs. Oui, dans ce
» dernier combat que je vais livrer seul à tous les Fré-
» diani, ma force s'accroît de mon isolement même ; elle

» se recueille mieux, elle se concentre, rien n'en distrait » la moindre parcelle. Plus je suis à moi tout entier, plus » j'acquiers la conviction de leur devenir redoutable ; ma » captivité même est encore un des moyens de mon triom- » phe. Ne sollicite donc plus, attends le jour de la déli- » vrance, ne la provoque pas ; elle viendra en son temps » à notre gloire et à la confusion des autres. »

Pierre, instruit de toutes les intrigues des ennemis de son frère et de certains détails qui lui apprenaient combien leur ligue devenait puissante, lut cette lettre avec douleur. Tout en admirant la courageuse résignation de son frère, il déplorait cette illusion trop commune aux gens de bien, celle de croire à l'impartialité dans les temps de factions ; il suspendit ses démarches, se retira à Penta triste et rêveur ; un chagrin mortel s'empara de lui et le jeta dans un état de langueur que rien ne pouvait surmonter. Sentant sa fin prochaine et avant de rendre le dernier soupir, il dit à ses parents qui l'environnaient :

« Je me sens éteindre peu à peu ; ma mort est assez » douce, une seule pensée trouble mes derniers moments, » celle que mon pauvre Antoine ne me survivra que de » quelques jours ; oui, la douleur ne m'égare pas, c'est » bien la vérité qui m'apparaît ; il me semble le voir... » il ne monte pas sur l'échafaud, ce serait l'affaire d'un » moment... non, son supplice dure plusieurs jours, ses » souffrances sont atroces... O malheureux frère !... » Quelques larmes coulèrent alors de ses yeux, qu'il avait levés vers le ciel ; il les tourna sur les assistants, et dit d'une voix défaillante : « Adieu, mes amis, cachez bien ma mort

» à Antoine; ce serait une trop grande douleur ajoutée » à la sienne. » Et il expira.

Fidèles à sa pieuse recommandation, ses parents et ses amis gardèrent le secret, et par mille précautions l'empêchèrent de parvenir jusqu'à Antoine ; mais on le savait dans le parti de Frédiani, et peu de temps après une main ennemie traçait ces lignes cruelles, que le geôlier lui-même remit au captif :

« Ton frère Pierre, ton ancien complice, n'est plus » depuis huit jours ; ta constance de Romain et ta cré- » dulité d'enfant l'ont tué. Il est mort et de repentir de » ce qu'il a fait avec toi et de chagrin du sort qui t'est » réservé. Tu ne lui survis que pour être plus misérable. » Que ta peine commence à l'heure même en apprenant » celle que pour ta part tu as infligée à ton frère ! » Antoine tomba dans une consternation profonde ; il en sortit par ces mots :

« J'aurais mieux aimé un de leurs coups de poignard. » Je n'avais qu'un père à venger, j'ai un frère de plus » maintenant. Ils m'attendent à l'échafaud, auparavant » j'espère bien les rejoindre ailleurs. Ils parlent d'illu- » sion, nous verrons de quel côté elle se trouvera. » Il continua à se promener de long en large pendant une heure avec une suite d'exclamations diverses, et tour à tour se frappant le front, croisant les bras, gesticulant, immobile, abattu, se redressant avec fierté et énergie, dernier sentiment qui dominât tous les autres. Il reprit alors avec son attention accoutumée le travail de sa défense, interrompu un moment par la funeste nouvelle.

L'ouverture des débats fut fixée au 2 septembre 1821. Il semblait que la Corse entière voulût y assister, tant la foule accourue de toutes les parties de l'île se pressait aux portes du palais de justice et encombrait les rues de Bastia. Deux vendette fameuses, représentant l'une le peuple, l'autre la noblesse, semblaient enfermées en champ clos et allaient vider leur querelle, non plus par des embûches, des coups de poignard, des engagements partiels, mais à la face des hommes assemblés pour les juger, et avec une arme non moins perfide, souvent non moins meurtrière, la parole. Au dehors même de l'enceinte, chacun préludait par des discours animés suivant ses sentiments et ses passions. On se mesurait du regard, souvent on se défiait du geste. Tandis que la justice allait régler les mouvements de ses luttes toujours paisibles, une force militaire imposante, les fusils chargés et prêts à faire feu, surveillait les deux factions en présence et presque en ordre de bataille.

D'ailleurs, à part l'intérêt des castes ennemies, Viterbi était à lui seul un spectacle digne de curiosité. Comment cet homme, aux prises tant de fois avec la mauvaise fortune, soutiendrait-il cette épreuve? le talent qu'il avait déployé pour d'autres, le retrouverait-il pour lui-même? cette âme jusque-là indomptable ne fléchirait-elle pas? cette fierté qui s'était soutenue ne se laisserait-elle pas aller à quelque faiblesse?... En un mot, le long drame de sa vie touchait au dénoûment. On l'attendait là ; on voulait savoir si la fin viendrait dignement le terminer.

L'accusé entre escorté de deux gendarmes ; sa taille

est de cinq pieds six pouces, sa chevelure noire et flottante sur ses épaules, son front large et sillonné de plis, empreinte ineffaçable des fortes émotions, des graves pensées. Ses yeux lancent des regards expressifs, ardents et sombres; son nez droit et long imprime à sa figure un caractère de distinction remarquable que n'altère même pas l'épaisseur de ses lèvres. L'ensemble de ses traits comme le mouvement de sa démarche annoncent la vigueur athlétique unie à la plus grande énergie morale. Il salue les juges et le public avec noblesse. Lorsqu'il est assis, après la lecture de l'acte d'accusation, le président lui adresse cette première question :

« L'inimitié la plus invétérée n'existait-elle pas depuis » longues années entre la maison des Viterbi et celle des » Frédiani?

» — Simon Viterbi, mon père, venait de parler, dans » la réunion de Vénazcola, en faveur des Frédiani... Un » de leurs chauds partisans, Serpentine, lui donna deux » coups de poignard.

» Mon père Simon revenait de la Porta d'Ampugnani » pour arrêter de légitimes poursuites contre les Frédiani; » des individus de leur faction le frappèrent encore, et » cette fois de mille coups. Ils l'enterrèrent au milieu » d'un taillis. Notre sang a donc coulé par la main des » Frédiani ou par celle des leurs... qu'importe? L'inimitié existe donc, je ne la nierai pas, je la déclare juste; » mais de l'inimitié au crime, si le soupçon est facile, » l'intervalle peut être immense.

» Le Président. — N'étiez-vous pas dans la maison

» d'où est parti le coup de feu qui a tué Donato Fré-
» diani?

» — Non.

» — Pourtant quatre témoins vous y ont vu.

» — Que répondre à des gens qui affirment l'impos-
» sible? à des aveugles qui soutiennent apercevoir la lu-
» mière?

» — Quel intérêt leur supposez-vous?

» — Ou celui de l'argent ou celui de leur parti; à au-
» cun d'eux celui de la vérité. »

Le reste de l'interrogatoire se continua sur ce ton. Les réponses furent nettes, précises, marquées au coin de la dignité et du courage. Il ne fléchit pas, ne s'emporta pas non plus; il ne montra ni trouble, ni embarras, ni colère. Plus de cent témoins déposèrent, et à chacun une réplique de quelques phrases tout au plus, souvent de deux ou trois mots incisifs, foudroyants. Il sembla sans cesse dominer les débats de toute la supériorité de son esprit, de toute la hauteur de son âme, de toute la conviction de son innocence. Pendant quinze jours entiers la lutte se soutint d'une part avec animosité, de l'autre avec modération. Le dernier jour il dit à ses juges :

« Ma mort est attendue, je le vois, non comme méri-
» tée, mais comme nécessaire. Ainsi que tant d'autres je
» périrai victime de cette sorte de haine qui ne pardonne
» jamais et de ces faiblesses intéressées qui n'hésitent
» pas à se vendre. On croit éteindre dans mon sang la
» cause d'une discorde fatale; on se trompe, je ne suis
» pas le dernier de ma race. A Dieu ne plaise que je lè-

» gue à qui que ce soit la vengeance ; mais pour n'être » pas transmise à titre d'héritage, elle n'en sera pas moins » acceptée, j'en frémis, accomplie peut-être comme de- » voir. Tu fus bien inspiré, ô mon fils ! et le ciel te pro- » tégeait visiblement lorsque tu séparas ta destinée de » celle de ton père ! Ton oncle est mort il y a peu de » jours ; je vais mourir... si tu n'avais pas pris la fuite, » il ne resterait plus un Viterbi ! Maintenant, messieurs, » prononcez comme il vous plaira sur ma vie ; plus tard » j'en disposerai. »

L'arrêt de mort le trouva calme et d'une sérénité inaltérable. Son parti était pris ; il se pourvut en cassation, non pour prolonger ses jours, mais pour les terminer dans l'ordre de ses desseins. Des amis lui offrirent du poison et un poignard ; il refusa, disant : « Merci, j'ai fait mon » choix. Le poison, en brûlant mes entrailles, m'enlève- » rait trop cruellement à moi-même par la douleur ; le » poignard, en faisant couler mon sang par une large » plaie, ne laisserait pas à mon âme le temps de se re- » cueillir et de se retirer lentement et pas à pas comme je » le désire. Vous saurez bientôt le moyen que je préfère ; » dès ce soir je commencerai. Je ne leur donnerai pas le » plaisir de ce qu'ils croient l'ignominie publique ; les » Frédiani ne verront ni rouler ma tête sur l'échafaud » ni mon sang le rougir... je tromperai leur espoir... je » ne deviendrai pas la matière de leur triomphe... l'exé- » cution sur laquelle ils comptent leur manquera. »

Comme Viterbi l'avait annoncé, dès le soir même il laissa sans y toucher la nourriture que le geôlier lui apporta, résolu de continuer les jours suivants. Comme il a tenu un journal exact et presque heure par heure de cette terrible épreuve et de sa longue agonie, nous allons le laisser parler lui-même.

JOURNAL COMMENCÉ LE 25 NOVEMBRE 1821.

« Le 25 novembre, à dix heures du matin, j'ai mangé » avec appétit et considérablement. A trois heures après » midi, j'ai pris onze gouttes d'une préparation narcotique. » Jusqu'à onze heures de la nuit, je suis resté éveillé, » mais parfaitement tranquille; une douce chaleur s'était » glissée dans mes veines, et toutes mes douleurs ont cessé. » Vers onze heures, je me suis endormi d'un profond » sommeil qui a duré jusqu'à une heure. Un des gardiens » m'a alors demandé si j'étais éveillé, et c'est avec beau- » coup de peine que je suis parvenu à lui répondre que » je l'étais.

» 26. — Je me suis endormi subitement et j'ai passé » quatre heures dans une léthargie complète. J'ai passé » la journée sans éprouver de malaise ; je me suis aperçu » que l'elixir narcotique cessait d'opérer. Le 26 s'est » terminé fort tranquillement; le soir venu, j'ai com- » mencé avec les gardiens de la prison et les soldats de » garde une conversation qui a duré jusqu'à minuit.

» 27. — Je me suis endormi vers une heure, et mon » sommeil s'est prolongé jusqu'à trois heures et demie. » A quatre heures un quart, je me suis endormi pendant » plus d'une heure. A mon réveil, je me suis trouvé plein

» de force et sans le moindre sentiment de malaise, si ce » n'est que ma bouche était un peu amère. Voici la fin » du second jour que j'ai passé sans manger ; je n'en res- » sens aucune incommodité et n'éprouve aucun besoin. »

Il y a ici une lacune ; la copie ne parle point des quatre jours écoulés entre le 27 novembre et le 2 décembre.

« 2 décembre. — Aujourd'hui, à trois heures, j'ai » mangé avec appétit et j'ai passé une nuit fort tran- » quille.

» 3. — Lundi, aucune espèce de nourriture; je ne » souffre pas de cette privation.

» 4. — Même abstinence: le jour et la nuit se sont » passés d'une manière qui eût donné du courage à qui- » conque ne serait pas dans ma situation.

» 5. — La nuit précédente, je n'ai point dormi, quoi- » que je n'éprouvasse aucune inquiétude physique ; mon » esprit seul était extrêmement agité. Dans la matinée, » il est devenu plus calme, et ce calme se soutient. Il est » maintenant deux heures après midi, et depuis trois jours » mon pouls ne manifeste aucun mouvement fébrile ; il » est un peu plus rapide, et ses pulsations sont plus fortes » et plus sourdes. Je ne sens aucune sorte de malaise ; » l'estomac et les intestins sont dans un repos parfait. » Ma tête est libre, mon imagination active et ardente, » ma vue extrêmement claire. Nulle envie de boire ou de » manger ; il est positif que je n'éprouve de velléité ni » pour l'un ni pour l'autre. — Dans une heure, trois » jours se seront écoulés depuis que je m'abstiens de » nourriture. — La bouche exempte d'amertume, l'ouïe

» très-fine, un sentiment de force dans tout l'individu.
» — Vers quatre heures et demie, j'ai fermé les yeux
» pendant quelques instants; mais un tremblement gé-
» néral m'a bientôt éveillé. — A cinq heures et demie
» environ, j'ai commencé à ressentir des douleurs vagues
» dans la partie gauche de la poitrine. Le pouls se dirige
» vers le coude en s'étendant comme un fil bien uni. —
» Après huit heures, j'ai dormi paisiblement pendant
» une heure. A mon réveil, le pouls était parfaitement
» calme. — Depuis environ neuf heures et demie jusqu'à
» onze, un doux et profond sommeil; faiblesse très-sen-
» sible dans le pouls, qui reste régulier et profond. Point
» d'autre altération. — A minuit, tranquillité absolue
» dans toute l'économie animale, particulièrement dans
» le pouls. — A une heure, la gorge aride, une soif ex-
» cessive. — A huit heures et demie, même sensation,
» excepté une légère douleur au cœur. Le pouls à gauche
» rend des oscillations autres que celles de droite, ce qui
» annonce le désordre produit par l'absence de nourri-
» ture.

» 6. — Pendant la première partie de cette journée,
» la raison et le courage m'ont abandonné; ma situation
» ne pouvait être plus déplorable. De tous les moyens
» sûrs qui pouvaient me conduire à mon but, celui que
» j'ai pris est le seul qui fût à ma disposition. Chaque
» rapport, chaque mot flattait mon imagination. Le mé-
» decin m'a conseillé de manger, m'assurant que l'absti-
» nence à laquelle je m'obstinais prolongerait mon exis-
» tence de quinze jours. La trop grande délicatesse de

» l'avocat Marie est la cause des souffrances que j'endure.
» Je me suis déterminé à remplir mon estomac, dans l'es-
» pérance qu'un excès produirait l'effet désiré. Il m'a pro-
» duit l'effet contraire, et la diarrhée s'est arrêtée ; en un
» mot, j'ai été malheureux en tout. Point de fièvre, et
» cependant depuis quatre jours entiers je n'ai ni bu ni
» mangé. Je mérite la pitié, la compassion, et non des
» reproches. J'ai commencé avec la fermeté d'un Caton ;
» elle ne se démentira point. Je supporte une soif, une
» faim dévorantes, avec un courage à toute épreuve et
» une constance inexorable. — A dix heures, le pouls est
» faible et régulier, ma tête commence à se troubler. —
» A minuit précis, le pouls droit est devenu sensiblement
» intermittent, et cette intermittence était encore plus
» marquée et plus distincte à gauche. — A trois heures,
» le pouls, extrêmement faible, a cessé d'être intermit-
» tent ; la vue est vacillante. — A quatre, le pouls est
» de nouveau intermittent et la tête un peu confuse. —
» A six, l'intermittence du pouls disparaît ; il est plus
» fort et régulier. — A neuf, prostration des forces ; le
» pouls assez régulier ; la bouche sèche. Le pouls a éprouvé
» de singulières variations ; en ce moment il est faible et
» régulier. La bouche et le gosier desséchés ; sommeil
» d'une demi-heure environ.

» 7. — Depuis six heures et demie, j'ai dormi tran-
» quillement pendant plus de quatre heures. Des vertiges
» au réveil, une soif brûlante, le pouls dans une grande
» agitation. — A neuf heures, le pouls resté calme de-
» vient convulsif, avec des intermittences des deux côtés ;

» celles de droite sont plus lentes; la soif diminue. —
» A midi, plus régulier. — A deux heures, soif ardente;
» le pouls faible, mais sans mouvement fébrile. — A
» quatre, intermittences sensibles à l'un et l'autre pouls.
» — A six heures, le pouls extrêmement calme. Grande
» soif depuis douze heures, la bouche amère, le pouls
» tranquille. Repos dans tout le reste du corps.

» 8. — A quatre heures du matin, soif brûlante, calme
» et régularité dans les autres parties du corps; sommeil
» paisible de quelques heures. — A huit, nouveau som-
» meil de deux heures et fort tranquille; la bouche ex-
» trêmement desséchée, la gorge brûlante, la langue si
» desséchée, qu'à peine puis-je parler. — A onze heures,
» pouls intermittent. — A midi, tranquillité parfaite,
» soif ardente et continuelle. — A quatre heures, par
» intervalles sommeil paisible et léger d'une demi-heure
» et plus. Au réveil, vertiges de deux minutes; calme et
» régularité dans le pouls; toujours la même soif; repos
» complet de toute l'organisation; diminution des forces.
» — A huit heures du soir, pouls vigoureux, intermittent
» à chaque troisième pulsation; tranquillité générale;
» même soif. »

Ici finit la partie de ce journal écrite de la main de Viterbi; mais le reste a été dicté, approuvé et signé par lui.

« A dix heures, l'intermittence du pouls continue de
» trois en trois battements, et les vibrations sont très-ra-
» pides. — A minuit, une heure de sommeil, suivie d'un
» vertige effrayant; le pouls intermittent et désordonné;

» soif brûlante ; faiblesse générale, particulièrement pen-
» dant la nuit.

» 9. — A trois heures, depuis minuit une heure de
» repos, après laquelle de légers vertiges, accompagnés
» des symptômes ci-dessus mentionnés. — A six, une
» heure de sommeil, suivie des mêmes symptômes. —
» A dix heures, depuis sept heures le pouls n'a point eu
» de mouvements fébriles ni d'intermittence ; faiblesse
» extrême dans la pulsation ; soif brûlante. — A trois
» heures après midi, une demi-heure d'un bon sommeil,
» à la fin duquel le pouls est intermittent ; des vertiges,
» une soif ardente et continuelle. Ensuite la tête est
» tranquille, l'estomac et les intestins sans aucune agita-
» tion ; pulsation régulière. — Entre midi et deux heu-
» res, les oreilles, les mains et le nez froids ; à présent
» ces parties sont réchauffées. — A huit heures, le pouls
» fort et régulier, la tête libre, l'estomac et les entrailles
» en bon état ; la vue claire, l'oreille bonne ; une soif ter-
» rible ; le corps plein de vigueur. La seule crainte de
» l'ignominie, et non celle de la mort, m'a fait prendre
» l'extraordinaire mais irrévocable résolution que j'exé-
» cute au prix des plus horribles souffrances et d'une ef-
» froyable agonie. Mon courage et mon innocence me
» donneront la force de les supporter jusqu'au bout. Je
» pardonne à ceux de mes juges qui m'ont condamné
» d'après leur conviction ; mais je lègue à mes derniers
» descendants une haine éternelle, implacable, contre
» l'infâme, l'exécrable, le sanguinaire B...., contre ce
» misérable qui, n'écoutant que ses animosités person-

» nelles et poussé par le seul esprit de la vengeance, a » consommé le sacrifice de toute ma famille innocente et » respectable. — Les mêmes symptômes continuent; le » pouls est tranquille et la soif ardente.

» 10. — Huit heures du matin; pouls régulier; soif » ardente jusqu'à six heures, mais qui a considérablement » diminué de six à huit. Deux heures d'un sommeil pai- » sible à deux intervalles différents; légers vertiges en » m'éveillant; le pouls est très-faible, mais régulier. — » S'il est vrai qu'autre part nous conservions le souve- » nir des personnes d'ici-bas, j'aurai toujours présent » celui du vénérable conseiller Abattuci. Puissent toutes » les faveurs de la fortune et du ciel pleuvoir sur lui » et sa postérité! Ce vœu jaillit d'un cœur pénétré de » la reconnaissance la plus sincère. — A midi, la tête » libre, l'estomac et les entrailles en bon état; la vue » claire, l'oreille bonne. La régularité du pouls se main- » tient; la soif reprend toute sa force. Je continue à pren- » dre du tabac avec plaisir; je ne sens aucun désir de » manger. — A dix heures, soif continuelle et toujours » plus ardente; pouls régulier, quoique un peu accéléré. » Une forte envie de manger m'a pris à plusieurs reprises » dans l'après-midi; je n'ai ressenti d'ailleurs ni trouble » ni douleur dans aucune partie du corps.

» 11. — Six heures du matin; depuis dix heures du » soir, le pouls a été régulier, mais ses pulsations vio- » lentes. — Avant minuit, envie de manger; soif inex- » tinguible; sommeil tranquille pendant une heure. A » mon réveil, après minuit, j'ai trouvé mon pouls diminué

» de force, mais conservant la même régularité. Dans la » matinée, un bon sommeil; la soif la plus intolérable. » Le pouls, extrêmement faible, annonce que ma fin ap- » proche. — J'ai conçu et exécuté le projet le plus étrange » peut-être qui jamais soit entré dans la tête d'un homme; » je l'exécute au milieu de souffrances terribles, inouïes, » pour soustraire mes parents et mes amis à l'opprobre » et au déshonneur, pour enlever à mes ennemis la satis- » faction de voir tomber ma tête sous la hache du bour- » reau, et pour montrer à celui qui fut mon atroce, mon » unique et détestable assassin, quels sont l'âme et le ca- » ractère d'un véritable Corse. Lorsqu'il apprendra la » manière dont j'ai voulu mourir, qu'il tremble qu'un » émule de mon courage n'entreprenne de venger l'inno- » cente victime de ses infâmes machinations. — Deux » heures après midi; mon extrême faiblesse a diminué » depuis une heure; le pouls a repris toute sa vigueur et » conservé jusqu'à ce moment une régularité qui m'a- » larme. Mon corps tout entier n'éprouve aucun déran- » gement, aucune altération; mais je m'aperçois d'un » affaiblissement sensible. — A six heures; mes facultés » intellectuelles ont maintenant toute l'énergie accoutu- » mée; la soif est brûlante, mais tolérable. La faim a » cessé tout à fait. Mes forces physiques décroissent sen- » siblement; le pouls est faible et régulier, la vue claire; » l'estomac et les intestins ne me causent aucun malaise. » — A dix heures; pouls faible et régulier; soif horri- » ble; nul désir de manger. Tout le reste de l'organisa- » tion, soit physique, soit morale, est dans un état qui

» n'annonce ni dérangement ni déclin. — *Deus, in no-» mine tuo salvum fac me, et in virtute tua libera me.* » Mon Dieu, que ton nom soit mon salut et ta force mon » refuge. — Ce peu de mots latins renferme tous mes » principes religieux et dans toute leur étendue. Depuis » ma dix-septième année, j'ai toujours cru en Dieu rému-» nérateur et vengeur ; cette croyance m'a toujours sou-» tenu dans mes épreuves.

» 12. — Je me suis levé dans la matinée. Depuis dix » heures du soir jusqu'à une heure, point de changement » ni d'altération ; sommeil léthargique de quatre heures » et demie. Au réveil, les mouvements du pouls et l'é-» tat de tout l'individu ne présentaient que des présages » mortels, et tous mes sens étaient dans une prostration » complète. Cette situation a duré plus d'une heure. — » A six heures et demie je me suis ranimé. En ce mo-» ment le pouls est faible et tout à fait régulier, et la » soif un peu abattue. — A six heures, le pouls un peu » faible et moins régulier. Nulle envie de manger, mais » la soif plus ardente. Les facultés intellectuelles sans au-» cune altération ; point d'assoupissement, énergie dans » toutes les parties du corps. — A six heures du soir, » soif prodigieuse, pouls très-faible et régulier. Pendant » plusieurs heures, cessation au cœur du mouvement de » systole et de diastole ; insomnie constante ; langueur uni-» verselle, extrême fatigue et incapacité de supporter la » lumière.

» 13. — A dix heures du matin ; à minuit le pouls est » devenu extrêmement faible et intermittent ; la soif est

» très-forte ; prostration générale des forces. — Dans » cette crise, la raison m'a abandonné, et par un mouvement machinal, j'ai saisi la cruche à l'eau et j'ai bu à » grands traits. Le froid s'en est augmenté dans toutes » les parties ; un instant après, les mains, les pieds, le nez » et les oreilles sont devenus glacés. Le pouls alors a » cessé de battre ; tous les symptômes étaient mortels. » Le médecin était arrivé une heure auparavant. Pendant » les mouvements convulsifs où je ne conservais plus l'usage de ma raison, il m'a demandé si je désirais quelque chose et m'a proposé un peu de vin. Quatre ou » cinq cuillerées qu'il m'a données m'ont rendu les forces » et la vie. J'ai bu ensuite, pour la seconde fois, une » grande quantité d'eau froide. Maintenant je me trouve » à peu près dans le même état où j'étais hier matin ; » mais la soif est beaucoup moins violente et je puis la » supporter sans grande difficulté. — A deux heures, la » soif tolérable, le pouls régulier, mais faible ; nul malaise remarquable dans aucune partie du corps ; point » d'envie de manger ; le battement du cœur entièrement » arrêté. — A six heures, le cœur dans le même état ; » pouls faible et lent ; la soif n'est point absolument insupportable ; même indifférence pour la nourriture. La » tête saine ; la vue perçante ; les facultés intellectuelles » sans altérations quelconques. — Dix heures du soir ; à » dix heures et demie, un sommeil fort paisible ; j'ai ressenti un léger refroidissement par tout le corps ; le pouls » a cessé ou s'est trouvé presque imperceptible ; soif tolérable ; facultés intellectuelles dans leur état naturel et

» nullement diminuées. Le froid continue, quoique lé-
» ger, et s'étend sur tous les membres ; les pieds chauds,
» les oreilles et le nez froids.

» 14. — A une heure, après les convulsions décrites
» ci-dessus, trois heures d'un profond sommeil avec des
» songes, non pas tels que les enfante une imagination
» triste ou délirante, mais agréables et paisibles. Au ré-
» veil, une soif brûlante ; les deux pouls très-faibles ; le
» mouvement du cœur presque nul ; les facultés mentales
» parfaites ; la force physique un peu plus atténuée que le
» jour précédent. — A sept heures du soir, depuis une
» heure après midi la soif s'est augmentée outre mesure ;
» les battements du pouls sont tantôt forts, tantôt très-
» faibles, mais toujours réguliers ; les mouvements du
» cœur ont cessé entièrement ; les facultés morales et phy-
» siques sont dans un aussi bon état que mon affaiblisse-
» ment le permet.

» Tout le monde m'abandonne ; mais je conserverai jus-
» qu'au bout le plus précieux de mes biens, mon courage.

» Lundi soir. — Le 10 de ce mois, je fus tourmenté
» d'une soif si violente, qu'ayant empli ma bouche d'eau,
» je ne pus résister et je fus obligé de l'avaler. Dans la
» crise du 12, je bus un verre d'eau de plus, en présence
» du médecin, et le 13, dans une crise semblable, un
» peu plus d'un demi-verre ; le tout ne se monte pas à
» plus d'une demi-pinte, et cela dans l'espace de douze
» jours et demi. — A dix heures du soir, la soif intolé-
» rable, ainsi qu'elle a été pendant toute la journée ; les
» pulsations fébriles ; chaleur par tout le corps ; symptômes

» de convulsions semblables à celles des deux nuits précé-
» dentes. — Depuis le 2 décembre, je suis privé de toute
» consolation. Point de nouvelles de ma famille; on a dé-
» fendu à mes amis, dans la ville, d'approcher de ma
» prison. Sept soldats inexorables sont postés dans la
» petite chambre où je suis confiné; ils épient, d'un re-
» gard inquisitorial, mes plus légers mouvements, tous
» mes gestes, toutes mes paroles; précautions plus di-
» gnes d'un pacha de Saint-Jean-d'Acre que d'un gou-
» verneur français qui se pique d'humanité. Ils vou-
» draient empêcher ma mort, mais j'ai l'espérance et la
» confiance de rendre inutiles, de faire avorter tous les
» efforts, tous les moyens et toutes les mesures employés
» à cet effet.

» 15. — Depuis dix heures du soir jusqu'à trois heu-
» res du matin, le pouls faible; chaleur fébrile par tout
» le corps; soif extrême; jusqu'à six heures, sommeil
» paisible; faiblesse et défaillance pendant une demi-
» heure; à six heures et demie, j'ai recouvré mes sens;
» point de pulsations jusqu'à sept; depuis sept jusqu'à
» minuit, pouls extrêmement faible et bas.

» 16. — Depuis la dixième jusqu'à la quatrième heure,
» soif ardente; calme sous tous les autres rapports. De-
» puis quatre heures, le pouls agité, accompagné d'une
» chaleur fébrile. A une heure du matin, sommeil pai-
» sible; à deux, absence du pouls; à trois, il recommence
» à marquer, mais il est extrêmement faible. Il est près
» de sept heures, et telle est ma faiblesse que j'espère tou-
» cher à la fin de ma vie et de mes souffrances.

» 17. — A dix heures; toute la journée d'hier fut » tranquille; la soif supportable; le pouls régulier; la vue » claire; la tête dégagée; l'estomac dans une quiétude » parfaite. Aujourd'hui je me trouve dans le même état, » sauf que j'ai le pouls excessivement faible. Je meurs » après une vie pure et innocente, et je la vois s'éteindre » avec autant de tranquillité que Socrate, Sénèque et » Pétrone.

» 18. — A onze heures, j'arrive au terme de mon » existence avec la sérénité du juste. La faim ne me tour- » mente plus, la soif a entièrement cessé; l'estomac et les » intestins son tranquilles; la tête sans nuages; la vue » claire. En un mot, un calme universel règne, non- » seulement dans mon cœur et dans ma conscience, mais » encore dans toute mon organisation. Le peu de moments » qui me restent s'écoulent tout doucement comme l'eau » d'un petit ruisseau à travers une belle et délicieuse prai- » rie. La lampe va s'éteindre faute d'huile.....

» Signé, ANTONIO VITERBI. »

Ici se termine le journal; Viterbi ne mourut cependant que le 20. A l'instant d'expirer, il s'allongea sur son lit en disant : « Je suis préparé à quitter ce monde, » et rendit le dernier soupir.

Ainsi se vérifia le triste pressentiment de son frère au lit de mort.

Il avait désiré être enterré solennellement à Penta. Sa mort n'eut pas été plus tôt annoncé, que six cents paysans environ se mirent en route pour venir chercher son corps à Bastia. Ils apprirent en chemin qu'on l'y avait inhumé dans de la chaux vive, par ordre de l'autorité, et qu'une brigade était chargée de garder sa tombe. Une centaine d'entre eux poussèrent jusqu'à la ville, pour constater le fait et enlever le corps s'il était possible. La mort extraordinaire de Viterbi fit une grande sensation à Bastia. Son glas fut sonné dans toutes les églises, et les confréries, avant qu'elles connussent les ordres du général, se préparaient à accompagner ses restes jusqu'au pont de Bivinco.

—

# LE MASQUE DE POIX.

Aux environs de Grenoble, sur une colline qui domine la campagne, s'élevait une maison dont le modèle semblait emprunté à quelque délicieuse villa d'Italie. De la terrasse la vue s'étendait jusqu'aux montagnes, et chaque soir, au mois de septembre 1757, une jeune personne venait s'y promener en compagnie d'une femme beaucoup plus âgée.

« N'est-ce pas, ma bonne, disait la première, mon » père a bien eu raison de laisser ce ciel brûlant, ce cli- » mat malsain de la Guadeloupe et de venir ici fixer sa » demeure ?

» — Peut-être.

» — Comment donc ! où trouver un aspect plus ma- » gnifique et surtout un air plus pur ?

» — Les vieux arbres ne se transplantent pas, ils dé- » périssent bientôt sur le sol étranger.

» — Mais mon père est né en France, dans le Dau- » phiné même.

» — Oui, mais depuis trente ans il a habité les îles, » et la véritable patrie est bien plus où l'on a vécu par » choix que là où le hasard nous fait naître.

» — Vous redoutez donc pour sa poitrine cet air que » la mienne respire avec tant de bonheur et qui la for- » tifie chaque jour ?

» — Chère Julie, n'avez-vous pas remarqué sa toux » sèche et fréquente, ses yeux brillants, sa maigreur et » un dépérissement visible?... L'automne approche, et... »

La présence de M. Nodler (c'était le père de Julie) interrompit leur conversation. Il s'avançait à pas lents, appuyé sur une canne, ce qui jusque-là n'avait pas été son habitude. Elles allèrent à sa rencontre.

« — J'ai quelques explications particulières à vous » demander au sujet de certains payements, madame » Duplan ; asseyons-nous tous les deux sur ce banc. » Dès que sa fille se fut éloignée, il débuta ainsi.

« — Le ciel est-il bien juste ? il me punit de revoir » ma patrie. A peine en mer, une épouse chérie expire » dans mes bras. A peine sur le continent, je me sens à » la veille d'expirer dans les vôtres... » Madame Duplan allait l'interrompre et le regardait d'un air de surprise qui semblait protester contre cette confidence imprévue. De la main il lui fit signe de se taire et poursuivit.

« — Écoutez-moi jusqu'au bout. Les heures me sont » comptées, je le sens à ma poitrine déchirée et toute en » feu. Le temps presse. Cet entretien est des plus graves. » Il ne s'agit pas de moi, mais de mon enfant. A qui le » laisser? Je ne connais presque personne. Il me reste

» ici-bas un ami et un parent. L'un est le vieux Sinclair, » qui, après avoir fait fortune comme moi en Amérique, » s'est retiré à Valence. Mais il est si bourru, d'une » écorce si grossière, d'un ton si impérieux; il traiterait » ma fille comme une négresse. L'autre est mon propre » frère, l'ancien conseiller au parlement de Bretagne, établi » près de Montélimart. La place qu'il a occupée suppose » des lumières, l'expérience des affaires et du monde. Il » en faut pour conduire une jeune personne et adminis- » trer des biens considérables. Mais nous sommes brouillés » depuis notre jeunesse. Mes parents me sacrifièrent à » lui. Il fut cause que je m'expatriai. » Là se fit une pause et comme un retour pénible sur le passé.

« — Connaît-il votre arrivée? dit madame Duplan.

» — Par le bruit public, je le pense, non par moi, et » il accuse sans doute ma fierté. Il est assez pauvre; je » suis riche, c'était à moi de commencer. J'ai eu tort; je » le réparerai, et ce soir même. Se réconcilier avant de » mourir est un devoir sacré. »

Le soir venu il écrivit :

« Mon cher frère,

» Presque toute ma vie s'est écoulée loin de vous; ou- » blions le motif de cette longue et triste séparation. Je » désire passer à vos côtés le peu de jours qui me res- » tent. Au lieu de vous inviter à venir je serais allé, si » mes forces me l'eussent permis. Arrivez donc, je vous » tends les bras, impatient de me trouver dans les » vôtres. Votre frère affectionné,

» Henri Nodler. »

Celui auquel fut envoyée cette lettre s'appelait Thomas Nodler. Aîné des deux enfants dont se composait la famille de ce nom, il avait été l'objet d'une prédilection marquée. Aucun sacrifice n'avait coûté pour le faire entrer dans la magistrature. Froid et appliqué en apparence, il acquit d'abord la réputation d'un homme austère et grave; mais ce qu'il y avait de sombre, d'envieux, de dissimulé dans ce caractère, se dévoila bientôt. Certains écrits anonymes contre deux des membres les plus respectables du parlement de Bretagne lui furent attribués. Les preuves manquèrent à une accusation en règle, les indices suffirent à la conviction morale de chacun de ses collègues. Il devint un objet de défiance, aucune humiliation ne lui fut épargnée, et si la justice ne put l'atteindre, les désagréments infinis qu'elle multiplia autour de lui le forcèrent de se frapper. Il ne fut pas chassé, il s'exclut lui-même. Agé de quarante ans tout au plus, il avait un fils de vingt ans et une fille de seize. Son aisance était médiocre et sa vie renfermée dans l'enceinte d'un petit domaine qu'il faisait valoir.

Après avoir lu la lettre de son frère Henri, il appela son fils pour la lui communiquer.

« Tiens! voilà ton oncle qui, après trente ans, se sou- » vient qu'il a un frère et improvise de la tendresse. » Faut-il y croire? Je suis tenté de lui répondre qu'à l'âge » où nous sommes, nous pouvons bien finir comme nous » avons commencé.

» — Ce serait là, dit le fils, une rupture violente et » qui vous ferait accuser de mauvais cœur. Notre oncle

» est riche, il paraît fort malade, sa lettre est d'un bon » homme; peut-être il nous veut du bien. Que risquez- » vous de vous rendre à son invitation? A votre place, je » partirais moi-même sur-le-champ et j'irais porter la ré- » ponse. »

Après ces observations simples et naturelles, le père eut l'air de réfléchir un moment. L'intérêt l'emporta vite sur l'amour-propre froissé autrefois et sur de vieilles répugnances. Il suivit le conseil de son fils.

M. Henri Nodler avait eu raison de se hâter et de céder à ses pressentiments secrets. Une fièvre ardente s'était déclarée, et à son arrivée son frère le trouva au lit. L'entrevue fut affectueuse, cordialement d'un côté, hypocritement de l'autre. Henri versa des larmes, Thomas eut l'air d'essuyer les siennes.

« Nous ne nous quitterons plus, je l'espère, dit le premier; car si tu t'éloignais, je n'aurais guère de chance » de te revoir, tant les progrès de mon mal sont rapides. » Dans une heure, quand je serai remis de mon émotion, » je te ferai part de mes projets. »

Pendant que M. Thomas allait visiter le vaste et beau domaine, si différent du sien, son frère fit venir madame Duplan.

« Plus de doute, lui dit-il, l'heure ne tardera pas à » sonner; j'ai supplié le médecin de me dire la vérité, il » ne me l'a pas cachée. Appellerai-je simplement le notaire, ou bien n'aurons-nous pas avant une réunion de » famille, la première et la dernière sans doute? Il y au- » rait là quelque chose de plus doux et de plus religieux.

» Les phrases d'un testament sont si froides ! je doutais » un peu de mon courage ; je craignais l'extrême sensibi- » lité de Julie. »

Les yeux de madame Duplan se mouillaient de pleurs. « Ne commencez pas déjà, reprit-il ; ayez de la fermeté » pour m'en donner, ou vous me feriez revenir à ma triste » idée de mourir seul et silencieusement. Faites-les tous » venir. »

Quelques instants après se réunirent dans sa chambre, sa fille, son frère, madame Duplan, un vieux nègre et deux servantes mulâtresses. Chacun était dans le recueillement le plus profond. Julie, la poitrine oppressée de sanglots, se tenait au pied du lit, n'osant lever les yeux sur son père. Lui s'était mis sur son séant, et d'une voix à laquelle la fièvre donnait un accent animé :

« La famille n'est pas complète, mon neveu et ma » nièce manquent ; il est trop tard pour les faire venir, je » ne les connaîtrai donc pas... Julie, je vais te quitter et je » te lègue à ton oncle ; quand tu n'auras plus de père, il » t'en servira. Thomas acceptes-tu? » Celui-ci feignit de suffoquer de douleur, porta son mouchoir à son visage, sembla consentir de la tête, et un oui mal articulé s'échappa à travers des sanglots mensongers.

« Ta douleur parle assez haut, continua Henri ; ma » fille sera donc la tienne ; je te remercie, je puis partir » maintenant. » Il s'adressa de nouveau à Julie. « Quitte » ta place, mon enfant ; va auprès de ton oncle, que je » vous voie dans les bras l'un de l'autre. » Julie obéit, et de perfides étreintes l'enlacèrent. Il leur fit signe d'approcher. Quand ils furent au bord du lit, d'une main il prit celle de son frère ; l'autre, il l'étendit sur la tête de sa fille. « Toi, Thomas, je te remercie encore ! toi, Julie, » je te bénis. Thomas, tu as un enfant de plus ; Julie, » tu n'auras pas tout à fait perdu ton père. »

Il adressa quelques mots affectueux à madame Duplan, honorée de sa confiance pendant trente années, et à ses serviteurs, sur le dévouement desquels il n'avait jamais compté en vain.

Priant ensuite tout le monde de sortir, il profita d'un reste de force pour dicter ses volontés au notaire. Il nommait son frère exécuteur testamentaire et tuteur de sa fille, lui léguait deux mille livres de rentes viagères, vingt mille francs une fois payés à son neveu et autant à sa nièce. Les autres personnes étaient traitées chacune d'après ses services.

Cette scène touchante, cette force factice dont il s'était inspiré pour l'éternel adieu, lui avaient causé un excès de fatigue. Il retomba dans l'abattement, dans le sommeil, et vers trois heures du matin on le vit s'éteindre par degré, sans donner le moindre signe d'agitation. L'avenir de sa fille assuré une fois, il avait trouvé le repos.

Deux ou trois jours après les funérailles, le tuteur dit à sa pupille :

« Ces lieux si beaux ne respireront plus pour long- » temps que la tristesse ; hâtons-nous de gagner ma de- » meure ; elle est simple, modeste, mais les consolations » n'y manqueront pas. » Ils partirent, laissant le soin des affaires à madame Duplan, et n'emmenèrent que la plus jeune des mulâtresses pour lui servir de femme de chambre.

Julie, dont nous n'avons pas encore donné le portrait, avait dans sa figure toute la régularité d'une beauté grecque, avec ce sourire gracieux, ce regard long et doux, ce charme inexprimable de la plupart des créoles. Sa taille élancée, sa démarche légère, l'avaient toujours fait distinguer parmi les jeunes personnes de son âge. Son esprit avait de la vivacité, mais son caractère manquait de résolution. Elle était surtout d'une timidité extrême, et quand le soir était venu, tremblait au moindre frémissement du feuillage agité par le vent. Quel contraste entre cette jeune fille, dans laquelle n'apparaissait rien que de vrai, de naturel, de séduisant, et l'air gauche, maniéré de sa cousine, l'extérieur froid, réservé de son cousin, dont les yeux assez farouches lançaient d'obliques regards, et qui cependant n'était pas dépourvu de bonté! L'accord entre eux régna en apparence, l'intimité jamais.

Quatre années se passèrent, durant lesquelles le tuteur prit un soin très-actif de l'administration des biens de sa pupille; il loua les terres à des fermiers inintelligents, fit le placement des capitaux chez des banquiers qui tombèrent en faillite, et se compromit assez pour être embarrassé dans la reddition de ses comptes, dont le moment approchait; Julie touchait à sa vingtième année; il voyait avec effroi sa majorité s'avancer.

« Gustave, dit-il un jour à son fils, as-tu jamais songé
» à l'âge de ta cousine et au tien? Elle est belle et tu ne
» lui as pas adressé, j'en suis sûr, le moindre des hom-

» mages. Elle est riche, et ta négligence laisserait passer » bien à tort cette fortune entre les mains d'un autre. J'ai » entretenu à dessein la solitude autour d'elle, mais tu » me secondes fort mal ; ta mollesse nous perdra tous les » deux ; ma fortune ne suffira pas au payement de nos » comptes de tutelle; après ma ruine il ne sera plus temps » de songer au mariage.

» — Julie n'aime personne, répondit Gustave. Par» fois j'ai essayé quelques mots affectueux, elle les a re» poussés avec le sourire de la moquerie ou du dédain.

» — Tu n'auras pas su t'y prendre ; je lui parlerai pour » toi au premier jour. »

Tous les deux étaient dans l'erreur quand ils s'imaginaient que le cœur de Julie était encore indifférent.

Un incident inattendu lui avait révélé un sentiment qu'elle avait ignoré jusque-là. A huit lieues de leur demeure habitait le jeune comte de la Caza, d'origine piémontaise. Chasseur infatigable, un jour, égaré par son ardeur, il s'était laissé emporter au delà de ses excursions accoutumées et avait poussé jusqu'à une promenade de tilleuls, où d'ordinaire Julie faisait ses lectures. Il s'était approché d'elle, était descendu de cheval et lui avait demandé son chemin, qu'elle ne connaissait pas ; ce fut pour eux l'occasion d'échanger quelques paroles insignifiantes, et en même temps des regards qui ne furent point oubliés. Un paysan occupé au champ voisin fut ensuite interrogé; il lui eut bientôt appris sa route et donné quelques détails sur Julie et la famille à qui elle appartenait.

De retour chez lui, le jeune comte, déjà épris de Julie,

fit déguiser en paysan l'un de ses domestiques les plus adroits, et l'envoya, avec des instructions précises, à la recherche des renseignements qu'il souhaitait. Ils ne furent pas très-faciles à obtenir, et le messager ne sut la vérité qu'après plusieurs voyages, et être allé jusqu'à la villa, où madame Duplan, le nègre et les voisins lui donnèrent tous les détails qu'il désirait. Le comte eut alors la certitude que la fortune de Julie égalait sa beauté. Il reçut aussi de Montélimart des renseignements sur M. Nodler, et sur la cause qui l'avait confiné dans ce coin de terre des détails qui redoublèrent son intérêt pour Julie. Il ne vit pas là une simple rencontre comme il s'en fait tant; il se regarda comme un envoyé de la Providence pour secourir une pupille sur laquelle le tuteur ne pouvait avoir que de mauvais desseins.

Après avoir tout conté à sa mère, il lui demanda conseil.

« Je ne l'ai vue qu'une fois, lui dit-il, et j'éprouve
» pour elle une vive passion! Si je faisais une démarche
» auprès de son tuteur?

» — Mais, répondit la mère, d'après votre récit, il
» la garderait pour son fils.

» — Eh bien! je l'enlèverai.

» — L'enlever? répliqua la comtesse en souriant; si
» par hasard elle ne voulait pas de vous? informez-vous
» d'abord si vous êtes aimé.

» — Alors je vais écrire à Julie.

» — Écrivez donc au plus tôt; mais évitez de vous
» montrer, de peur d'éveiller les soupçons. »

Le même domestique fut de nouveau remis en campagne avec la lettre et la recommandation expresse de la remettre en secret à Julie.

Jacques, cet adroit confident, avait étudié les habitudes de celle qu'il était chargé d'aborder ; il connaissait ses heures de lecture et de promenade, il avait même quelquefois passé assez près d'elle et en avait été remarqué, toujours avec le même déguisement de paysan. Ce n'était donc plus un visage nouveau. Sous le prétexte de demander du travail, il fut à elle un après-midi. Comme il balbutiait quelques mots, elle l'encouragea à s'expliquer.

« Avez-vous donc autre chose à me dire?

» — Non, répondit-il, mais à vous donner. » Et il tira de sa poche le petit billet.

« — Sans doute quelqu'un qui s'intéresse à vous?

» — Non, pas à moi seul, je l'imagine.

» — De qui est cette lettre enfin?

» — D'un jeune seigneur qui habite assez loin d'ici, » qui s'est égaré une fois à la chasse, et qui vous a vue et » vous a demandé son chemin. »

Elle rougit, hésitant à garder la lettre; elle jetait les yeux autour d'elle pour voir si personne ne l'examinait. Observateur délié, Jacques devina sa pensée; reculant de quelques pas :

« — La réponse n'est point pressée, je la reprendrai » une autre fois, vous pouvez lire à loisir. » Et il disparut.

Quelque vive que fût la curiosité de Julie, sa prudence l'emporta ; elle attendit l'heure où, retirée dans sa chambre, elle retrouverait une entière liberté. Le moment venu, sa main empressée et tremblante brisa enfin le cachet, et elle lut :

« Mademoiselle,

» Je vous ai vue, je vous ai parlé une seule fois, et vous
» êtes toujours présente à ma pensée. Je sais quelle est
» la vie de Julie Nodler, quels sont les malheurs dont elle
» est menacée. La mort d'un père chéri, sa confiance dans
» un frère presque inconnu de lui, ses actes de tutelle
» suspects, son ambition voilée sous les dehors de l'atta-
» chement, le projet de sacrifier à tout prix l'avenir d'une
» pupille à celui d'un fils, rien n'a échappé à mes recher-
» ches ; l'indiscrétion ne les a pas provoquées ; un autre
» sentiment me guide, et dussiez-vous ne jamais le par-
» tager, votre intérêt vous presse de connaître la vérité.
» J'attends votre permission pour vous l'apprendre. De sa
» révélation dépend votre avenir. Ce qui s'est déjà fait à
» votre insu est fatal à votre fortune ; ce qui se prépare
» dans l'ombre le deviendrait à votre repos. Souffrez
» seulement qu'on vous ouvre les yeux. Un mot de ré-
» ponse, et je vais tout vous révéler. »

Cette lettre porta l'effroi dans l'âme de Julie, elle exalta son imagination. Jamais elle n'avait songé à ses biens ni à leur bonne ou mauvaise gestion ; mais sa tranquillité paraissait menacée, et ce ne pouvait être que par ceux qui l'environnaient. Ses pensées se recueillirent ; elle réfléchit sur sa solitude, sur le mystère de certains entretiens pour lesquels on s'était défié d'elle, sur les paroles doucereuses et parfois significatives de son cousin.

Le projet de l'enchaîner par une union indissoluble à lui, à sa famille, lui apparut avec ses conséquences qui la firent frémir. Elle se rappela le jeune cavalier qui, sans la connaître, s'offrait de l'éclairer; elle le regarda comme un envoyé de la Providence, qu'elle remerçia de ce bienfait; et se hâtant de lui répondre, elle écrivit ces mots :

« Monsieur,

» Je ne cherche pas à vos démarches d'autre motif » que celui de me préserver des périls auxquels vous me » supposez exposée. Je ne les connais pas tous comme » vous, mais j'en soupçonne un qui suffit seul pour m'ef» frayer ; s'il devenait plus pressant, je n'hésiterais pas, » dans l'isolement où je suis, sans personne au monde » en qui me confier, à solliciter des conseils que le ciel » m'adresse par votre organe. En attendant, il me serait » utile, je pense, de connaître les détails dont vous me » parlez et que vous vous êtes borné à m'annoncer en » termes généraux et un peu trop vagues. Veuillez vous » expliquer, et agréez, monsieur, l'expression de ma » reconnaissance.

» Julie N.... »

Dans sa promenade accoutumée du lendemain, elle rencontra le prétendu paysan, fidèle à sa parole, et lui donna son billet. Il demeura plus de huit jours sans réponse, et ce silence inquiéta d'autant plus Julie, qu'il se passa dans l'intervalle une scène sérieuse qui semblait vérifier une partie des allégations du comte et leur donna une importance, un caractère de véracité convaincante.

Lorsque Gustave s'était plaint à son père de l'indifférence de Julie, ce dernier avait répondu, on se le rappelle : « Je lui parlerai. » Un soir, en effet, il invite sa nièce à venir dans son cabinet ; Julie s'y rend toute émue, incertaine du sujet qu'il allait traiter. Du ton le plus adouci et d'un regard dont elle n'avait jamais remarqué l'expression, il lui dit :

« Tu n'as pas oublié, mon enfant, la promesse que » nous avons faite l'un et l'autre à ton père mourant ; » nous lui avons juré, moi, de te rendre heureuse, toi, » de suivre mes conseils pour le devenir. Jusqu'ici tu t'es » montrée docile, et si j'ai tout fait pour remplacer ton » père, tu m'as prouvé que tu étais digne du nom de ma » fille. Achevons ce qui est si bien commencé. Tu as » vingt ans ; c'est pour toutes les personnes de ton âge » l'époque du mariage ; tu n'as montré de préférence pour » personne ?

» — Je le crois bien, reprit Julie ; pour préférer, il » faudrait avoir à choisir. »

La réplique déconcerta le tuteur ; il continua néanmoins.

« Pourquoi chercher ailleurs ce qui est près de toi ? » et, quand ton père t'avait léguée à sa famille, te trans» porter contre son vœu dans une maison étrangère ? » Gustave est l'époux qu'il t'a désigné sans le nommer ; » en te remettant à moi, ne te donnait-il pas à lui ? »

Elle baissa la tête et se tut, comprenant avec son tact de femme qu'il ne fallait ni consentir ni contredire.

« — Vous m'avez prise au dépourvu, répliqua-t-elle » seulement.

» — Ah ! mon enfant, réfléchis avant de répondre ; » dans une huitaine de jours nous reprendrons l'en- » tretien. »

Gustave attendait impatiemment le résultat de ce qui venait de se passer.

« S'est-elle expliquée ? demanda-t-il à son père.

» — Non, pas précisément; mais il est facile de pré- » voir ce qui arrivera si tu deviens pressant, si je suis » secondé. » Ce peu de mots excita l'espérance et piqua l'amour-propre du prétendant. De ce jour ses fatigantes assiduités permirent à peine à sa cousine de respirer quelques moments dans la journée. Vingt fois elle tenta sa promenade solitaire sous les tilleuls ; une minute après il était sur ses pas et venait la rejoindre. Il ne fut pas possible au messager, porteur d'une nouvelle lettre, de l'aborder.

L'importunité alla si loin, que dans un mouvement de dépit elle lui dit avec son emportement de créole :

« Connaissez-vous beaucoup de proverbes ?

» — Quelques-uns, répliqua-t-il.

» — Eh bien, en voici un qu'il faudrait retenir : Qui » me néglige me perd, qui m'obsède me chasse.

» — Je vous comprends. » Et il se retira avec un salut forcé et le pincement de lèvres de la vanité blessée. Libre enfin, Julie put recevoir la lettre ardemment souhaitée ; elle lui confirmait par quelques détails les renseignements de la première et lui offrait de lui en procurer d'autres.

Gustave raconta sa disgrâce à son père. « Non, je ne » puis m'y tromper, c'est un congé qu'elle m'a donné ; » Julie me hait et n'attend que le jour où sa majorité » l'affranchira, s'imaginant être quitte envers tous avec » vos deux mille livres de rente et nos vingt mille francs » une fois payés.

» — Je le crains, répondit le père; mais sache feindre » de n'avoir pas compris. De la modération, je t'en sup- » plie ; nous reparlerons de tout cela ; laisse-moi y son- » ger ; surtout point de dépit amoureux. »

Les huit jours accordés à Julie pour délibérer expiraient, les lettres du protecteur invisible avaient affermi sa résolution ; elle se sentait retrempée ; une sèche et vigoureuse négative ne lui coûterait plus ; elle vint donc sans le moindre trouble lorsque son oncle l'appela. Quant à lui, jamais il n'avait eu pour elle d'accueil plus gracieux, de sourire plus bienveillant.

« Es-tu décidée enfin, chère Julie ? que doit attendre » Gustave ?

» — Tous mes souhaits pour son bonheur, répliqua-t-elle » sur-le-champ avec assurance, tout, excepté ma main.

» — Tu es libre ; je te loue de ta franchise ; notre af- » fection n'en sera pas altérée, et si tu doutes du bon- » heur parmi nous, je serai charmé de te le procurer ail- » leurs. Mon rôle de tuteur finira bientôt, celui de père » jamais. » Il lui tendit la main et lui imprima un baiser sur le front.

Trompé par l'hypocrisie de ses caresses extraordinaires, du soupçon et de la défiance Julie passa à la sécurité, et, toute joyeuse, se hâta d'en instruire le comte. Elle terminait en disant : « Je les croyais impatients, ils sont calmes ; » je m'attendais à les voir gronder contre ma volonté rebelle, ils ont accepté mon refus comme un droit qu'ils » me reconnaissaient. Onze mois seulement me séparent » de l'époque où je m'appartiendrai tout entière ; je suis » résolue à les laisser écouler sans prendre de parti sur » ma destinée. »

Ce terme de onze mois était bien court au gré de M. Thomas ; il jugea prudent de précipiter ses desseins et de ne plus rien abandonner aux chances de l'imprévu. Un jour il s'enferma avec son fils et délibéra sur son projet.

« Gustave, ton avenir et le mien dépendent d'un coup » décisif. Te sens-tu du courage pour le porter et seconder » le bras de ton père ?

» — Je ne vous comprends pas bien, je ne devine pas » ce que vous voulez dire par le coup qui exigerait votre » bras et le mien.

» — Je vais m'expliquer. Les propriétés de Julie s'élèvent à sept cent mille francs environ ; deux cent mille » francs de capitaux sont encore intacts et placés sur hypothèques. Il en manque deux cent mille dont je dois et » dont je ne pourrai pas rendre compte. Ainsi, ruine, » humiliation, déshonneur, voilà ce qui nous est réservé » dans quelques mois. Veux-tu que nous traînions, toi, » une jeunesse précaire, moi, une vieillesse misérable ?

» — Non certes, reprit Gustave ; et dussé-je comme » mon oncle aller chercher la fortune à deux mille lieues, » je m'embarquerai, j'irai au bout du monde.

» — Aller la chercher à deux mille lieues! elle n'est » pas si loin. Elle est ici, à tes côtés, dans tes mains, si » tu veux et si tu oses la saisir.

» — Vous ne m'avez jamais trouvé indocile à vos con-» seils. Que faut-il donc faire?

» — Écoute bien, et avant tout promets de ne pas m'op-» poser de vains scrupules.

» — Quand mon père semble si résolu, me convien-» drait-il d'hésiter?

» — Julie n'a pas d'autres héritiers que nous; si la » mort l'enlevait, ses biens nous appartiendraient de droit. » Pourquoi laisserions-nous un mariage les faire tomber » en d'autres mains? Vois-tu ce que nous deviendrions » avec neuf cent mille francs? Ta sœur en aurait une » faible partie; je t'assurerais tout le reste. »

Gustave ouvrait de grands yeux étincelants de cupidité, et se laissait rapidement entraîner dans cette voie mystérieuse où son père le précédait, et dont un dernier mot n'avait pas encore dissipé toute l'obscurité. L'habileté profonde du vieux magistrat avait su le préparer par degré à entendre ce mot sans émotion; il avait eu soin d'étaler les richesses, de compter tous ces cent mille francs, de mettre à côté l'une de l'autre sans intervalle qui les séparât la prospérité et le malheur, d'immenses revenus et la misère. Enfin il avait exercé sur son fils innocent l'art suprême des grands coupables, celui de faire accepter à l'innocence le crime par l'argent. En quelques minutes de dialogue savamment ménagé, le jeune homme avait franchi cet espace, et touchait déjà à cette extrémité où il ne reste plus qu'un pas à faire pour arriver aux forfaits. Il suffisait de lui présenter le fer; sa main allait le saisir et frapper. Voilà ce qu'avaient instantanément produit un avenir de misère, la vanité froissée, l'amour de l'or et l'ascendant d'un père dénaturé.

Celui de Gustave ne s'y était pas trompé; il avait jugé son fils. Heureux d'échapper à la désignation précise de ce qu'il voulait, au mot terrible, il continua comme s'il l'avait prononcé, et comme si, après l'avoir entendu, son fils eût donné son consentement.

« Puisque nous sommes d'accord, voici un moyen » d'exécution qui réussirait sans trop d'obstacles. Ta » vieille tante Kermadec habite toujours le fond des » montagnes de la Savoie, au milieu des rochers et des » précipices, dans le coin le plus isolé du monde. Julie » n'a jamais fait de voyages; sous le prétexte de quelque » affaire de famille, nous lui proposerions de nous ac- » compagner, et au retour de passer quelques semaines » aux eaux d'Aix. Elle n'aura pas, j'en suis sûr, la » moindre objection; cette partie de plaisir la séduira. » Une fois là, elle veut visiter ce pays pittoresque, elle » se plaît au milieu des torrents, des rochers ou des sen- » tiers les plus périlleux. Elle est vive, légère, impru- » dente; tout à coup le pied lui a manqué, elle a roulé » au fond d'un précipice; on l'en retirera morte et défi- » gurée; on la rapportera chez sa tante; le bruit de la » catastrophe répandu dans le pays, nous racontons com- » ment, en s'obstinant malgré nos avis à traverser sur » un de ces sapins qui joignent une roche à l'autre, la

» profondeur de l'abîme ouvert sous ses pieds aura causé » un vertige et sa chute funeste. Tout le monde la » plaindra, et nous recueillerons l'héritage.

» — Oui, répondit Gustave avec un accent qui ne » laissait plus de doute sur son concours ; mais dans » tous les voyages il entre bien de l'imprévu : une ma- » ladie, une roue brisée, une rencontre fortuite, je ne » sais quoi ! Et puis chez les autres on n'est pas toujours » maître absolu du terrain. Sans doute l'expérience nous » manque ; les livres y suppléent quelquefois. Laissez- » moi aller chercher mon vieux recueil d'histoires tragi- » ques traduites de l'italien ; il y en a une, celle de la » belle Vénitienne, où nous trouverons plus d'un rap- » port avec notre position et plus d'un bon conseil pour » en sortir.

» — Va, dit le père, et reviens vite ; ne nous sépa- » rons pas avant d'avoir arrêté un plan. »

Quelques minutes après, le fils rapporta le volume, désigna la page, et son père se mit à lire avec la plus profonde attention. Le silence régna pendant plus d'un quart d'heure, les yeux du fils attachés sur son père, ceux de son père sur les feuillets du livre, qu'il tournait lentement. Il s'arrêtait à certaines lignes, les recommençait, méditait un passage plus important, plus difficile à saisir sans doute ; en un mot, il étudiait un crime avec l'application d'un élève qui veut se pénétrer de sa leçon et la savoir imperturbablement.

Enfin, tenant le livre toujours ouvert entre ses mains, il reprit la parole : « Comme j'aurais eu tort de ne pas

» t'appeler et de suivre ma première idée en traitant l'af-
» faire à moi seul ! Ton livre semble fait pour nous ; il
» sera notre guide ; nous le suivrons de point en point,
» et dès demain commençons par prendre les précautions
» nécessaires. Il est plus de minuit ; retirons-nous. Si le
» repos tarde à venir, réfléchis, et mets l'insomnie à
» profit pour tout prévoir, tout arranger. »

Le lendemain, de bonne heure, sous prétexte d'une affaire importante avec madame Duplan, il donna une lettre à la jeune mulâtresse femme de chambre de Julie, et la fit partir pour la villa ; il expédia deux autres de ses domestiques dans des villages assez éloignés, de manière à ce qu'ils ne revinssent pas avant trois jours. Une vieille cuisinière resta seule à la maison. Pour lui, il se rendit à Montélimart, où il visita plusieurs cordonniers, marchandant des chaussures, en essayant ; mais il se bornait à acheter chez chacun d'eux quelques morceaux de poix. Il revint d'assez bonne heure avec sa provision. Cette journée se passa comme toutes les autres ; Julie n'y remarqua que l'absence des domestiques, qu'elle s'expliqua naturellement par la diversité des commissions données.

La petite maison de M. Thomas Nodler était de forme carrée ; la chambre de Julie, au premier et à l'un des angles, donnait sur le jardin vers le midi. Elle avait deux portes, l'une sur un petit corridor qui la séparait de celle de sa cousine, au levant ; l'autre sur une pièce servant de bibliothèque, et de laquelle on aboutissait à l'escalier commun. Elle s'y rendait assez souvent le matin, et ne regardait presque jamais si la porte était ou non fermée.

LE MASQUE DE POIX.

L'heure du coucher arrivée, M. Thomas dit à Julie : « Demain matin, d'assez bonne heure, je te ferai ré-» veiller, et ton cousin t'accompagnera jusqu'à la ville » pour un achat auquel tu te connais.

» — Et moi donc, reprit sa fille d'un air boudeur, » on me laisse?

» — Tu es une sotte, répliqua son père ; si je te mé-» nage une surprise, ai-je besoin de te l'annoncer? » Elle fut satisfaite, et toutes deux montèrent dans leur chambre.

Dix heures sonnaient; Julie venait de se coucher et allait s'endormir, lorsqu'elle entendit au bas de sa fenêtre un bruit qui l'alarma; il lui sembla qu'on voulait escalader le mur pour arriver à sa chambre. Elle, si craintive, et que l'agitation des arbres suffisait souvent pour troubler, éprouva un vif tressaillement. S'approcher de la fenêtre, écouter de plus près lui vint bien à l'esprit, mais le courage lui manqua. Elle s'enfonça dans son lit; de plus en plus effrayée, elle se leva et courut se réfugier dans la chambre de sa cousine.

Celle-ci dormait; la porte, en s'ouvrant, la réveilla.

« Qui est là? s'écria-t-elle.

» — Moi, répondit Julie à voix basse. Donne-moi une » place; j'ai peur; j'ai entendu je ne sais quoi dans le » jardin; je ne dormirai pas toute seule.

» — Tu rêves! Écoute donc... on n'entend rien.

» — Je t'en prie, ne me refuse pas. »

Sa cousine la laissa se glisser à ses côtés. Le lit était fort étroit; Julie se pressait contre sa compagne sans proférer une parole.

« Bon Dieu! que tu es peureuse, et comme tu me » gênes! dit celle-ci d'assez mauvaise humeur. Je ne » pourrais passer toute la nuit aussi mal; retourne dans » ta chambre, rien ne t'éveillera plus.

» — Non, non, répondit Julie d'une voix étouffée et » en se cramponnant aux draps.

» — Eh bien, j'y vais aller; au moins je reposerai à » mon aise. » Et s'élançant hors du lit, elle laissa sa cousine occuper sa place, et fut dans l'autre chambre, dont elle ferma la porte à clef, de crainte qu'il ne passât quelque autre idée dans l'esprit de Julie et qu'elle ne vînt encore la déranger.

Maintenant nous allons laisser parler le tuteur lui-même, en traduisant son récit dans un petit livre en espagnol et en italien intitulé : *Confession du père Romuald*. « Arrivé à cet endroit de mon récit, dit Nodler, » mon âme se soulève, mon corps frissonne; ma main, » agitée d'un mouvement convulsif, refuse de tenir la » plume. Je veux l'y forcer; je n'omettrai pas la moindre » circonstance : chaque phrase me fera subir une torture » méritée; chaque mot deviendra une pointe acérée dont » il est bien juste que ma conscience se sente percée.

» Mon fils et moi, mon fils plus heureux, puisqu'il n'a » pas survécu à notre crime, nous nous assurâmes d'abord » que la vieille Marie, la cuisinière, était couchée et dor- » mait; nous nous rendîmes à petits pas au jardin. La lune » l'éclairait; bientôt, se couvrant de nuages, elle nous » donna une obscurité propice. Le calme le plus profond » régnait dans la nature; la cime même des arbres, pres-

» que toujours balancée par le vent qui souffle de la mon-
» tagne, était immobile. Directement au-dessous de la
» fenêtre de Julie était une caisse de fleurs de la largeur
» de cinq pieds à peu près; nous essayâmes avec nos
» mains de la déplacer. Ce fut vainement; elle était fort
» pesante et nous coûta les plus grands efforts. Nous n'y
» parvînmes qu'au moyen de bâtons en forme de leviers,
» ménageant d'ailleurs nos mouvements avec une atten-
» tion extrême pour ne pas l'éveiller.

» Chacun de nous était armé d'une bêche pour creuser
» toute la longueur que la caisse recouvrait. Nous crûmes
» un instant que nous ne réussirions pas : le sol était
» dur, il résistait et ne voulait pas se laisser entr'ouvrir.
» Nous allâmes chercher deux outils pointus, et nous
» retirâmes un peu de terre. En ce moment passa une
» charrette le long du mur du jardin. L'homme qui la
» conduisait était debout, et dominait assez pour nous
» entrevoir. Il s'arrêta. C'était un avis sans doute en-
» voyé d'en haut pour nous effrayer. Nous ne voulûmes
» pas le comprendre : croyant que ce charretier cherchait
» à découvrir qui nous pouvions être, nous allâmes vers
» lui. A notre approche il s'éloigna.

» Il était au moins minuit quand nous achevâmes de
» creuser la fosse. Je voulais rentrer ; Gustave me dit :
« Allons plutôt sous les grands arbres jusqu'à une heure.
» Surtout en entrant, me dit Gustave, assurez-vous bien
» de quel côté la figure sera tournée.

» — Ce sera bien difficile, lui dis-je, à cause des té-
» nèbres de la chambre.

» — Vous avez donc oublié la précaution indiquée » dans le livre? » A cette remarque, nous nous dirigeâmes » vers l'écurie, où j'avais vu depuis longtemps dans un » coin une petite lanterne sourde ; nous regagnâmes la » maison, où nous disposâmes tout ce qu'il nous fallait.

» Deux heures allaient sonner ; je montai le premier » les marches de l'escalier, portant sur mes deux mains » étendues la poix que j'avais achetée, et dont j'avais » fait une sorte de galette. Mon fils suivait avec la lan- » terne sourde d'une main, un grand drap et une longue » corde de l'autre. Arrivés à l'avant-dernière marche, » je fis un faux pas et presque une chute; ma tête alla » frapper contre la rampe. Certes, c'était un avis plus » explicite encore que le premier : j'étais sourd et » aveugle ; je me relevai et je marchai.

» Arrivés dans la bibliothèque, nous nous aperçûmes » que la porte était légèrement entr'ouverte, et nous » osâmes nous réjouir. Là il fallut délibérer. Gustave » voulait me suivre jusque dans la chambre, afin de mieux » éclairer mes mouvements. Imprudent! lui dis-je; si » elle se réveillait, trop de lumière nous trahirait ; elle » nous reconnaîtrait; il y aurait des cris, une lutte. Il » faut laisser la porte à demi fermée, et le rayon le plus » faible de la lanterne pénétrer à peine dans la chambre; » à la respiration je devinerai toujours assez bien de quel » côté sera la face. Gustave fit un signe approbateur ; » alors je poussai la porte tout juste assez pour introduire » mon corps, et j'entrai.

» Dieu tout-puissant! point d'émotion, point de

Bourdet Del. Lechard Sculp.

LE MASQUE DE POIX.

*Nouvelles Causes Célèbres*
*ou*
Fastes du Crime

Publié par Pourrat Frères

» trouble, par le plus faible murmure de la conscience. » Tu l'avais décidé dans tes impénétrables décrets, du » premier coup je devais être un scélérat achevé ; mais » au moins n'existe-t-il pas de ces pressentiments se- » crets, de ces instincts mystérieux qui avertissent un » père quand il s'approche de son enfant même à tra- » vers les ombres, qui font hésiter son bras lorsqu'il va » l'immoler? Non, rien ne s'est élevé en moi ! Pour tous » les autres la nature jette un cri; en moi seul la voix » du sang a été étouffée. Et pourtant j'aimais ma fille. » Eh bien, comme si elle eût été celle d'un autre, je » m'avançai avec un calme barbare, avec une joie féroce. » Arrivé au bout du lit, mes deux mains toujours en » avant rencontrèrent un rideau; je l'écartai du bras » gauche et je cherchai à voir. La lumière de la lanterne » ne m'était d'aucun secours. Il fallut écouter; je prêtai » l'oreille. La pauvre enfant ! elle était plongée dans un » sommeil profond. Que ne s'est-il interrompu ! elle au- » rait poussé quelque cri, j'aurais reconnu sa voix, j'au- » rais distingué ses accents de ceux de sa cousine; je » serais père encore, je serais innocent !

» Sa respiration était libre et forte; il était facile de » remarquer que sa figure était tournée vers moi; je » me baissai, j'écoutai de nouveau; son haleine frappait » mon visage. Je calculai bien la distance, et soudain » j'appliquai le masque; je l'imprimai de toute la force » de mes bras et de toute l'ardeur de mon exécrable » désir. Ses bras et son corps firent un mouvement con- » vulsif; mais en une minute elle avait passé du sommeil

» à la mort. Sur-le-champ je voulus prévenir Gustave ; » la poix tenait à mes doigts comme à la tête ; en les » retirant je la soulevai ; je ne pouvais plus me séparer » de ma victime. Je me dégageai enfin, emportant une » partie de la matière parricide. Je me montrai à la » porte ; Gustave comprit ; il accourait avec la lumière. » Quel besoin de voir cette morte ? lui dis-je. Laisse ta » lanterne. Il me suivit avec la corde et le linceul ; nous » le déployâmes sur le plancher ; il prit la tête du ca- » davre, moi les pieds ; nous le portâmes sur le linceul » et nous l'enveloppâmes ; puis, après avoir passé le corps » dans un nœud coulant, Gustave descendit au jardin, et » j'allai ouvrir la fenêtre. Je revins au corps, je le sou- » levai et le pris entre mes bras. Dans cet embrassement » infernal, ma force, assez grande pourtant, faillit me » trahir. Pour arriver jusqu'à la fenêtre, je fus contraint » de m'arrêter trois fois ; lorsqu'il fallut la mettre en » dehors, je fus sur le point d'appeler Gustave à mon » aide. J'y parvins pourtant, et je la laissai glisser peu » à peu le long du mur.

» Je n'oubliai pas de prendre toutes les hardes pla- » cées sur le fauteuil ; j'en fis un paquet que je cachai » dans une armoire de la bibliothèque, dont ensuite je » retirai la clef. Je me hâtai de rejoindre mon complice ; » nous étendîmes le cadavre dans la fosse, et après l'a- » voir recouvert de terre, nous replaçâmes par-dessus la » caisse de fleurs. Il n'y paraissait rien ; impossible de » soupçonner là un tombeau. Il était trois heures. Nous » rentrâmes dans mon cabinet, où je dis à Gustave :

» Demeure près de moi ; le sommeil pourrait te gagner. » N'oublie pas qu'à la pointe du jour tu devais monter à » cheval et te rendre à Montélimart en compagnie de ta » cousine. La course est indispensable; je me charge des » explications.

» Qui le croirait? la difficulté d'expliquer naturelle» ment cette disparition subite, les soupçons possibles, » les recherches, ne nous préoccupèrent pas un moment. » L'idée de cette opulence dont nous jouirions bientôt » nous transportait, nous troublait, nous enivrait. Nous » remîmes au lendemain l'invention de la fable obligée » pour tromper l'opinion et appréhender au plus vite » l'héritage. En un mot, notre tranquillité était parfaite, » notre sécurité profonde. Insensé! la main de Dieu était » sur moi; quelques heures encore, et elle allait frapper » un de ces coups auxquels la justice humaine n'a pas de » supplice comparable. »

Laissons maintenant le récit du père Romuald et reprenons le nôtre.

Julie, après une nuit d'agitation, d'insomnie et de rêves sinistres, prolongea son sommeil jusqu'à plus de huit heures : en s'éveillant presque en sursaut, elle s'écria : « Il doit être bien tard, et mon voyage... On aura » changé d'idée, ou bien on sera venu, et en me voyant » dormir on n'aura pas osé me réveiller. Je suis contra» riée; Dieu m'a punie d'être une peureuse. » Elle regarda dans la chambre, et apercevant les vêtements de sa cousine : « Ah! elle n'est pas habillée encore; elle n'est » pas plus diligente que moi. » Et aussitôt elle se leva pour aller prendre sa robe, laissée la veille dans sa chambre.

Elle voulut en ouvrir la porte; mais sa cousine, on s'en souvient, l'avait fermée à clef. Elle frappa à plusieurs reprises; point de réponse. « Ah! dit-elle, on » l'aura menée à ma place à Montélimart. Elle me payera » ce tour. Mais avec quels habits est-elle partie? Les » siens sont sur sa chaise ou dans son armoire. » Elle se décida à faire le tour par la bibliothèque; en entrant elle alla droit au lit, qu'elle trouva vide. « J'ai deviné » juste, ajouta-t-elle. Mais, encore une fois, quelle robe » a-t-elle mise? Est-ce par hasard une des miennes? » Tout juste... et pourtant nous n'avons pas la même » taille; non, nous n'avons pas la même taille. » Elle en prit une autre dans sa commode, où tout paraissait en ordre; elle s'habilla, et passa dans la bibliothèque pour dissiper par la lecture son petit mouvement d'humeur.

L'heure du déjeuner approchait. L'un des domestiques, expédié pour trois jours aux environs, était revenu; il avait rencontré précisément sur le chemin, à quatre lieues de distance, la personne pour laquelle il avait une lettre. N'importe, il avait été absent toute la nuit; c'était l'essentiel. Son maître lui dit : « Gustave et Julie sont à » Montélimart; nous ne serons que deux à table; mets » deux couverts seulement; dis à Marie de servir, et puis » va avertir ma fille de descendre. » Un quart d'heure après le domestique monta, alla droit à la chambre de Joséphine Nodler, la trouva ouverte, ne vit personne, appela à demi-voix; Julie l'entendit, sortit de la bibliothèque, alla à sa rencontre et lui dit : « Joséphine n'est » pas ici ; elle est partie de grand matin avec Gustave.

» — Monsieur m'a annoncé le contraire, mademoi- » selle ; c'est vous qu'il croit à Montélimart. Le déjeuner » est servi.

» — Bien. Mon oncle va m'expliquer tout cela. » Elle descendit avec le domestique, qui lui ouvrit la porte de la salle à manger et y entra après elle.

Écoutons de nouveau le tuteur raconter l'entrevue et ses diverses impressions.

« A la vue de Julie un cri m'échappa. Je n'en pouvais » croire mes yeux. Je la fixai, je la considérai, pour » voir si c'était bien elle. Elle s'avançait vers moi, et » mon regard extraordinaire l'arrêta un moment. Ma » tête était en feu, ma raison en délire ! Je voulus me » lever, j'étais cloué, paralysé sur ma chaise ; ma langue » était glacée ! J'ouvris la bouche pour proférer quelques » paroles ; elles expirèrent sur mes lèvres. Tout mon » crime se retraça à ma pensée avec la rapidité de l'é- » clair ; il s'imprimait dans mon cerveau en caractères » brûlants. Je ne disais rien ; il me semblait que je me » criais en dedans de moi-même : *J'ai tué ma fille !...* » Julie avait continué d'approcher ; elle était à mes côtés ; » elle se pencha ; je ne la repoussai pas, je la laissai faire, » et comme tous les jours elle me donna un baiser sur » le front. Ce baiser me glaça ; à la chaleur fiévreuse qui » dévorait ma tête et ma poitrine succéda le frisson, un » froid mortel ; je tremblais, je grelottais. J'entendis » Julie qui disait au domestique : « Jean, venez donc !

» mon oncle va se trouver mal ! Tenez-le bien ; je cours » chercher mon flacon. » Elle sortit.

» Une nouvelle révolution s'opéra ; il me semblait » qu'en sortant, en me laissant seul, elle me replaçait » face à face de ma fille et de ce linceul dont la blan- » cheur m'apparaissait comme s'il eût été là ! Je fis un » mouvement pour reculer ; la force me revint, et prenant » mon domestique par le bras, je ne donnai pas à Julie » le temps de me retrouver ; je courus dans mon cabinet, » où je m'enfermai en disant au domestique : Je suis » mieux, je n'ai besoin de rien. »

Nous sommes forcés encore de laisser là le narrateur et de revenir à Julie.

Comme elle se précipitait vers la salle à manger avec son flacon, le domestique l'arrêta et la prévint de ce qui venait de se passer. Elle alla rêver sous ses tilleuls favoris, cherchant à pénétrer le mystère qui l'environnait depuis un jour. Elle fit sa récapitulation, et pour la première fois se rendit bon compte des personnes avec lesquelles elle avait vécu jusque-là. « Au fait, mon pauvre père Henri » ne connaissait pas son frère : sa figure est assez sombre, » son caractère peu communicatif ; et mon cousin, il est » en tout son digne fils. Quant à ma cousine, elle est au » moins jalouse ; et j'en suis assurée, mon avenir ne leur » sourit pas. » A mesure qu'elle entrait plus avant dans l'examen de la famille, ses défiances redoublaient. « Le » comte de la Caza ne me l'a pas laissé ignorer, la répu- » tation de mon oncle est mauvaise ; personne ne le re- » cherche, ne le visite ; il vit comme un homme qu'une

» cause grave séparerait de la société; de plus il aurait » déjà dissipé une partie de mes capitaux. Et ce mariage » auquel ils tenaient tant... Ils ont accueilli mon refus » avec indifférence; puis tout à coup ma femme de » chambre est envoyée à la villa, tous les autres domes- » tiques je ne sais où; je dois aller à Montélimart, et » c'est ma cousine qui s'y rend; mon oncle, d'une santé » parfaite, s'asseoit pour déjeuner, et se trouble, s'éva- » nouit presque à ma vue; il disparaît, il s'enferme. Oh! » il y a dans tout cela du mystérieux, de l'extraordinaire, » de l'inexplicable. Oui, le comte de la Caza a dit vrai; » on menace mon avenir. Auraient-ils résolu de me l'enle- » ver?... Par quel moyen?... Tout ce qui s'est passé » depuis hier est-il l'indice d'une trame odieuse, et l'état » de mon oncle la preuve qu'un hasard inattendu l'a dé- » jouée? »

Continuant à s'entretenir ainsi en elle-même, elle passait par degré de la défiance à l'effroi, et alors la plus faible inspiration suffisait pour la précipiter tout à coup du penchant de la crainte dans un parti extrême.

Jacques, l'émissaire du comte, parut; à sa vue, Julie, qui l'attendait, marcha vers lui. « Avez-vous une lettre? » Il lui présenta un simple billet de quelques lignes. Le comte écrivait :

« Encore de nouvelles découvertes confirmant ce que » j'ai déjà eu l'honneur de vous annoncer. Attendez, si » tel est votre désir; mais regardez bien autour de vous; » veillez sans cesse. Vous croyez être parmi des parents, » vous êtes au milieu de vos ennemis mortels! »

Ces lignes, comme un nouveau trait de lumière ajouté à ses propres réflexions, achevèrent de l'éclairer. « Il faut » fuir, je le vois bien, et sur-le-champ. Jacques, voudriez-» vous m'accompagner jusqu'à ma maison de campagne, » située à quelques lieues d'ici? Pourriez-vous trouver » un cheval chez quelque paysan?

» — Rien de plus facile, madame; je connais la villa » et je m'y suis rendu plusieurs fois.

» — Eh bien, allons-y à l'heure même. Je n'ai pas » besoin de rentrer dans l'autre maison. » Et ils s'acheminèrent.

Quelle fut la surprise de madame Duplan de voir vers les cinq heures de l'après-midi Julie sur un cheval étranger, et avec un paysan dont la figure ne lui était pas inconnue, mais qu'elle ne croyait pas au service de la famille! Julie, qui la voyait prête à adresser des questions, lui fit signe de la main d'attendre un peu, et l'entraînant au salon, raconta les indices divers qui avaient excité ses soupçons, ses craintes et provoqué son départ.

En même temps, que se passait-il chez l'assassin de sa fille? Gustave revint vers quatre heures; il alla droit au cabinet de son père; trouvant la porte fermée, il le crut au jardin et l'y chercha : ce fut vainement. Il revint, et demanda au domestique où il était.

« Dans le cabinet, monsieur, depuis plusieurs heures. » Il n'a pas déjeuné, il s'est comme trouvé mal, et ensuite » s'est renfermé. »

Gustave frappa ; on ne répondait pas. Il frappa encore; même silence. « Mon père, c'est moi, » s'écria-t-il. A cette voix M. Nodler s'élança vers la porte, ouvrit à son fils, et sans le regarder, sans lui adresser un mot, se cachant le visage dans ses mains, alla se jeter dans un fauteuil. Gustave était interdit. « Qu'avez-vous, mon père? » Parlez, je vous en conjure. » Un profond soupir s'échappa de la poitrine oppressée de M. Nodler. Enfin il rompit le silence par cette question :

« As-tu vu Julie? »

Gustave crut qu'il avait perdu la raison, et répéta : « Julie?... Julie?... » Il attendait une réponse de son père: qui paraissait plongé dans le plus morne abattement.

« Mon père, que voulez-vous dire? »

» — Oui, Julie... il appuyait sur ce nom avec une » intention marquée, Julie...

» — Mais, dit en balbutiant Gustave, mais hier.... » cette nuit....

» — Non, non, s'écria le père en l'interrompant, ce » n'était pas elle!

» — Qui donc?

» — Une autre.

» — Grand Dieu! et laquelle?

» — Joséphine, ma fille, ta sœur! Et sa tête retomba » sur ses genoux.

» — Quoi! dans cette chambre, dans ce lit, cette » poix, ce linceul, cette corde, cette fosse que nous » avons creusée, tout cela n'a pas été pour Julie!... » Dans sa pensée il accusait la mémoire de son père, le trouble jeté dans ses idées par l'indisposition du matin.

Complice du crime, comment croire qu'il n'avait pas été commis? Enfouisseur du cadavre, comment imaginer que la terre ne le recélait pas? Il s'approcha de son père, lui plaça doucement la main sur l'épaule, et d'une voix adoucie : « Revenez à vous, appelez-en à votre raison. »

M. Nodler se leva brusquement la tête, prit les deux bras de son fils, le pressa convulsivement, le regarda fixement et s'écria : « Ma raison, je ne l'ai que trop ! Ma raison, » que ne l'ai-je perdue ! C'est la douleur qui m'accable; » ce n'est pas le délire qui m'égare. Encore une fois, » cette Julie que tu ne crois plus de ce monde, elle y vit, » elle y respire ; je l'ai vue, je lui ai parlé ; elle était venue » me rejoindre à l'heure du déjeuner; elle m'a baisé le » front, elle m'a quitté pour aller chercher son flacon de » vinaigre. Sa vue me tuait ; je lui ai échappé et je me » suis réfugié où tu me trouves. »

Après que son père avait parlé, Gustave interrogeait encore ses regards; il doutait toujours. Son père, qui ne lui tenait plus les bras, les reprit : « Tu es incrédule. » Va au jardin ou sous les tilleuls; tu la trouveras ; » elle s'y promène sans doute. Va ! va ! » Il le poussa vers la porte. Gustave sortit, et dans sa curiosité convulsive, monta d'abord dans toutes les chambres, les visita avec soin l'une après l'autre, examina les plus petits cabinets. Il ne vit personne. Alors il appela sa sœur : « Jo- » séphine !... Joséphine !... » Le nom retentit jusque dans le cabinet de son père, l'agita sur son fauteuil, et lui enfonça dans l'âme un trait déchirant. « L'insensé ! dit-il, comme si elle pouvait l'entendre !... »

Gustave, après avoir parcouru tous les recoins du jardin, alla jusqu'à l'allée de tilleuls, appela à plusieurs reprises et sa sœur et Julie. Ni l'une ni l'autre ne répondit. Mais comme il revenait au jardin, le domestique l'aperçut et lui dit :

« Vous vous trompez, monsieur. Vous appelez made-
» moiselle Joséphine ; votre père m'a dit qu'elle était
» avec vous à Montélimart. Je ne l'ai pas vue revenir.
» Quant à mademoiselle Julie, vers midi elle a traversé
» le jardin pour aller sous les tilleuls. Depuis ce mo-
» ment je ne l'ai plus aperçue.

» — Tu en es bien sûr? demanda Gustave, que la
» terreur commençait à gagner.

» — Comme j'existe. »

Il courut au cabinet de son père : « Ni l'une ni l'autre !
» cria-t-il en entrant ; mais le domestique a vu Julie.
» Quelle fatalité ! quel mystère ! quelle substitution ! Je
» m'y perds. » Il s'assit, et, absorbés tous deux, anéantis, ils furent longtemps sans s'interroger ni se répondre. Le père le premier rompit le silence en voyant les larmes couler des yeux de son fils : « Point de faiblesse ; les
» morts ne sortiront point de la tombe ; mais leur ab-
» sence inexplicable accuse toujours ; prévenons la cla-
» meur publique, et avant que des bruits sinistres ne
» préoccupent l'opinion, songeons à la former.

» D'abord, va t'assurer de nouveau que Julie est en-
» core ici, je veux dire qu'elle n'a pas quitté la maison.
» Elle est timide, exaltée ; tant de choses ont dû lui
» passer par la tête en quelques heures ! Elle sera partie,

» je le soupçonne, pour aller rejoindre madame Du-
» plan. »

Après une demi-heure de recherches, Gustave revint.

« Vous avez raison, elle n'y est pas. Et pourtant on » l'avait vue ce matin.

» — Moi aussi je l'ai vue ; faut-il encore te le répéter?

» — Alors que décidez-vous ?

» — Nous allons faire nos malles, emporter tous les » effets de Joséphine avec les nôtres, prendre la route » de la Savoie, et arriver chez ta tante, sous un prétexte » que nous imaginerons. De là nous adresserons èt à » mon notaire et à Julie un récit à notre gré... Mais tu » ne m'écoutes pas ; sois donc un homme !

» — Ah ! je n'ai ni votre force ni votre expérience. » Pauvre sœur ! ne puis-je la pleurer un moment ?

» — A la bonne heure ; mais avec l'irréparable il faut » prendre son parti et en finir au plus tôt.

» — Parlez, je vous obéis ; je sèche mes pleurs ; me » voilà prêt. »

Ils se levèrent et prirent toutes leurs dispositions. Inutile de les suivre sur la route, de compter quelques-unes des mille hypothèses qui fatiguèrent leur imagination impuissante à se mettre sur la trace du vrai et à rencontrer la cause d'un événement tout naturel. Il leur fallut huit journées pour atteindre le terme de leur voyage. Leur voiture ne put aller jusqu'à la demeure de madame Kersadec, la tante, située assez avant dans les gorges de la montagne, et où les chevaux même parvenaient avec difficulté. De sa fenêtre elle entendit leurs pas retentissants sur la roche ; elle descendit et marcha à leur rencontre.

« Que vois-je ! mon frère !... Gustave !... Quel heu-
» reux hasard ! Et Joséphine ?

» — Le voyage lui a fait peur, répondit précipitam-
» ment le père. Elle est chez une de ses amies aux en-
» virons de Grenoble. D'ailleurs sa santé n'était pas très-
» bonne.

» — L'air du pays l'aurait remise en peu de jours. »

Gustave baissait la tête ; un soupir s'échappa de sa poitrine ; sa tante le remarqua.

« Tu es triste, Gustave. Quelques chagrins de cœur ?...

» — Non, se hâta-t-il de répondre ; je suis fatigué.
» Huit jours de route, une montée pénible, même à
» cheval... »

A peine étaient-ils entrés, que madame Kersadec revint encore sur Joséphine. « La pauvre enfant ! il ne fal-
» lait pas l'écouter. J'aurais eu tant de plaisir à la re-
» voir ! » Gustave se leva et sortit. Quand il entendait ce nom, des coups de poignard perçaient son âme ; et les questions de la tante se multipliaient et revenaient à chaque instant.

« Songez-vous à la marier, mon beau-frère ? Je tien-
» drai ma promesse ; je ferai une part de la dot. Est-ce
» que le but de votre voyage n'est pas de parler de tout
» cela ?

» — Non, répondit M. Thomas d'un air qu'il s'effor-
» çait de rendre gracieux ; nous sommes venus pour vous
» seule, pour vous voir. Ne nous aviez-vous pas adressé

» des reproches? » Il rompit la conversation en se levant pour aller rejoindre Gustave.

Son premier soin fut d'écrire à son notaire, qu'il pria de veiller sur son domaine pendant une absence dont la durée se prolongerait peut-être. Quant à Julie, il crut utile d'y mettre du raffinement.

« Vous ne m'avez pas parlé de ma pupille, dit-il le » lendemain matin à sa belle-sœur. Elle est charmante. » Je n'ai pas osé vous l'amener : un mot de vous la dé- » ciderait.

» — Je le donnerais d'autant plus volontiers, qu'elle » engagerait Joséphine à l'accompagner.

» — Non; il y a un peu de brouille entre les deux » cousines. Écrivez comme si Joséphine était ici; elle » ignore qu'elle soit ailleurs. »

Docile au désir de son beau-frère, madame Kersadec fit pour Julie une petite lettre ainsi conçue : « Toute la fa- » mille est ici, mademoiselle; vous y manquez seule. Je » serais bien heureuse de vous posséder, et de prouver à » mon beau-frère par tous mes soins combien ses scru- » pules étaient vains. Il n'a pas osé vous conduire. Je » vous prie de venir avec madame Duplan, dont, je le » sais, vous ne pouvez vous séparer en ce moment. Gus- » tave ira à votre rencontre jusqu'au lieu que vous indi- » querez. »

Cette lettre satisfaisait pleinement les vues de Thomas Nodler; elle indiquait l'endroit où il lui était tout naturel de se trouver; et puis elle laissait croire que sa fille l'a- vait suivi. Dès lors plus d'informations à redouter.

LE MASQUE DE POIX.

Madame Kersadec, âgée de cinquante ans environ, sœur aînée de madame Thomas Nodler, morte il y avait longtemps, née en Bretagne, réunissait de rares qualités de cœur et d'esprit ; douce et généreuse, elle appliquait sa grande pénétration à découvrir les causes morales du chagrin des autres, épuisait toutes les ressources de sa parole facile, souvent éloquente, à soulager les maladies de l'âme, et quand elles se compliquaient d'embarras de fortune, ne ménageait jamais la sienne. Un riche fonds de vertus et de piété lui avait attiré le respect de ses voisins, en assez petit nombre, il est vrai, l'estime et les visites des religieux du couvent de Saint-Francisco, situé au bas de la montagne à l'entrée d'un vallon délicieux.

Sans avoir jamais eu une âme communicative, Gustave néanmoins, avec de la facilité naturelle et de l'instruction, ne gardait pas volontiers le silence, et autrefois recherchait assez les occasions de discourir. Depuis son arrivée au château de Biella, il était tombé dans une rêverie profonde, indifférent à tout ce qui se faisait et se disait autour de lui. Sa tante n'avait pas manqué de l'observer. Presque jamais il n'assistait aux réunions du salon, errait une partie de la journée dans les sentiers les plus solitaires. Plusieurs fois, lorsque, l'heure du dîner venue, il avait fallu le chercher, on l'avait trouvé assis au milieu de la côte, sur la pointe d'un rocher, les yeux fixés sur le couvent.

Sa tante, qui avait résolu de le surprendre, et, s'il était possible, de lui arracher son secret, le vit sortir un jour, se dirigeant vers sa roche accoutumée ; elle le suivit d'assez loin, et après lui avoir donné le temps de s'absorber dans sa méditation, elle l'aborda :

« Gustave, tu n'aimes pas ta tante. »

Il se leva. « Que me dites-vous !... Je n'aime pas ma » tante !... Eh ! mon Dieu ! il me reste si peu d'êtres » à chérir ici-bas ! Vous êtes de ce nombre, vous êtes » peut-être la seule.

» — Tu as donc fait une perte bien cruelle? Et ton » père, et ta sœur?...

» — Mon père !... mon père !... ah !.... » Et après une pause pendant laquelle il semblait avoir réfléchi : « Oui, sans doute, un père, il faut toujours l'aimer.... » Rien, non, rien ne doit affaiblir cet attachement.

» — Aurais-tu à te plaindre de lui, de quelque rigueur? » Tu nourris une peine secrète, et tu ne veux pas me la » dire. Si ta sœur était ici, je l'apprendrais ; ta confidente » te manque. »

Des larmes roulèrent dans les yeux de Gustave, sa poitrine était oppressée ; il fixa tristement la terre, et d'une voix étouffée : « Oh ! oui, elle me manque !

» — Eh bien ! ne puis-je la remplacer au moins quel- » ques jours? »

Toutes ces questions brisaient le cœur de Gustave. Pour leur échapper, il fallait rompre le discours à tout prix.

« La situation de ce couvent est bien pittoresque, » dit-il à sa tante. Quelle vallée ! et ce ruisseau, qui ser- » pente à travers les prairies, et ces arbres magnifiques qui les bordent... » Elle reconnut la ruse innocente, feignit d'en être la dupe, et s'engagea complaisamment avec lui dans la conversation sur le couvent.

« La beauté du site, mon ami, le calme même de ce » vallon, dans lequel les vents ne s'engouffrent presque » jamais, ne sont rien auprès de ce repos inaltérable » qui règne dans l'intérieur du monastère.

» — Je le crois sans peine, répondit Gustave. On » doit trouver bien du charme à habiter des lieux où le » mal ne pénètre pas, et où du moins, pour ceux qui » peuvent l'avoir commis, le remords expire et fait place » au repentir.

» — A merveille! mon neveu; heureuse disposition » d'apprécier ce que la vie sainte peut avoir de pré» férable à toute autre! Mais, nous, mondains, nous » sommes toujours réduits à de simples conjectures; et » si tu pouvais entendre le frère Paolo, il t'édifierait, te » consolerait. Car, cher Gustave, tu me fermes vaine» ment ton âme; je sais y lire. Il y porterait cette con» solation dont tu as besoin. Dis un mot, je te ménagerai » un entretien avec lui.

» — Je vous crois, et j'y consens, » répondit Gustave.

Comme le frère Paolo eut alors de la célébrité dans ce petit coin de terre, et comme sa parole fut toute-puissante sur son nouvel auditeur, pourquoi ne le ferions-nous pas connaître? Au milieu de ces tableaux dans lesquels un coupable joue toujours le principal personnage, il est moral de faire quelquefois avancer jusque sur le premier plan de la scène un de ces hommes dont la haute vertu attire un moment les regards trop préoccupés de cette revue criminelle.

Le pieux cénobite consacrait sa vie à appeler les bénédictions célestes sur un monde qu'il avait fui à jamais, non pour se mettre à l'abri de ses misères, mais parce qu'il ne voulait en partager ni les joies ni les illusions. Il suivait avec plus de sévérité encore que les autres la règle rigoureuse de saint Antoine, était chéri de ses frères ; mais aucun d'eux n'était capable d'apprécier l'élévation de son esprit, la générosité de son cœur, toutes les qualités enfin qui le distinguaient éminemment d'eux tous. Une natte grossière, quelques poignées de paille lui servaient de lit et de siége ; un peu de pain, quelques fruits, des racines composaient sa nourriture. Sa journée était partagée entre l'étude, la méditation et un travail silencieux et solitaire ; il communiquait assez peu avec ses frères. Soit que sa vie intérieure lui fournît une ample matière de méditation, soit que la grave pensée de l'avenir l'absorbât entièrement, il fuyait les entretiens où il ne trouvait ni édification à recevoir ni avis utile à donner. Les erreurs du siècle, pas plus que l'égoïsme inséparable de la vie ascétique, n'avaient pu diminuer l'ardent amour de frère Paolo pour ses semblables ; la petite sphère dans laquelle il était jeté semblait en quelque sorte échauffée et éclairée du feu céleste qui animait ses actions.

Tel était l'homme rare auquel madame Kersadec allait demander la guérison d'une âme qu'elle soupçonnait très-malade. Quant à Thomas Nodler, ses journées s'écoulaient assez paisiblement entre la lecture, la promenade et quelques lettres d'affaires. Il portait légèrement le poids du crime, sans s'apercevoir même qu'à ses côtés Gustave en était accablé. Vainement sa belle-sœur lui avait demandé plusieurs fois : « Mais qu'a donc votre » fils? » Il avait toujours répondu : « Rien de bien grave, » quelque amourette interrompue, le changement de » lieu! d'ailleurs c'est un peu sa nature. » La belle-sœur cessa de le questionner et suivit son dessein.

« A la rigueur, peut-être, dit-elle le surlendemain à » Gustave, j'aurais pu faire monter jusqu'ici le frère » Paolo; il s'élance avec ardeur de sa cellule dès qu'il » croit quelque part du bien à faire; mais tu ne seras » pas fâché de visiter le couvent, de te transporter tout » à coup au milieu d'une vie dont tu ne soupçonnes pas » la réalité et dont tu ne peux calculer l'impression. » A de pareils entretiens il faut la retraite de Paolo et » non le salon de ta tante.

» — Je la préfère, » reprit-il. Et elle lui remit un billet pour le religieux. Il descendit lentement, sous l'influence salutaire de cette démarche imprévue et solennelle. Comme si déjà elle eût produit son effet, à chaque pas qui le rapprochait du monastère, il se sentait plus allégé. Enfin il se trouva en présence de Paolo. Après avoir lu le petit billet, le religieux le prit par la main, l'invita à s'asseoir sur le lit et entra brusquement en matière.

« Qui vous amène? Soyez sincère si vous voulez être » secouru. Est-ce un désir à combattre ou une faute à » réparer? Est-ce un penchant ou un remords? Êtes-

» vous au bord ou déjà au fond de l'abîme? Parlez ; ma
» main est prête ; mais pour la rendre puissante, soyez
» vrai. »

Gustave était tremblant sous l'ascendant du saint homme ; l'interpellation vive et directe l'avait pétrifié et forcé du premier mot de se replier dans les profondeurs de son âme. Oserait-il jamais en extraire le courageux aveu du crime dont le remords la désolait? Le frère Paolo s'aperçut de son agitation.

« Peut-être vous ai-je trop pressé. Je me reproche
» cette attaque vive et mes formes assez dures. Retour-
» nez, réfléchissez, fiez-vous à moi, et Dieu vous donnera
» sans doute plus de courage une autre fois. Je vous at-
» tends demain, si la franchise du père Paolo ne vous a
» pas rebuté. C'est déjà une inspiration d'en haut d'être
» venu ; je compte sur votre retour. » Et il le salua.

Comme il gravissait la montagne, son père le rencontra tout à coup au bout d'un chemin de traverse, et lui dit : « Il me semble t'avoir vu entrer ce matin dans
» le couvent de S.-Francisco. Que peux-tu avoir à
» démêler avec ces messieurs? Est-ce que leur vie, par
» hasard, serait de ton goût?

» — Pourquoi pas? dit froidement Gustave. Elle en
» vaut bien une autre ; au moins elle ne laisse rien
» là... » Et il frappa vivement sa poitrine.

« — Quel langage! Serais-tu déjà allé chercher un
» confesseur? Il en est un dont la contrée vante le mérite
» et les cures admirables.

» — Oui, c'est précisément le but de ma visite chez » les religieux.

» — Quelle faiblesse de ne pouvoir renfermer dans » son sein ce qui devrait y mourir enseveli !

» — S'il est déchiré, pourquoi souffrir toujours?

» — Mais, du moins, tu n'oseras disposer de ce qui » ne t'appartient pas ; tu feras ta part bien exacte, et tu » laisseras la mienne de côté; tu t'accuseras s'il te plaît, » mais tu ne dénonceras personne.

» — Je me trouve assez coupable, sans aggraver mon » crime de celui d'un autre. Je ne ferai pas de mensonge » en supprimant un seul mot qui me concerne; je ne » commettrai pas une lâche indiscrétion en soulevant le » voile sous lequel un autre désire encore se cacher.

» — Et quand iras-tu te livrer à la foi de ces hommes?

» — Demain.

» — Alors (prenant un air de réflexion) il serait trop » tard. Bonne chance à ton repentir. » Et il le laissa pour s'enfoncer dans un taillis qui bordait le chemin.

Madame Kersadec attendait le retour de Gustave; comme elle le vit soucieux et préoccupé : « N'auriez-» vous pas été content du frère Paolo?

» — Bien au contraire; mais en revenant, de l'im-» prévu s'est présenté, et j'y songeais. Demain je re-» nouvellerai ma visite, et avec un plein succès, je l'es-» père. »

Elle lui prit la main et la serra en signe de satisfaction. Le père survint, s'aperçut du mouvement et s'écria : « Ah ! vous le félicitez de sa course religieuse.

» — Sans doute, répondit la belle-sœur avec un air » de surprise.

» — Continuez, ajouta M. Nodler, et s'il plaît à Dieu, » nous le verrons bientôt prendre l'habit. »

La conversation n'eut pas d'autre suite.

Le lendemain, à l'heure de la veille, Gustave arrivait dans la cellule avec l'air d'une résolution calme qui frappa d'abord les regards du cénobite.

« Je ne m'étais pas trompé; je suis heureux de vous revoir. Dieu achèvera le reste. Asseyez-vous à mes côtés.

» — Je vais faire mieux, » reprit modestement Gustave, et il s'agenouilla. Le religieux se recueillit, et ensuite prêta une oreille attentive. Après le temps nécessaire à une confession si grave et aux exhortations qu'elle avait exigées : « Levez-vous maintenant, dit le père Paolo. N'ou- » bliez pas de revenir chaque jour. La tempête a été » soulevée jusqu'au fond de l'âme; les flots émus ne s'a- » paiseront que par degrés; le calme renaîtra peu à peu, » si, docile à l'influence divine et à mes faibles conseils, » vous entrez dans la prière avec la même fermeté que » dans le repentir. »

Un mois s'était écoulé, et M. Nodler parlait d'un voyage en Italie; il en fit part à Gustave, qui lui répondit : « Par- » tez, mon père; je demeure. Désormais nos destinées » seront différentes : la mienne est réglée; dès que le » temps des épreuves sera fini, elle se renfermera dans » ce couvent.

» — Tu m'abandonnes, mon fils !... dit le père d'une » voix émue.

» — Non, c'est vous qui me quittez. Je suis dans le » lieu où je dois mourir ; vous ne connaissez pas encore » celui où vous voulez vivre. Vous allez d'abord le chercher » en Italie, et ensuite qui le sait?... C'est donc vous qui » vous éloignez de moi.

» — Je ne puis croire à ta résolution, et par ton lan- » gage tout à fait nouveau, tu m'ôtes la pensée de la » combattre. Je me bornerai donc à une excursion de » quelques semaines aux environs de Turin, et je revien- » drai voir si décidément tu es à jamais perdu pour moi. » Il poussa un profond soupir. Abattu, consterné, d'un ac- cent de voix déchirant : « Père malheureux ! je n'aurai » plus d'enfant ! L'un... ah ! terrible fatalité !... L'autre, » le cloître va me l'enlever !... » Il s'éloigna.

Instruite du projet de son beau-frère, madame Kersadec réunit à dîner quelques personnes avant son départ. Au dessert, la conversation tomba sur une bande de brigands qu'on venait d'arrêter près des frontières d'Italie. « Ah ! » parbleu ! à ce propos, dit l'un des convives, permettez- » moi de vous lire la lettre que j'ai reçue hier de Turin, » et que je crois avoir. » Il l'avait en effet, et commença ainsi :

« Que n'êtes-vous resté huit jours encore à Turin, » mon cher ami ! vous auriez assisté à l'un de ces spec- » tacles que la justice humaine donne rarement : l'exé- » cution de Giacomo Spoletta. La foule accourue des » campagnes voisines était immense et encombrait les » rues. La haie de soldats formée pour protéger le pas- » sage du condamné était à chaque instant débordée. Sa

» venue s'annonça par cette exclamation de mille voix : « Le voilà ! le voilà ! il approche. » On se serra, on se » leva sur les pieds pour mieux le voir. Ses cheveux noirs » étaient rasés ; ses yeux gris, empreints autrefois de fé- » rocité, avaient alors une expression de bienveillance » paisible ; ses mains, liées de chaînes assez légères, se » levaient au ciel par intervalles ; sa démarche était assu- » rée, et toute son attitude était celle de la résignation. On » l'attendait avec horreur, on le reçut avec pitié. Deux » cordeliers étaient à ses côtés ; deux autres le suivaient. » Arrivé à un endroit où les flots toujours croissants du » peuple interceptèrent sa marche, il y eut une halte » forcée de quelques moments ; il en profita pour s'écrier » en se tournant vers les religieux : « La mort est là.... » J'aperçois d'ici le lieu du supplice ! La mort m'attend » à quelques pas d'ici. Je voulais la braver en forcené ; » vous seuls, mes pères, m'avez appris à aller droit à elle » sans forfanterie et sans crainte, à l'accepter comme une » justice. » La foule était attentive, et tous les regards » se détournèrent un instant de Spoletta pour se fixer sur » les quatre cordeliers.

« Oui, continua-t-il d'une voix retentissante, quiconque » a commis un crime tel que le mien ne trouvera d'adou- » cissement et de force qu'en se réfugiant dans le sein » de ces hommes de Dieu. » Il se fit un grand silence, » et le cortége continua.

» Depuis longues années il n'y avait pas eu d'exécution » capitale sur la place de Turin. On remarqua qu'à l'ap- » proche du condamné l'exécuteur avait pâli. Lorsqu'il

» monta les degrés de l'échafaud, Giacomo s'en aperçut » aussi, et il lui dit : « Est-ce donc à vous de trembler? » Je l'ai mérité; frappez, frappez d'un bras ferme! » Le » bourreau et deux aides lièrent son corps sur une planche; » la tête seule dépassait; on l'introduisit dans une lunette » dont les deux parties se rapprochèrent et le pressèrent » hermétiquement. Le bourreau avala quelques gouttes » d'eau-de-vie, respira du vinaigre, et enfin leva le ci- » meterre redoutable. Il était si troublé, que le premier » coup porta sur l'extrémité de la tête, n'enlevant qu'un » morceau de l'épiderme avec une poignée de cheveux. » Un cri d'effroi retentit dans la foule; le patient secoua » sa tête, et comme sa face était tournée vers la terre, il » vit son sang en teindre la surface, et alors s'écria : « Ne me manquez pas la seconde fois. »

» Le bras de l'exécuteur, plus tremblant encore, se re- » lève avec incertitude, et assène un second coup impuis- » sant; le fer pénètre de quelques pouces dans la nuque » et y demeure, comme si la force manquait pour l'en » retirer. Le malheureux pousse des cris horribles; du » frémissement la populace passant à l'indignation, lance » des pierres contre l'échafaud; le bourreau épouvanté » s'évanouit; sa main laisse échapper l'instrument du » supplice, qui tombe dans le sang et redouble l'effroi » de celui dont il prolonge la torture. Un aide jeune et » vigoureux le remplace, ressaisit le cimeterre et frappe » le malheureux; la tête roule; un murmure de satisfac- » tion annonce la fin de cette longue agonie. »

« Quelle horreur! dit la première madame Kersadec.

» Si j'avais prévu l'effet de cette lecture, je ne l'aurais » pas écoutée.

» — Qu'avait-il donc fait ce Giacomo? demanda à son » tour M. Nodler.

» — Attendez, dit le lecteur ; la lettre le raconte aussi. » Et il continua : « Ce supplice, qui semblait ne pouvoir » prendre fin, vous révoltera sans doute, mon cher ami; » mais dans ces horreurs mêmes, croyez-moi, il y a tou» jours quelque chose de providentiel. Sa mort ne devait » pas plus être dans l'ordre accoutumé des peines que son » crime dans celui de la nature. » Ici tous les convives redoublent d'attention et demeurent en suspens.. « Gia» como, pendant une nuit, aidé de son fils et de sa » femme, monta dans une chambre de sa maison.

» — Arrêtez ! s'écrie M. Nodler; ce sera encore quel» que atrocité. Inutile d'entendre jusqu'au bout. » Et il se leva.

« — Pourquoi pas? » dit son voisin, le retenant par le bras et le forçant de demeurer assis.

L'autre acheva en reprenant les derniers mots : « ....Monta dans une chambre de sa maison, s'approcha » d'un lit, et étouffa une personne (mouvement parmi les » convives) dont ils portèrent le cadavre dans une grotte, » où des chiens, se disputant ses lambeaux, le firent dé» couvrir. »

« — A-t-on su quelle était cette personne? dit vive» ment l'un des convives.

» — C'était sa fille.

» — Horreur!... horreur!... » s'écria M. Nodler

bouleversé, et il s'enfuit dans le bosquet. Gustave l'y suivit; ils se regardèrent quelques minutes, et puis sans rien dire s'éloignèrent, le père pour combattre le remords par quelque distraction, le fils pour l'adoucir par la prière. L'un, dès le lendemain, quitta une demeure où se donnaient de si terribles leçons; l'autre, dès la pointe du jour, redescendit à celle où il en puisait de si salutaires.

L'absence de M. Nodler dura environ six semaines, durant lesquelles Gustave acheva son temps d'épreuves et fut reçu novice. A son retour, son père trouva un billet de quelques lignes qui lui annonçait l'événement.

« Je ne suis plus de ce monde, et déjà j'en éprouve du » bonheur. Rien n'y manquera le jour où j'apprendrai » qu'un autre encore a su le quitter. »

« Eh quoi! s'écria son père, déjà des prosélytes!... » C'est l'ardeur du noviciat. Quelques mois d'une règle » dure et inflexible sauront le dompter. »

Madame Kersadec survint. « Le sort en est donc jeté, » ma belle-sœur! L'influence divine a triomphé.

» — La chose est sérieuse, mon beau-frère; ne la » prenez donc pas aussi légèrement. Qui peut répondre » de soi? Seriez-vous le premier esprit fort dont la con- » version aurait fait un exemple? Je vous attends à quel- » ques années.

» — Décidément, je ne puis échapper, reprit-il avec » un sourire qui semblait défier la prédiction; mon fils » m'appelle et sa tante me pousse.

» — Irez-vous voir votre fils?

» — Seulement s'il me le fait dire. »

Quinze jours de vie monastique avaient suffi pour altérer la santé de Gustave, déjà ébranlée par une suite d'émotions morales. Plus d'appétit, plus de sommeil ; son amaigrissement était visible. Le frère Paolo l'engagea à suspendre les rigueurs de la discipline.

« Non, répondit-il. Mon nouvel état est une lutte. Je » compte à peine quelques pas dans la carrière ; je suis au » début, et vous voulez que je m'arrête. Laissez-moi » pour la première fois braver vos conseils et suivre les » traces de tant d'illustres athlètes. » Il s'obstina.

La fièvre, plus forte que sa persévérance, finit par l'abattre. Etendu depuis trois jours sur son lit de souffrance, il s'informa de son père, et sur la réponse qu'il était de retour, demanda à le voir. Celui-ci, averti dans la soirée, remit sa visite au lendemain. Quelques accès de délire avaient donné à Gustave une nuit d'agitation et d'insomnie. Il parut se calmer le matin ; mais à l'heure même où M. Nodler arriva, un nouvel accès vint à se déclarer, et sa vue en redoubla la violence. Il se leva sur son séant, s'agita, gesticula, jeta au loin ses couvertures, et commença un discours entrecoupé de fragments incohérents, de demi-phrases, de monosyllabes, d'exclamations, parfois d'un rire amer et sardonique qui faisait mal à voir.

« Nous étions deux... oui, il y en avait un autre... La » terre était bien dure. »

Après ce peu de mots le malade s'arrêta ; ses yeux hagards cherchaient autour de lui ; ils rencontrèrent M. Thomas et devinrent fixes ; il ne le reconnut pas. Sa tête se reposa un moment sur l'oreiller; elle semblait accablée par une méditation profonde, puis se manifestaient quelques agitations. Le crime se retraçait à son cerveau affaibli; il ne pouvait le ressaisir que par lambeaux d'images confuses. Tout à coup un rayon de joie inattendu éclaira sa figure. Il semblait avoir trouvé l'objet de ses recherches, et il se redressa.

« Ah ! j'y suis. Je vois une lanterne.... l'autre mon-
» tait... » Il rapprocha ses mains et les plaça comme celles de son père lorsqu'elles portaient le masque fatal. « Re-
» gardez bien, comme cela... » Il s'appliqua fortement les deux mains sur le visage en se renversant ; elles y demeurèrent collées, et lorsqu'il les en retira, ses doigts s'agitaient comme pour se dégager d'une matière gluante. « Et puis la corde, la grosse corde... » A ce moment il poussa un cri d'effroi, saisit son drap, et avec ses bras simula le mouvement nécessaire pour envelopper une chose. « Là... bien... la voilà... elle descend le long du
» mur... Comme elle est blanche !... »

Après ces mots il se fit une pause. A la rougeur qui animait son visage succéda une teinte pâle. Il se reposa de nouveau.

M. Thomas, tout déconcerté, et par ces paroles, qui le mettaient comme sur la sellette en face du père Paolo, et par la crainte de trahir lui-même le bouleversement de son âme, voulait se retirer et n'osait pas, voulait paraître avoir de la pitié pour son fils et ne pouvait pas l'exprimer. Une seule fois il parvint à dire : « Quel désordre dans
» les idées ! » Un regard du père Paolo le fit rentrer en

lui-même, refoula quelques autres mots semblables prêts à s'échapper, et en le frappant d'immobilité, l'attacha, l'enchaîna à cette place pour y entendre sa sentence.

Gustave se redressa de nouveau, les mains jointes, et de l'accent d'une douce commisération : « Nous l'avons » couchée... elle dort... Nous l'avons couverte aussi... » Elle dort toujours... Quand elle se réveillera... Oh! » non... jamais... jamais... » Et il rompit ce ton de tristesse par un ricanement satanique. « Mais l'autre, où » est-il? » Et de nouveau son regard, animé d'une curiosité ardente, se fixa sur son père. M. Thomas tremblait comme un de ces criminels qui, après s'être dérobés longtemps aux recherches de la justice, aperçoivent tout à coup sa main s'appesantir sur eux.

« L'autre, continua Gustave, l'autre... on ne le trou- » vera pas... lui... lui... Il ne faut pas le dire... chut... » silence... » Et il accompagna d'un geste sa voix, dont il s'étudiait à adoucir l'inflexion. L'accès allait finir; il retomba dans l'abattement, ferma les yeux et s'assoupit. A peine une minute s'était écoulée, qu'il se releva avec tous les symptômes d'une grande frayeur. « Dieu! j'aper- » çois l'autre... Mais on l'attache... c'est à un morceau » de bois... On y met le feu... la flamme s'élève... » j'entends des cris... » Il en poussa un lui-même, et retomba enfin dans une sorte d'anéantissement auquel succéda le sommeil.

Sans adresser la parole à M. Nodler, et comme s'il eût respecté le repos du pauvre malade, le père Paolo se contenta de lui montrer la porte. Il sortit en silence, la tête baissée, sous la double impression et de son crime, dont Gustave avait fait revivre les principaux traits, et de cette vision mystérieuse qu'il s'efforçait vainement d'attribuer à la folie. Sa première pensée fut d'abandonner sans retour des lieux où se multipliaient pour le tourmenter tant de scènes sinistres. Il redoutait l'opinion et le blâme de sa belle-sœur, dont il attendait la fortune au moins en partie. Quitter un fils presque mourant lui donnerait un renom d'insensibilité, de cruauté froide. Tandis qu'il délibérait en remontant la colline, madame Kersadec, descendue à sa rencontre, le décida.

« Comment avez-vous trouvé Gustave?

» — Très-mal. Il ne m'a pas reconnu, et s'il me re-
» connaissait, ma présence, je le crois, aggraverait sa
» position.

» — Quelle idée! N'allez pas au moins nous aban-
» donner. Vous ne l'avez vu que dans un moment de
» délire; la raison reviendra, et si Dieu l'appelait à lui,
» le laisseriez-vous partir sans le revoir? Fuiriez-vous un
» fils qui demanderait à son père de recevoir son dernier
» soupir? Je me brouillerais avec vous.

» — Ma sœur! me croiriez-vous capable?.... Quels
» sentiments me supposez-vous?... »

Le soir même un messager remit à M. Thomas une petite lettre; l'écriture était du père Paolo; le malade l'avait dictée.

« Je n'ai plus de délire; je n'aurais plus assez de force
» pour en avoir. La raison est revenue; mais elle va s'é-
» chapper bientôt avec la vie. Venez, mon père, recevoir

» l'éternel adieu et écouter le dernier vœu de votre fils » mourant. J'ai prié le père Paolo d'écrire. »

Il était neuf heures; M. Nodler suivit le messager. Une lampe éclairait à peine la cellule et projetait sa lumière douteuse sur la pâle figure du novice, déjà enveloppé des ombres de la mort. Le père Paolo se tenait assis sur une escabelle à la tête du lit, récitait les prières des agonisants. A l'arrivée de M. Thomas il se leva, et à un signe convenu le laissa seul. Son fils se tourna vers lui, et d'une voix défaillante :

« Mon père, je vous pardonne.

» — Tu me pardonnes ?.... reprit d'un air étonné » M. Thomas. Est-ce bien à toi de pardonner? Qui t'en » a donné le droit?

» — Je n'argumente pas; ce n'est ni le lieu ni le » moment. Mon crime m'a été remis; je me retire en » paix. Il s'arrêta un moment, et reprit : « Et vous, ne » ferez-vous pas comme moi? Ce me serait une si vive » joie d'en emporter en mourant la certitude ! Promettez-» le-moi.

» — Je ne m'engage à rien, dit froidement M. Nodler. » Je me réserve toute ma liberté.

» — Gardez-la donc, répondit Gustave d'un ton plus » animé que son état ne semblait le permettre. Quoique » vous rejetiez mon pardon, je vous le donne encore.

» — Je ne l'accepte pas.

» — Adieu donc... adieu.... Vous ne me comprenez » pas. Je vous plains ; je vais prier pour vous et mourir. »

Il détourna la tête. Son père attendit pour voir s'il

parlerait encore. Au bout de quelques minutes Gustave poussa un profond soupir ; son père se rapprocha, écouta : plus le moindre mouvement, plus de respiration. Il était déjà dans un monde meilleur.

M. Thomas se hâta de sortir, sans être trop ému de ce spectacle : son heure n'était pas venue. Malgré l'obscurité de la nuit, il voulut revenir seul, et en employa le reste à ses préparatifs de départ. Pour éviter toute explication, il aima mieux écrire à madame Kersadec que la revoir. Dès la pointe du jour il s'achemina vers Turin, d'où il gagna l'Italie et Venise.

Le remords semblait n'avoir aucune prise sur cette conscience endurcie. L'image de son fils mourant avait fait disparaître celle de sa fille immolée par sa main, et bientôt les diverses impressions du voyage effacèrent celle même de Gustave. Un peu plus tard seulement il commença à reconnaître que, pour avoir échappé au supplice dans sa patrie, il n'avait point évité le remords, et que, pour avoir été retardée, sa peine ne devait en être que plus longue et plus terrible. Il faut encore l'écouter lui-même dans ce récit composé au moment où tout espoir était perdu et où son arrêt de mort était irrévocablement prononcé. Il s'écrie :

« Je le reconnais aujourd'hui, les tourments de l'âme » me semblaient épargnés; mais la persécution, les dou- » leurs physiques, la captivité avec ses angoisses, com- » mencèrent bientôt mon supplice. Il date de Venise. » Le pays m'avait souri d'abord; je me proposais de l'ha- » biter, et au bout de vingt jours j'y louai un apparte-

» ment pour une année. J'avais acheté quelques meubles » et quelques livres; j'étais presque installé, lorsque de » bon matin entra dans ma chambre messer-grande (c'est » le nom d'un des principaux officiers de la police). M'é- » veiller, le voir et l'entendre me demander si j'étais » M. Thomas Nodler, fut l'affaire d'une minute.

« Levez-vous. Vos lettres, vos papiers, et suivez-moi.

» — Mais en vertu de quels ordres?

» — De ceux de l'inquisition d'état.

» A ce nom terrible, je ne me sentis pas la force d'ou- » vrir moi-même le secrétaire. « La clef est là, dis-je; » prenez ce qui vous conviendra. » On remplit un sac » que tenait l'un des sbires. Je m'habillai machinalement.

» A la sortie de ma chambre, quelle fut ma surprise! » Trente ou quarante officiers de police m'attendaient. » Que redoutait-on de moi? Ils m'escortèrent jusqu'à » une gondole, où messer-grande en fit entrer quatre et » s'assit à côté de moi. D'abord il me déposa chez lui, où » je demeurai quelques heures enfermé dans une chambre » et livré à toutes mes réflexions. Qu'avais-je fait? J'eus » l'audace de me le demander. Enfin, de quoi étais-je » coupable à Venise? Là, du moins, je ne me reprochais » rien encore. Quel était mon ennemi? Je n'en avais pas. » Mon dénonciateur? Je ne pouvais le soupçonner. La » pensée morale que mon impunité avait déjà duré trop » de temps ne me vint pas. J'entrai en colère; elle » s'exhala en imprécations contre l'injustice des hommes » et l'arbitraire d'un gouvernement odieux.

» L'horloge sonna trois heures; le chef des sbires

» revint, et me dit qu'il avait ordre de me conduire sous » les Plombs. Je le suivis, et après avoir traversé en gon- » dole plusieurs canaux et être entrés dans le canal- » grande, l'escalier nous conduisit à un pont exhaussé, » étroit et clos de murs, qui joint les prisons au palais » du doge. J'étais donc destiné à le voir, ce triste pont » dont le nom avait quelquefois retenti à mes oreilles, ce » pont des Soupirs sur lequel avaient passé avant moi » tant de victimes des ombrages de l'aristocratie véni- » tienne! Au bout d'une longue galerie, je fus présenté » à un homme vêtu en patricien ; c'était le secrétaire des » inquisiteurs d'état. Il me considéra avec attention, et » dit : « C'est bien lui ; prenez garde qu'il ne s'échappe. » » A l'instant une idée vint me glacer d'effroi. Je suis » donc bien connu? Aurait-on envoyé mon signalement » de France? Demanderait-on mon extradition? Le sou- » venir de mon crime se ranima ; je me voyais déjà entre » les mains de la justice.

» De cette chambre on me fit passer par trois grandes » pièces et monter dans une espèce de grenier sombre et » malpropre. Je crus que c'était là ma prison; je me » trompais : mon geôlier prit une grosse clef, et ouvrit » une porte de trois pieds de haut revêtue de lames de » fer, au milieu de laquelle se trouvait un trou d'environ » huit pouces carrés. La première chose qui frappa ma » vue en entrant fut une machine en fer assujettie au » mur. Je ne pus retenir un cri de frayeur : « Ah! mon » Dieu! à qui cette machine est-elle destinée?

» — A vous, répliqua le geôlier, si les illustres sei-

» gneurs ordonnent que vous soyez étranglé. On vous » fera asseoir sur un tabouret, le dos contre le mur; » votre cou sera engagé à moitié dans ce carcan de fer; » on nouera autour un cordon de soie dont les extrémités » sont attachées à une manivelle, et on la tournera jus- » qu'à ce que vous ayez rendu votre âme à Dieu; mais » le confesseur ne vous quittera pas que vous ne soyez » mort. »

» Je frémis et baissai la tête. Le geôlier referma la » porte; je l'entendis refermer aussi les unes après les » autres les portes des chambres qui conduisaient à mon » cachot. Accablé d'abord sous les impressions doulou- » reuses de la journée et sous la multitude de ces mille » doutes qui se croisaient dans mon esprit, je m'appuyai » contre le treillage de ma fenêtre, et plus de deux heures » je me bornai à réfléchir. Une crainte dominait toutes » les autres, celle de n'être là que dans un lieu de dépôt, » d'où l'on ne manquerait pas de me transférer à Gre- » noble dans les prisons du parlement; de me livrer à » ses conseillers, qui s'empresseraient de couronner par » une sentence capitale le mépris et l'humiliation dont » ils m'auraient abreuvé. Enfin je jetai les regards autour » de moi et j'examinai ma demeure. Six barreaux de fer » d'un pouce chacun formaient en se croisant de petits » trous de cinq pouces dans une ouverture d'environ » deux pieds carrés, à travers lesquels la lumière du jour » pénétrait à peine dans mon cachot. En me retournant » et en baissant la tête, lorsque l'inclinaison des murs » m'y forçait, je rencontrai une alcôve, mais sans lit,

» sans table et sans chaise. La chaleur m'étouffait; je » cherchai un peu d'air par le trou pratiqué dans ma » porte, les bras ployés sur la poitrine, silencieux, immo- » bile, enfoncé dans une profonde rêverie. En sonnant » neuf heures, l'horloge m'en retira en sursaut.

» Quoi ! me disais-je, neuf heures, et pas encore un » seul être humain !... Ni du pain ni de l'eau !... La soif » me dévorait. Minuit sonna. Ils veulent donc me faire » mourir de faim !... Je devins furieux; je hurlai, je » frappai la porte avec mes bras et le sol avec mes pieds. » Même silence, et jamais personne. A l'agitation suc- » céda la faiblesse; je m'étendis par terre. Malgré le » trouble de mon esprit, la violence de mes besoins et » la dureté du plancher, le sommeil me gagna. Il fut » bien court, et je le trouvai trop long encore, tant de » terribles visions vinrent m'agiter !

» J'étais couché sur le côté gauche; sans me lever » j'étendis mon bras droit pour prendre mon mouchoir » de poche, que je me rappelais confusément avoir placé » auprès de moi : quelle ne fut pas mon horreur !... je » rencontrai une main roide et froide comme de la glace. » Le froid mortel de cette main sembla pénétrer dans » la mienne et se répandit dans toutes mes veines ; je » restai sans mouvement pendant cinq ou six minutes. » A la fin, reprenant mes esprits, j'étendis une seconde » fois mon bras du même côté, et de nouveau je sentis » cette main glacée : tout mon corps tressaillit. « Pen- » dant mon sommeil ils ont déposé un cadavre près de » moi, m'écriai-je. Il n'y en avait pas avant; j'en suis cer-

» tain. » J'allongeai une troisième fois le bras. Dieu ! cette » main commence à se mouvoir. Serait-ce celle d'un » compagnon d'infortune? Je me soulevai, et bientôt je » reconnus l'une des miennes, ma main gauche, qui s'é- » tait engourdie en supportant le poids de mon corps.

» Je continuai à demeurer couché, soupirant après la » naissance du jour. Vers quatre heures il commença à » poindre ; à huit seulement le bruit des verrous m'an- » nonça le geôlier.

« — Eh bien ! avez-vous faim? Je vous avais oublié. » Que voulez-vous?

» — Ce qu'on peut se procurer avec trois sequins. De » l'eau avant tout, car je meurs de soif.

» — Croyez-vous donc ne passer ici qu'une seule » nuit? Vous ne me demandez ni lit ni chaises.

» — J'aurais besoin de beaucoup d'autres choses.

» — Voici un crayon; écrivez où l'on pourra les » trouver. »

» J'écrivis alors l'endroit où l'on trouverait mon linge, » mon lit, ma table, mon miroir, mes rasoirs et mes » livres, et je lui lus la note.

» — Le lit, le linge et la table, soit; tout le reste est » défendu ; vous êtes au secret.

» — Et mon argent?

» — Désignez le meuble où il est déposé ; on vous le » portera.

» Vers neuf heures le geôlier revint accompagné de » cinq autres individus employés au service des prison- » sonniers, comme on nous appelait ; ils apportèrent mon

» dîner, mes meubles et ma bourse, où se trouvaient » quarante sequins.

» Le mot de prisonnier d'état m'avait frappé. Je n'ai » donc affaire qu'à la république de Venise. Quelque » mauvais délateur m'aura dénoncé, je ne sais trop sur » quel motif; l'imposture sera vite reconnue. Je sentais » renaître l'espoir; je me trouvais heureux de ne pas » tomber entre les mains de mes compatriotes; je me » traitais déjà comme un innocent.

» Cependant, au bout de six jours, la chaleur de ma » chambre m'avait presque épuisé. La canicule arriva; » les rayons du soleil, en tombant perpendiculairement » sur les plombs de mon cachot, en faisaient une étuve. » Pendant le jour je me tenais entièrement nu, assis sur » mon fauteuil, que la sueur ruisselant de toutes les par- » ties de mon corps ne tardait pas à tremper. De vio- » lents frissons annoncèrent bientôt l'approche de la » fièvre; je restai au lit sans rien dire, sans toucher à » mes aliments. Le troisième jour le geôlier me demanda » comment je me trouvais.

« Bien, répondis-je.

» — Cela est impossible, puisque vous ne mangez pas. » Parlez, et vous aurez un docteur que la bonté du tri- » bunal vous donnera pour rien. »

» Deux heures après le médecin était auprès de moi. » L'unique remède prescrit, et préparé à l'instant même » de sa main, fut une limonade copieuse, et le jour suivant » une saignée. Ce régime opéra bientôt; la santé me » revint, mais non la liberté. Je m'abandonnai pendant

» cinq ou six jours au plus violent désespoir ; je me crus » emprisonné pour la vie ; ma raison s'égara, et on va » juger jusqu'à quel degré. Le geôlier venait de se re- » tirer dans le grenier avec les deux porte-clefs ; j'étais » seul, les yeux dirigés vers la croisée, lorsque je vis une » des grosses poutres du plafond se pencher vers la droite » et ensuite reprendre sa place. Je perdis mon équilibre ; » il y avait eu commotion. Au bout de cinq minutes elle » recommença. « Encore une autre, m'écriai-je, mais » plus forte. » Le geôlier, revenu à mes cris, me crut fou » et prit la fuite. Je comptais sur un tremblement de » terre ; j'appelais de tous mes vœux la destruction du » palais du doge, imaginant que, sorti sain et sauf des » décombres, je me retrouverais en liberté. »

Ce grand coupable devait en effet en sortir, mais plus tard. Après un travail et des appréhensions inouïes dont il est inutile de donner les minutieux détails, et au moment où son évasion fut couronnée de succès, il eut l'audace de l'attribuer à la protection divine. Elle lui montra pourquoi elle l'avait épargné.

Après être parvenu à s'échapper du territoire de la république, M. Nodler se cacha durant quelques jours sur un bâtiment qui allait faire voile pour la Sicile. Ils étaient à peine en mer, qu'une de ces tempêtes comme il s'en élève souvent dans la Méditerranée mit les passagers à deux doigts de leur perte. Ce n'était que cris et désolation, que prières, que promesses s'ils échappaient au péril. Notre criminel ne fut pas des derniers à se prosterner et à faire appel au Tout-Puissant. Le vent redoublait ; encore un degré de fureur de plus, et le navire allait être submergé.

Voyant la mort dans chaque vague qui venait fondre sur sa tête, M. Nodler se rappela le dernier vœu formé par son fils, et ce qu'il avait refusé aux supplications d'un mourant, il l'accorda aux menaces d'une destruction prochaine ; il jura qu'en abordant en Sicile son premier soin serait de renoncer à sa vie passée, et de se jeter dans la vie monastique, à l'exemple du malheureux Gustave ; puis il attendit son arrêt. La justice suprême l'ajournait encore ; il devait périr par un autre élément.

La tempête s'apaisa donc ; chacun se sentit renaître à l'espérance. Le bâtiment toucha au port, et après être débarqué, Thomas courut accomplir son vœu. Passons rapidement sur les préliminaires exigés pour son entrée dans un couvent de l'ordre des Augustins, où il devint frère lai sous le nom de Romuald, et laissons-le lui-même expliquer une circonstance grave de son nouvel état.

« Dieu, en m'inspirant le dessein de me consacrer à » lui, ne m'avait pas donné la foi aveugle de Gustave, » cet abandon sans réserve qui nous livre à lui tout » entier. Lorsque agenouillé devant le respectable frère » Gieronimo, je commençai la récapitulation de ma vie, » ma mémoire ressaisit avec fidélité chacune de mes » fautes, et une pieuse confiance les reproduisit avec un » ordre parfait. Arrivé à l'endroit fatal, au péché irré- » missible, au crime, je m'arrêtai quelques minutes, et, » semblable à un homme qui recule pour mieux franchir » l'intervalle qui le sépare du but, je m'élançai en quel-

» que sorte par-dessus ce jour lugubre, et je retombai » sur des époques sinon d'innocence, au moins d'expia- » tion plus facile.

» Un devoir sacré le céda à la honte. Je redoutais de » paraître un trop grand coupable et de subir de trop » dures épreuves pour obtenir l'absolution. Ah ! que j'en » fus puni ! Que ma faiblesse et ma vanité me coûtèrent » cher ! Ce trait, qu'une contrition sincère serait par- » venue peut-être à arracher par degrés de mon âme, » s'y enfonça plus avant. Ni la nuit ni le jour sa pointe » acérée ne me laissait de repos, et je l'ai senti de plus » en plus se retourner dans cette large plaie impossible » désormais à cicatriser.

» Alors j'eus recours à un expédient : ce que je n'a- » vais pas osé révéler à un homme, j'essayai de le con- » fier au papier. M'imaginant sauver mon honneur du- » rant ma vie, je n'hésitai pas à le livrer après ma mort. » J'écrivis cette confession avec toutes les précautions » convenables, et pour la dérober à la connaissance des » religieux, et pour la faire parvenir à celle qu'un inex- » plicable mystère, un miracle avait pu seul préserver » de mes mains.

» Cette demi-mesure, cet accommodement avec ma con- » science, cette réticence obstinée jusque devant le tri- » bunal de la pénitence était un crime nouveau ; j'en » devais porter la peine. »

La préoccupation continuelle dans laquelle le frère Romuald était jeté, soit pour écrire ses pages secrètes, soit pour échapper à lui-même, lui donnait un air distrait et tout particulier qui ne put échapper à ses frères. L'un d'eux, tourmenté d'une noire envie, ou s'imaginant accomplir une obligation sacrée, le dénonça. Mis au secret dans les cachots du saint office, il fut convaincu de quiétisme, molinisme, hérésie formelle, etc. Néanmoins, sur ses témoignages de repentir, les inquisiteurs, après l'avoir laissé trois ans dans les fers, le condamnèrent à faire amende honorable et à passer trois autres années dans un monastère de son ordre, où il serait inscrit au dernier rang des frères et chargé du travail des domestiques.

Là frère Romuald entra dans un état d'exaltation difficile à décrire; il alla jusqu'à dire qu'il recevait des messages célestes, qu'il était prophète et à l'abri des atteintes du péché.

C'était évidemment de la folie. Il se trouva pourtant des médecins qui, après l'avoir examiné, constatèrent en lui la pleine et entière jouissance de ses facultés intellectuelles, traitant ses visions de stratagèmes inventés pour se soustraire à son nouveau châtiment. Le saint office jugea qu'il en méritait un plus grave, et le condamna au feu.

Expédition de l'arrêt fut adressée au tribunal impérial de l'inquisition d'Espagne, qui devait donner l'ordre de le faire exécuter. La réponse se fit attendre trois années; c'était un ajournement du supplice, et dans l'intervalle on essayerait tous les moyens possibles de conversion spirituels et temporels.

Huit ans s'écoulèrent; il fut jugé incorrigible, et le

29 octobre 1720, l'inquisiteur général, évêque d'Albaracin, signa à Vienne, où il habitait près de l'empereur, l'ordre d'exécution. Cependant, après avoir langui douze ans dans les cachots, il fut forcé d'attendre la mort quatre ans encore.

Le supplice s'annonça dès la veille par une procession autour de la place de la cathédrale, sur le théâtre même du jugement. Princes, ducs, marquis, barons, chevaliers, ministres, officiers, avocats et clercs, la cour et la ville parurent à la suite des évêques, prêtres, moines, inquisiteurs, familiers, bourreaux, et une foule d'autres agents du saint office. Durant la procession, les glaces et les sorbets circulaient dans les rangs de la haute et petite noblesse aux frais du prince de la Catholica et du prince Delmonte. Le vice-roi, l'archevêque, le général en chef impérial et autres grands personnages, assistèrent du balcon de l'archevêché à cette cérémonie et à celle du même genre qui eut lieu le lendemain.

Une heure après le coucher du soleil, le secrétaire don Thomas Antoine de Laredo revint au palais du saint office, où l'attendaient les inquisiteurs. Il était chargé de descendre dans les cachots accompagné de cinq docteurs qui devaient examiner avec le plus grand soin le criminel et donner sur son état une dernière attestation. Il fut jugé cette fois encore sain de corps et d'esprit ; après quoi les cinq docteurs dressèrent leur rapport et l'affirmèrent par serment. Lorsqu'ils l'eurent reçu, les inquisiteurs renvoyèrent don Thomas de Laredo auprès du condamné : c'est là qu'en présence de quelques conseillers et théologiens du saint office, il lui annonça son horrible sort.

En écoutant la sentence, Romuald resta impassible. Le secrétaire se retira et le laissa avec quelques prêtres qui travaillèrent presque toute la nuit à sa conversion.

« Allons frère, disait l'un d'eux, avouez, et ne feignez » plus d'avoir perdu la raison. » Elle était en effet revenue tout entière au condamné dans ce moment suprême; plus d'égarement, plus de trouble. Il allait envisager son sort tel que l'affreuse réalité le lui présentait; ni délire ni vertige qui en affaiblît l'horreur en créant de fantastiques objets. Il répondait donc avec la plénitude de son bon sens:

« Comment avouer ce qui n'est pas? Demandez-moi » plutôt ce qui est, et peut-être alors, en se brisant par » un dernier effort, ma conscience le laissera échapper.

» — Vous l'entendez, se disaient les prêtres entre eux, » il tient des péchés en réserve dans quelque coin de son » âme. Que lui ont servi tant d'interrogatoires, tant de » confessions? Il n'a jamais tout dit. Que ce secret captif » sorte donc enfin.

» — Que vous importerait? dit Romuald; vous ne le » croiriez pas.

» — Qui sait! parlez toujours.

» — O Gustave! que j'ai précipité dans l'abîme et qui » as succombé avant le temps, il me semble t'écouter » encore; ce n'était pas une vision; ce bûcher, ces » flammes, c'était mon supplice que Dieu te révélait et » qu'il t'ordonnait de me prédire. »

Les religieux levaient les mains au ciel et faisaient des

signes de croix. « Quel endurcissement! quelle opiniâ-
» treté dans ses rêveries de commande! »

Romuald continua : « Et toi, ma Joséphine... »

» — Assez... assez... répétèrent à la fois tous les » prêtres. Ne va-t-il pas profaner ces lieux par le nom de » quelque concubine! Si elle a existé, il est coupable de » l'invoquer; s'il l'invente, il l'est peut-être davantage.

» — Moi inventer... Joséphine... »

A ce nom, répété malgré leur défense, ils s'élancèrent vers lui pour obtenir par force le silence. Il baissa la tête et se tut.

Une procession plus magnifique encore que celle de la veille partit de bonne heure du saint office. Frère Romuald marchait le dernier, et à côté de lui sœur Gertrude, condamnée au même supplice. Leurs habits étaient enduits de poix, et des mitres de carton avec des flammes peintes s'élevaient sur leur tête. Une cavalcade des gens les plus qualifiés du pays leur servait d'escorte; la marche était fermée par les illustres inquisiteurs en grand costume, s'avançant un à un sur des mules blanches décorées de housses de velours noir, et ayant chacun deux nobles siciliens à leurs côtés.

Il y eut d'abord sermon, puis séance délibérative des inquisiteurs. Sœur Gertrude fut amenée la première devant eux pour entendre son arrêt. Sa fermeté ne l'abandonna point; elle apostropha si vivement ses juges, qu'on fut forcé de la bâillonner. L'arrêt portait qu'elle serait livrée au bras séculier, conformément aux lois.

Même arrêt pour le frère Romuald.

Alors l'alcade monte en chaire, et d'un ton violent : « Frère Romuald, quittez ce costume monastique, que » vous êtes indigne de porter. » Le moine détacha sa ceinture, ôta sa mitre de carton et sa robe goudronnée, et se dépouilla de son froc, qu'il remit à un des familiers du saint office, après quoi on le couvrit de nouveau de sa mitre et de sa robe.

Un quart d'heure avant le coucher du soleil, le char de sœur Gertrude entra dans l'enceinte destinée à l'exécution. Plus elle approchait du bûcher, plus le zèle des théologiens redoublait. Loin de pâlir à l'aspect de cet appareil terrible, elle protestait fièrement de son innocence. Lorsqu'elle fut montée sur le bûcher, le zèle infatigable des prêtres parut s'animer encore ; mais à la fin, voyant leur énergie épuisée, leurs exhortations vaines et leurs larmes stériles, ils se retirèrent et firent place à la justice.

On mit d'abord le feu à sa chevelure, afin de lui faire sentir une première épreuve de la douleur. On remarqua qu'elle devait avoir près de cinquante-six ans, et qu'elle était restée près de vingt-deux ans en prison. Ensuite on approcha le feu de sa robe goudronnée, pour voir si l'atteinte des flammes dessillerait ses yeux ; mais, témoins de son obstination, les exécuteurs embrasèrent le fourneau placé sous ses pieds. Le feu ayant gagné la pile de bois sur laquelle se trouvait la malheureuse, elle tomba dans le fourneau, où elle fut consumée ; « et son âme, dit » le narrateur italien, passa des flammes temporaires » dans celles de l'éternité. »

Avant de faire monter Romuald sur son échafaud, on lui montra, pour exciter sa terreur et son repentir, le supplice de Gertrude ; en même temps les prêtres redoublèrent pendant un quart d'heure leurs véhémentes exhortations. Il n'y répondait que par ces exclamations : « Gustave!... Gustave!... Joséphine!... Joséphine!... » que Dieu me rejoigne à vous! » Il était déjà sur le bûcher, quand le prince de Montevago, qui portait la bannière de la congrégation, joignit ses instances à celles des prêtres; mais le nom de ses deux enfants étaient les seuls mots qu'on lui entendît murmurer. Enfin on l'attacha au poteau et on mit le feu à la robe enduite de résine. Les premières atteintes de la douleur le jetèrent dans des mouvements convulsifs qui effrayaient les spectateurs. Dans sa lutte pour fuir le supplice, on le voyait souffler sur le feu comme s'il eût pu l'éteindre, et sa tête commençait déjà à devenir la proie des flammes, que cet effort désespéré durait encore. Le bûcher s'alluma, les contorsions redoublèrent, le plancher qui le soutenait s'engouffra dans la fournaise; « et son âme, ajoute le » même narrateur, à travers les flammes qui dévoraient » son corps, passa à l'épreuve des peines éternelles que » son aveuglement avait osé braver. »

Ainsi finit Thomas Nodler, qui donna la mort à sa fille par une erreur, et causa celle de son fils par ses conseils. Il n'échappa au châtiment en France que pour le subir plus terrible en Sicile; nouvel et mémorable exemple de cette vérité triviale et trop négligée : Tôt ou tard la peine atteint le criminel, qui fuit vainement devant elle.

## LE MASQUE DE POIX.

Julie, mariée depuis longues années au comte de la Caza, entendait lire, un soir de l'année 1720, le récit détaillé du célèbre autodafé de Palerme. Le sort de sœur Gertrude, et surtout celui de frère Romuald, excitait son effroi et une douloureuse pitié dont le sentiment se prolongeait sans qu'elle en pût expliquer la cause. « Pour- » quoi, disait-elle au comte, cet intérêt si vif pour un » religieux étranger ? » La réponse arriva un mois après.

Un voyageur venu de la Sicile demanda à lui parler en particulier ; il était porteur d'un paquet destiné à elle seule. Ce paquet était scellé d'un cachet noir ; elle le brisa. Il contenait une lettre en français et un cahier assez volumineux en italien. Elle ouvrit la lettre, et reconnaissant l'écriture de son ancien tuteur, dont depuis tant d'années aucune nouvelle ne lui était parvenue, elle éprouva un vif saisissement. Alors elle demanda à l'étranger la permission de se retirer dans son cabinet pour lire sa lettre. Chaque mot la fit frémir ; elle était ainsi conçue :

« J'ai trahi mon frère, j'ai voulu assassiner sa fille ; » le démon m'a fait assassiner la mienne. J'ai précipité » aussi la fin des jours de mon fils. J'étais un monstre ! » Je ne mérite de ma pupille ni regret ni pardon. D'au- » tres regarderont peut-être le supplice de frère Romuald » comme injuste et comme cruel ; je le déclare mérité et » trop doux encore pour moi.

» Quoique indigne de rien obtenir, permettez-moi » une seule prière. S'il reste encore de Joséphine quel- » que chose épargné par les vers, si les lieux n'ont pas » changé de maître et les objets de place, faites fouiller

» sous la caisse de fleurs au bas de votre fenêtre ; vous » y trouverez les ossements de votre cousine. J'avais cru » y ensevelir les vôtres. Recueillez-les pieusement ; elle » seule était innocente.

» Achetez le domaine à tout prix ; faites abattre la » maison, et après que la place aura été sanctifiée, com» mandez d'y élever une chapelle. Venez-y quelquefois » donner une larme à Joséphine, et remerciez Dieu de » cet impénétrable décret qui a fait de la malheureuse » une victime, et de vous un éclatant miracle de sa pro» tection.

» Quant à frère Romuald, il sollicite l'oubli, s'il est » possible. »

Le domaine avait été vendu sur la poursuite des créanciers ; Julie se hâta de le racheter et d'accomplir la prière de son tuteur. La chapelle, détruite plus tard pendant la révolution, fut longtemps appelée, par les paysans, du nom profane et mystérieux de chapelle du masque.

---

Bourdet Del.

Laurent Sculpsit

LA LEÇON

Nouvelles Causes Célèbres
ou
Fastes du Crime

Publié par Pourrat Frères

# LA LEÇON.

Deux hommes à cheval sortaient le 27 octobre 1813 d'une auberge de Nismes et devisaient ainsi :

» Je te le disais bien, cousin Combalier, on ne » peut rien obtenir de ces créanciers impitoyables.

» — Encore moins des avoués, répliqua l'autre. Ces » vautours ne lâchent jamais leur proie. Me refuser le » délai d'un mois ! Ainsi, dans dix jours, expropriation, » plus d'asile, plus d'endroit où reposer ma tête !... Et » ma femme... et mes deux enfants... »

Ils avançaient tristement et au petit pas de leurs chevaux.

« Ah ! Combalier, que veut dire ce groupe devant la » porte de la cour d'assises?

» — On va peut-être, répondit l'autre, juger la femme » Dumaine, qui, trouvant, il y a deux mois, la fille » Bonnet dans le lit de son mari, lui porta un coup de » couteau dont celle-ci mourut sur-le-champ. Au reste, » demandons. »

On leur dit que ce jour-là passait devant le jury le nommé Pierre Goujon, qui avait assassiné son frère.

Ils firent reculer leurs chevaux quelques pas, se parlèrent à l'oreille, et au lieu de suivre leur chemin, rétrogradèrent jusqu'à l'auberge. Après y avoir mis pied à terre, ils allèrent se mêler au groupe qui encombrait les portes de la cour d'assises, et vers dix heures ils parvinrent, avec beaucoup d'efforts, à pénétrer dans l'enceinte réservée au public. A côté d'eux précisément se trouvaient quatre individus aux regards sinistres, aux vêtements à demi déchirés, au langage grossier et révoltant.

Les magistrats et les jurés prennent place sur leurs siéges. L'accusé est introduit; sa mise est propre et même élégante, son air assez doux; on cherche vainement dans ses traits les indices de la férocité réfléchie dont il a donné une si terrible épreuve. Ses regards, après s'être promenés sur la salle avec assez de calme, s'arrêtent tout à coup, se fixent immobiles sur la table où est déposé l'instrument du crime, un petit marteau.

Les formalités d'usage remplies, l'interrogatoire commence.

Le Président. « Reconnaissez-vous ce marteau?

» — Oui, c'est celui dont j'ai frappé mon frère sur
» la tête.

» — Il est fort petit. N'aviez-vous pas un autre in-
» strument? Il vous aura fallu bien des coups répétés!

» — Je n'ai pas songé à les compter. »

Ici nos voyageurs entendirent l'un des quatre individus déjà signalés dire assez haut : « L'imbécile! que ne

» prenait-il un gros maillet? Au lieu de tant de coups, » un seul aurait suffi.

» — Bah ! répondit un autre, tu n'y entends rien. Il » fallait l'étouffer. Ensuite, cherche, devine qui pourra. »

Les deux cousins se regardèrent ; ils ne parlaient pas, mais avaient l'air de se comprendre, de se recommander une attention sérieuse aux remarques de leurs voisins.

A la suite de plusieurs autres questions, le président adressa celle-ci à l'accusé :

« Goujon, étiez-vous seul quand vous avez commis le crime?

» — Seul, absolument seul. »

L'un des hommes du petit groupe dit encore : « Oh ! » il fallait être au moins deux : ce que l'un oublie, » l'autre le fait, et puis on s'aide. »

Les deux cousins ne perdaient pas un mot de l'observation.

« Goujon, continua le président, on a trouvé le cadavre » dans un caveau où vous l'aviez porté sur vos épaules, » à ce qu'il paraît ; car le dos de votre habit était couvert » des traces du sang, qui semblait avoir coulé du haut » en bas.

» — La chose s'est passée exactement comme vous le » dites, monsieur le président. »

A cette réponse, nouvelle remarque de l'un des quatre assistants. « Où avait-il la tête, le pauvre homme? Que » ne l'enterrait-il au bout d'un champ, dans un trou » bien profond? Mais il était seul ; voilà. »

Les deux cousins, qui d'abord avaient fait fi de ce

voisinage et avaient montré du dégoût, ne pouvaient assez se rapprocher.

Le président poursuit :

« Accusé, on a retrouvé dans un village voisin le » cheval de votre malheureux frère, que vous y aviez fait » vendre.

» — Il y a ici une petite erreur : je l'ai bien fait » vendre ; mais ce n'est pas dans un village voisin ; il » était éloigné de dix lieues. »

A mesure qu'il parlait, le principal acteur du groupe disait : « Le sot ! le sot ! c'était un petit cheval, et il n'a » pas su le mener à quelque rivière avec une grosse » pierre au cou ! Du diable si la justice serait allée le re- » pêcher au fond de l'eau ! »

Combalier et son cousin recueillirent avidement ces réflexions d'un homme qui annonçait tant d'expérience, et au regard de satisfaction qu'ils échangèrent, ils semblaient avoir profité d'une leçon.

Les débats devaient se prolonger jusqu'au lendemain, où, sur ses aveux et des témoignages irrécusables, l'accusé fut condamné à mort. Mais Combalier et son compagnon jugèrent qu'il n'y avait plus pour eux rien d'essentiel à apprendre, et de retour à leur auberge, ils remontèrent à cheval et reprirent leur chemin.

Leur nouveau départ ne fut pas aussi triste que le premier. L'expropriation et la misère qui en devaient être la suite ne les préoccupaient plus ; à cet avenir désespérant avaient succédé d'autres idées. Leur air de sécurité aurait donné à penser que quelque moyen inconnu jusque-là, et qu'ils avaient découvert, les mettait à l'abri de la mauvaise fortune; et cependant ils n'avaient assisté qu'à une séance de cour d'assises, vu un frère assassin de son frère, et écouté les propos de quelques misérables placé près d'eux.

Après avoir hâté le pas de leurs chevaux, ils arrivèrent à l'entrée de la nuit à un petit village où Combalier avait son domaine. Il l'habitait depuis plusieurs années avec sa femme, le cousin déjà connu, qui s'appelait Pélicier, et un vieil oncle de soixante ans. L'un, son camarade d'enfance, après avoir dissipé au jeu toute sa fortune, s'était retiré auprès de lui, et l'aidait dans quelques spéculations sur les bestiaux. C'était un homme ignorant, avide, redoutant la misère, et incapable d'un travail sérieux pour en sortir, d'une haute stature et d'une force de corps remarquable. L'autre vivait là d'une pension alimentaire que son neveu était obligé de lui servir. Leur sort était donc étroitement lié à celui de Combalier et en dépendait.

L'oncle et sa nièce étaient allés sur le chemin à la rencontre des deux voyageurs.

« Pourquoi si tard? s'écria madame Combalier à leur » approche. Vous deviez être ici à dix heures du matin, » et il est nuit. Nous avons été bien inquiets. Qu'est-il » arrivé?

» — Rien, répondit Combalier; un peu de curiosité, » des débats intéressants à la cour d'assises.

» — Viens vite nous conter tout cela, dit l'oncle.

» — Quel goût pouvez-vous avoir, reprit madame

» Combalier, à ces choses horribles? Pendant ce temps » il s'en passait ici de fort tristes. M. Durand est venu » renouveler ses menaces, et t'annoncer la prison si, à » jour fixe, son billet n'était pas payé. Ta présence, tes » explications l'auraient peut-être désarmé comme la » première fois. Au lieu de t'occuper de nos maux, tu » vas contempler le crime des autres. Au moins, as-tu » vu ton frère?

» — Non, certes; je m'en serais gardé; pour subir » encore quelques reproches amers... Ne me parle plus » de lui.

» — De quoi est-il donc coupable? mon Dieu!

» — Oh! je sais bien qu'il a en toi un défenseur tou» jours prêt à l'absoudre et à m'accuser. Qu'il garde sa » fortune.

» — Allons, mon ami, ne sois pas injuste; il t'en a » fait part assez souvent. Sans lui, nous aurions été de» puis longtemps chassés de ce domaine. »

Émilie Combalier, assez jeune encore, d'une jolie figure, d'une instruction variée, d'un esprit et d'un agrément infinis, avait apporté à son mari une dot considérable en argent comptant, qu'en moins de trois années, Pierre Combalier, ami du luxe et de tous les plaisirs, avait dévorée. Il avait fallu quitter Nismes, se confiner dans cette modeste retraite, se réduire à de rigoureuses économies. Mais là encore le goût de la dépense avait suivi Pierre Combalier et l'avait précipité dans un état voisin de la misère; tandis qu'avec de l'ordre et une application soutenue, son frère cadet, Jacques Combalier, avait porté sa maison de banque à un très-haut degré de prospérité. Bon et généreux, il avait à plusieurs reprises envoyé à son frère des sommes de cinq, six et même dix mille francs.

Depuis le commencement de l'expropriation, dont il n'ignorait aucune des poursuites, il n'avait pas vu son frère, et semblait avoir renoncé à certaines visites qu'il ne manquait pas de lui faire à peu près tous les quinze jours. Pierre avait interprété cette conduite nouvelle comme un blâme amer jeté sur lui, comme une rupture entre eux. Vainement sa femme l'avait souvent sollicité d'aller le trouver à Nismes; il avait toujours résisté et répondu fièrement : « Il est riche, je suis pauvre; à lui » de faire les premières démarches. Il me sait dans l'a- » bîme, et au lieu de me tendre la main, il me la re- » tire. Je m'y enfoncerai plutôt que de faire un pas vers » lui. » Et la pauvre madame Combalier ne cessait de lui répéter :

« Le malheur t'aigrit et t'aveugle. Non, ton frère ne » nous oublie pas; il ne se sépare pas de nous; j'aime » encore à compter sur lui. »

Elle avait raison. En effet, pendant que d'odieuses plaintes s'élevaient contre lui d'un coin de terre protégé par ses nombreux bienfaits, de quoi s'occupait à Nismes Jacques Combalier? Le jour même il avait mandé dans son cabinet son caissier, homme discret et sûr, son ami intime bien plus que son commis.

« Encore un coup de tête de mon frère. Il était à » Nismes ce matin; on l'a vu à cheval avec son cousin.

» C'est la troisième fois qu'il se rend à la ville, et il n'a
» pas paru chez moi. Que lui ai-je fait? Quelle humeur
» inexplicable! Cependant l'expropriation se poursuit avec
» vigueur; je ne lui connais pas la moindre ressource.
» D'où vient cet éloignement de son frère? Le comprenez-
» vous, mon cher Lefèvre?

» — Il n'ose peut-être plus.

» — Il a bien osé autrefois.

» — Il craint d'abuser.

» — Il abuse depuis si longtemps!

» — Excusez-le, pardonnez-lui. S'il a des torts, vos
» neveux si gentils et son excellente femme doivent vous
» rendre moins sévère envers lui.

» — Mon Dieu! l'ai-je jamais été? Soyez juste. Au-
» jourd'hui même, malgré mon mécontentement, j'ai
» songé à lui; mais dans son intérêt même il a besoin
» d'une leçon si forte!... Qu'elle le préserve à l'avenir
» de l'extrémité à laquelle il est réduit.

» — Je vous reconnais. Dieu a béni jusqu'ici toutes
» vos entreprises, parce que vous avez été un bon frère;
» il les bénira encore davantage à l'avenir.

» — Mon cœur est satisfait; je ne veux pas d'autre
» récompense. Écoutez mon projet; c'est à vous que
» j'en confie l'exécution. Le désordre est dans la maison
» Papin de Toulouse; elle sollicite un concordat. Quoi-
» que peu compromis avec elle, j'espère par mon influence
» décider les créanciers. Les Papin sont de vieux cama-
» rades; j'aurai du plaisir, sinon à prévenir tous les effets
» de la tempête, au moins à les sauver du naufrage. Je

» serai absent environ six semaines; la vente du domaine » aura lieu pendant mon voyage; je vous charge de faire » pousser l'enchère par une tierce personne dont on ne » puisse pas soupçonner la complaisance.

» Mon frère n'aura aucun doute; il croira, il verra sa » propriété réellement entre les mains d'un étranger. Il » la quittera et cherchera ailleurs un asile de quelques » jours. Je reviens de Toulouse, je le replace dans son » domaine, mais avec les précautions nécessaires pour » l'empêcher de le grever désormais d'hypothèques; je » le force à m'aimer, à se conduire avec moi comme il » le devrait.

» — Votre dessein est noble, reprit M. Lefèvre, et » digne d'une grande âme. Je vous remercie de m'y as- » socier. Permettez-moi une seule réflexion; le cœur me » l'inspire, et le vôtre en comprendra la portée. Que » votre frère souffre; que le spectacle de deux enfants et » de leur mère, sans retraite et presque sans pain, le » brise, le renverse, le désespère; rien de mieux; la cure » est à ce prix, je le comprends; mais pour votre belle- » sœur, cette cruelle et douloureuse épreuve est-elle in- » dispensable? N'y aurait-il pas de l'humanité à la mettre » dans la confidence? Elle tiendra le secret. Elle est plus » intéressée qu'une autre à prévenir la rechute de son » mari.

» Oui, c'est une heureuse idée. Je l'approuve; je com- » mencerai tout à l'heure à la réaliser. » Il écrivit donc : « Mon cher frère, comme je me rends à Toulouse pen- » dant six semaines pour le règlement de mes affaires

» dans la faillite Papin, j'irai faire ma première halte » chez toi mercredi soir et te demander gîte pour la » nuit. Je compte arriver vers six heures.

» Ton affectionné,

» JACQUES COMBALIER. »

« Que te disais-je! s'écria la belle-sœur après avoir » entendu la lecture de cette lettre. Tu as beau négliger » ton frère, il vient vers toi. Au moment où tu le fuis, » où tu l'accuses, il te recherche, et sans doute songe à » te secourir.

» — Nous le verrons bien, répondit Combalier. Ne » jugeons cette visite qu'après le départ. Quant à moi, » c'est ma conviction ; je gagerais qu'il ne m'adressera » pas une parole sur notre état cruel. Il peut être tran- » quille, je ne commencerai pas. Toujours lui deman- » der!... Ne pourrait-il pas m'offrir une fois? La crise » est si grave! »

Après ces réflexions, faites d'un ton d'aigreur, il se rendit au jardin auprès de son cousin et de son oncle, auxquels il dit :

« Jacques arrive mercredi dans la soirée. Ce ne sont » pas nos affaires qui le conduisent ici, mais les siennes. » Il passera quelques heures, il se couchera, et conti- » nuera vers Toulouse. Notre maison lui servira d'au- » berge.

» — Il faudrait profiter du passage, répliqua le cou- » sin, pour lui adresser une demande formelle.

» — Nous le verrons venir, et s'il n'aborde pas ce

» sujet, comment oserais-je l'entamer? Savez-vous à » quelle somme s'élèvent mes dettes?

» — A sept mille francs, je crois, répliqua l'oncle.

» — A sept mille francs!... A vingt-trois mille. »

Ils jetèrent une exclamation. « Raison de plus, ajouta » le cousin, pour porter un coup décisif. Bonne ou mau» vaise, il faut connaître sa pensée.

» — Comment! ne prévois-tu pas sa réponse? Il se » récriera à l'énormité de la somme; il refusera, et don» nera pour prétexte la faillite des Papin, la gêne mo» mentanée qu'elle lui occasionne. Je ne compte sur rien » de favorable. Il faut pourtant sortir de là. Nous avons » encore un jour pour délibérer; que chacun réfléchisse. » A demain le projet définitif. »

Le mardi 28, vers deux heures, Combalier impatient reprit avec les deux autres la conférence de la veille.

« Cousin, parle le premier; expose ton plan.

» — Je pense comme toi; nous n'obtiendrons jamais » le secours nécessaire. Trois ou quatre mille francs tout » au plus. Et à quoi bon? Il voudra peut-être encore » les remettre lui-même aux créanciers les plus pressants. » Nous ne serons pas moins accablés par les autres. Il » vaudrait mieux solliciter la garantie du vieux M. Bon» nard.

» — Quelle idée! pauvre cousin! Ce rusé personnage » connaît trop les affaires pour se mêler des nôtres; il » nous rirait au nez.

» — Qu'allons-nous devenir? continua le cousin. Hors » de chez toi, je n'ai pas la plus faible ressource.

» — Et moi, donc ! s'écria l'oncle, qui me servira ma » pension ? Je suis le plus malheureux de tous. A mon » âge, comment travailler ? »

Combalier prit tout à coup l'air important et résolu d'une personne qui a profondément médité :

« Écoutez-moi. Lorsque, trois ou quatre heures après » son arrivée, il sera bien reconnu, par le silence de mon » frère, qu'il ne veut rien m'offrir, sous un prétexte quel» conque nous l'engagerons à monter dans mon petit ca» binet. Là je lui exposerai toute ma situation. Je suis » à peu près sûr de la réponse qu'il me fera. Vous » venez de me le dire, il faut bien nous sauver par un » moyen quelconque.... Alors nous lui ferons signer » pour vingt-trois mille francs de lettres de change paya» bles à cinq jours de vue. Nous le tiendrons enfermé » jusqu'après le payement, et ensuite, mes créanciers » une fois payés, il n'osera pas me faire un procès ; les » preuves de la violence lui manqueront.

» — A merveille ! dit le vieil oncle tout joyeux. Reste » pourtant un cas à prévoir : si, malgré toutes les me» naces, il ne voulait pas absolument signer...

» — Oh ! il y a des choses, mon oncle, qui ne manquent » jamais, lorsqu'on est bien décidé à les obtenir et qu'on » sait s'y prendre. Qu'en penses-tu, cousin ?

» — C'est mon avis, et je suis prêt à te seconder. »

## LA LEÇON.

### LE CABINET.

Le mercredi, dès quatre heures du matin, les trois auteurs du complot, assis sous un petit berceau de verdure à l'extrémité du domaine, concertaient toutes leurs mesures. Madame Combalier s'était aperçue depuis le lundi de leurs conférences répétées de leur air préoccupé et mystérieux. Elle aimait à croire que son oncle, auquel elle l'avait demandé, combattait la résolution de son mari de ne pas s'adresser à son frère ; elle interprétait dans ce sens toutes leurs petites réunions et conservait quelque espoir de succès. Vers quatre heures et demie elle prit ses deux enfants et s'achemina avec eux à la rencontre de son beau-frère. Ils étaient tout au plus à un quart de lieue, lorsqu'ils l'aperçurent monté sur sa petite jument blanche.

Lorsqu'il approcha, M. Combalier, avant même de descendre de cheval, dit à sa belle-sœur : « C'est une » heureuse inspiration d'être venue à ma rencontre. J'ai » à vous communiquer un secret. J'aurais été fort em- » barrassé de vous trouver seule ou de vous prendre à » part ; ici personne ne s'en doutera, et notre tête-à-tête » sera tout naturel. » Alors il lui exposa qu'il connaissait tout le montant des dettes de son mari, la rigueur des poursuites, l'imminence de l'expropriation. Il lui fit part du plan arrêté avec M. Lefèvre, et la pria de vouloir bien pour sa part concourir à un mensonge de quelques jours qui assurerait l'avenir de sa famille. « J'ai besoin, disait-il en » terminant, de votre discrétion, de vos larmes. Ne me

» ménagez pas les reproches ; appelez-moi avec eux frère » dénaturé. Plus vous m'accuserez, plus vous vous direz » malheureuse par ma faute, mieux vous conspirerez avec » moi. Plus la correction sera cruelle en apparence, plus » elle profitera en réalité. »

Madame Combalier était vivement émue ; elle pressait tendrement la main de son beau-frère. « Comment re- » fuser au sauveur de ma famille rien de ce que sa bonté » ingénieuse demande pour la secourir ? Répétez-le-moi » encore mon rôle, afin que ni un geste ni une parole ne » viennent à trahir un secret si précieux, et que la certi- » tude du salut ne m'empêche pas de bien contrefaire » une affliction que votre admirable délicatesse songe » d'avance à éloigner de moi.

» — Ma belle-sœur, répondit M. Combalier en fixant » sur elle des yeux où brillait le plaisir de bien faire, si » le cœur est un grand maître, il est aussi un excel- » lent élève. Le vôtre n'a pas besoin d'entendre deux » fois, pour la pratiquer à merveille, une règle de » conduite à laquelle se lie le sort de plusieurs êtres » chéris. »

Ce dialogue, en se prolongeant, les conduisit jusqu'à la maison, où son frère le reçut avec une froideur polie. Le souper eut lieu vers huit heures. Ils attendaient tous quelque ouverture sur les poursuites judiciaires ; le frère n'en dit pas un mot. Après souper, Pierre Combalier, irrité au fond de l'âme, mais d'un ton qui cachait son déplaisir mortel, invita assez naturellement son frère à monter dans son cabinet, où il voulait avoir son avis sur certaines affaires. Celui-ci se leva sans aucune défiance, et les deux autres le suivirent.

La maison de Combalier avait deux étages; au-dessus du second était un grenier à l'extrémité duquel on avait construit une petite pièce fort isolée servant de cabinet, recevant le jour par une lucarne étroite. Ils y portèrent une seule lumière, et dès qu'ils y furent entrés tous les quatre, le cousin eut soin de tirer, sans qu'on s'en aperçût, un petit verrou placé assez bas. Cet espace de quelques pieds carrés, déjà encombré par une table et quatre chaises, les contenait à peine; ils se touchaient presque les uns les autres. Combalier de Nismes était placé entre le cousin et son frère.

Celui-ci se leva, prit un carton, l'ouvrit, en tira quelques papiers, et puis, comme par réflexion, s'écria tout à coup : « Mais à quoi bon vous promener à travers tous » ces détails? Un mot suffit. Je dois vingt-trois mille » francs : si je n'ai pas vingt-trois mille francs, je suis » ruiné, perdu sans retour, plongé avec ma femme et » mes enfants dans la misère pour le reste de ma vie. » Et se tournant vers son frère : « Voulez-vous me les » prêter?

» — La somme est forte, répond ce dernier, et le » moment peu opportun. Les Papin m'en enlèvent plus » du double, et avant mon retour de Toulouse, je ne » saurai pas au juste de quel argent je pourrai disposer.

» — Ne vous le disais-je pas, reprit Jacques en s'adressant aux deux autres avec un dépit ironique, qu'il » me renverrait aux calendes grecques? » Ensuite, apo-

strophant son frère avec vivacité : « Votre retour de Tou-
» louse!... Avons-nous le temps de l'attendre? Dieu
» sait où nous serons alors! Il vaudrait mieux me jeter
» franchement un non bien articulé, bien dur, à la face.

» — Comment! reprit le frère avec douceur, une fail-
» lite imprévue et assez grave n'explique pas mon refus
» momentané, ne justifie pas un ajournement?

» — Soit. Mais alors engagez-vous aujourd'hui. Votre
» promesse suffira à mes créanciers; les poursuites seront
» suspendues.

» — Serait-il sage de contracter une obligation avant
» de m'être assuré les moyens de la remplir?

» — Vaine défaite! reprit Combalier en colère. Votre
» fortune, monsieur mon frère, vous permettrait dix ga-
» ranties semblables; on les accepterait, et vous pourriez
» y satisfaire. »

Les deux témoins muets de cette scène s'animaient à mesure qu'elle devenait plus vive, et le banquier commençait à promener autour de lui des regards étonnés. Ce ton impérieux, brusque, ces interpellations, cette défiance de ses promesses, le prétexte de certains papiers pour l'attirer dans ce coin solitaire de la maison, tout le jetait dans la surprise. Bientôt l'effroi le gagna, lorsque son frère, se redressant de toute sa hauteur, fit entendre ces mots : « Vous ne voulez donc pas?... Eh bien! moi,
» je veux!...

» — Que signifie ce langage? reprit à son tour le
» banquier en se levant. Est-ce donc ici un guet-apens?

» — Vous m'insultez! » Et il lui porta la main sur le

» collet. Allons, exécutez-vous de bonne grâce ; ce que » vous annonciez vouloir faire dans six semaines, faites-» le maintenant.

» — Messieurs, dit-il en interpellant les autres, mon » cousin, souffrirez-vous... »

Sans lui donner le temps d'achever, le cousin s'écria du ton le plus décidé : « Certainement ! Les frères riches » sont ici-bas pour venir au secours des frères pauvres.

» — Vous êtes donc ses complices?

» — Point d'injures. Nous sommes ses parents, ses » compagnons d'infortune ; nous l'aidons à en sortir.

» — Encore une fois, ajouta Pierre Combalier en le » secouant, point de résistance inutile ! »

D'un premier mouvement de frayeur, le banquier passa à l'indignation : « Lâchez-moi ! Je vais appeler... » C'est affreux !... Je crois venir dans la maison d'un » frère, et je tombe dans un coupe-gorge ! »

Il se débattait ; son cousin le saisit de sa main plus vigoureuse et comprima tous ses mouvements.

« Signe donc ! signe donc ! répétait Combalier, et ce » sera fini.

» — Mais quoi, enfin?

» — Trente mille francs de lettres de change à cinq » jours de vue. »

Il ne répondit pas, eut l'air de réfléchir, et crut entrevoir en cédant un moyen de leur échapper sur-le-champ.

« Vous êtes les plus forts, je me rends ; mais vous me » causez un grand préjudice ! Vous retardez mon voyage » de Toulouse ; il me faudra retourner à Nismes pour

» assurer le payement à si courte échéance, ou mon crédit serait compromis.

» — Non pas, s'il te plaît! Il y a toujours trente mille » francs dans ta caisse. Dans le cas contraire, ton ami » Lefèvre saura bien les trouver. Inutile d'aller à Nismes; » tu resteras ici, dans cette chambre, jusqu'à parfait acquittement. Tu es notre prisonnier.

» — Voyons, laissez-moi libre un moment; donnez-» moi du papier et une plume. »

Ils le lâchèrent; son frère lui présenta ce qu'il demandait, et comme il y avait six morceaux de papier séparés : « Pourquoi pas une seule lettre de change de trente mille? » Ce serait plus tôt fait.

» — Non, non. J'en désire six de cinq mille francs » chacune, que je puisse négocier à plusieurs personnes. » Il écrivit la première; mais en commençant la seconde le sang lui monta à la tête, la rage entra dans son âme; il se leva furieux, forcené, et se précipitant sur son frère : « Ah! gredin!... » Il le saisit dans ses deux bras, le serra de toutes ses forces, le poussa sur la table, l'y renversa, sans que le cousin eût eu le temps de s'y opposer. Sa fureur était concentrée, il ne proférait pas une parole, il écumait, s'acharnait avec des efforts redoublés. Ils roulèrent tous les deux; la lumière tomba en même temps; la tête de Pierre Combalier porta contre l'angle d'une espèce de petit buffet; le sang coula, et la violence de la chute lui arracha l'exclamation : « Il m'assassine! »

Dans cette lutte désespérée des deux frères au milieu des ténèbres, l'oncle n'osait pas s'approcher, et le cousin craignait de saisir l'un pour l'autre. Un cri inattendu lui servit à les distinguer : « Ah! le monstre!... il m'a » mangé le doigt!...» Le cousin reconnut cette voix, et comme celui dont elle partait vint le heurter en lâchant prise et se redressant, il l'étreignit de ses bras vigoureux, lui fit plier les reins en lui disant : « C'est moi » qui te tiens maintenant! » La tête du malheureux rencontra le coin aigu du dossier de l'une des chaises, qui lui creva l'œil gauche. « Mon Dieu! s'écria-t-il d'un » accent lamentable, j'ai perdu un œil. Tuez-moi, achevez- » moi! Vous êtes des brigands... »

Le frère, devinant à ces mots la place où il était, se leva, étendit sa main, rencontra d'abord la chevelure, la saisit à poignée, la secoua, et tandis que le cousin continuait à lui ôter la respiration en le pressant contre sa poitrine de taureau, Combalier cherchait la gorge avec sa main droite; la cravate lui fit obstacle, il l'arracha, puis la reprenant à nu, il la serra avec une violence extrême, et avec cette apostrophe de la cupidité et de la cruauté réunies : « Ah! tu n'as pas voulu me donner une petite » part! eh bien, j'aurai tout. » Son frère était étranglé.

A ce désordre et à ce tumulte succédèrent le silence et l'immobilité; le cousin, qui ne trouvait plus de mouvement à l'homme qu'il tenait embrassé, reconnut bien vite que c'était un cadavre et le rejeta avec horreur. En tombant la tête alla heurter les jambes du vieil oncle, qui frémit et se pressa contre le mur.

Personne ne remuait, chacun semblait attendre qu'un autre donnât le premier signe de vie par un mouvement ou par une parole. Enfin, après plus d'un quart d'heure de morne et terrible anxiété, on entendit la voix plaintive de Pierre Combalier : « Je perds mon sang par » la tête, j'en suis inondé ; que quelqu'un aille chercher » de la lumière et m'aide à l'étancher. Va, cousin, je » t'en supplie.

» — Allez plutôt, mon oncle, dit celui-ci ; j'ai peut-» être des taches sur mon habit ; si l'on me rencontrait, » on me questionnerait. Que répondrais-je ?

» — Je n'y vois goutte, reprit le vieil oncle en trem-» blant ; je ne connais pas bien le grenier ; il est long à » traverser. Ah ! mon Dieu ! qu'avons-nous fait !... C'est » égal, je vais essayer. » Il fit deux pas en avant ; au troisième il rencontra le corps et trébucha ; ses mains allèrent porter sur le visage de Pierre Combalier, qu'il trouva inondé de sang. « Tu en es tout couvert ; tu as besoin de secours. » L'oncle ne se relevait pas.

Pélicier, impatient, dit : « Eh bien ! je vais en chercher. » En se dirigeant vers la porte, il marcha sur deux personnes : l'une ne répondit rien, c'était le cadavre ; l'autre jeta un cri, c'était l'oncle : « Tu m'écrases la poitrine ! »

Le cousin, après être sorti du cabinet, dont il referma la porte, s'avança à tâtons à travers le grenier ; il gagna l'escalier sans faire le moindre bruit. Il était déjà au premier, et croyait arriver jusqu'à la cuisine au rez-de-chaussée en se dérobant à tous les regards ; mais il fallait passer devant la porte de la chambre à coucher de madame Combalier, et elle veillait.

Après avoir entendu sonner dix heures et demie, elle

s'inquiéta de ne voir encore descendre personne. Son mari avait bien eu soin de lui dire : « Couche-toi ; l'affaire sera peut-être un peu longue. » Elle s'était mise au lit, avait éteint sa lumière; mais le sommeil la fuyait; elle s'exerçait à réunir dans sa pensée tous les petits détails propres à diriger sa conduite future; elle repassait son rôle, l'étudiait avec un sentiment de reconnaissance profonde pour l'homme généreux qui le lui avait confié. Enfin elle se leva et vint écouter à la porte; n'entendant rien, elle se promena dans sa chambre.

Le cousin avait eu beau prendre ses précautions, dans la nuit, sur les marches tremblantes d'un escalier en bois, ses pas retentissaient, et le bruit arriva jusqu'à madame Combalier. De nouveau elle accourut vers la porte, appuya l'oreille contre la serrure, et quand elle crut la personne en face de sa porte, l'ouvrit subitement.

« Est-ce toi, mon ami? Pas de lumière? Et les autres, » que font-ils si tard là haut?

» — La lumière s'est éteinte, répondit son cousin, dont » elle reconnut la voix; je vais en chercher à la cuisine. » L'examen de ces papiers nous occupera encore plus de » deux heures. » Et il continua à descendre.

Elle aurait bien voulu lui adresser une ou deux autres questions ; il se pressa d'échapper à sa curiosité. Elle fut obligée d'attendre au retour. Soit trouble, soit excès d'empressement, le cousin avait de la peine à retrouver du feu sous les cendres, ou sur la cheminée quelque autre moyen d'en allumer. Il perdit au moins dix minutes, durant lesquelles l'imagination de madame Combalier s'égara à travers mille conjectures. Son mari avait-il adressé une demande? La lui avait-on accordée? Délibérait-on sur les moyens de l'exécuter, ou bien s'était-il élevé quelque discussion fâcheuse? Elle allait le savoir au passage de Pélicier.

Cependant, entre l'oncle et le neveu commençait à s'agiter un débat sérieux. Un instant après la sortie du cousin, Combalier entendit un soupir profond.

« Qui soupire ainsi? Est-ce vous, mon oncle? » Point de réponse, mais quelques sanglots étouffés.

« Ah! mon Dieu! est-ce toi, mon frère? » Et il s'approcha du cadavre gisant presque à ses côtés, le toucha, et rencontra sa main : « Elle est froide... » Il approcha de sa bouche : « Non, il ne respire plus... C'est donc vous, » mon oncle, qui soupirez? »

Celui-ci répondit d'une voix attendrie : « Me crois-tu » donc insensible? Vous l'avez tué! Que vous avait-il fait?

» — Il a sauté sur moi le premier. Si je ne suis pas » à sa place, ce n'est pas sa faute. Vous m'accusez...

» — Non, non, mais je le pleure; je frémis des suites » de ce crime. J'étais là aussi, et quoique mes mains se » soient abstenues, je serai compromis. Un vieillard » qui n'a jamais fait de mal à personne!...

» — Il ne vous manque que d'aller nous dénoncer. » Songez plutôt aux moyens de vous sauver avec nous.

» — Que faire, malheureux?

» — Point de lamentations inutiles maintenant, mais » du courage et de la présence d'esprit. Attendons Pé- » licier. Il ne revient pas; qu'est-il donc arrivé? »

Comme ce dernier remontait, madame Combalier, qu'il croyait couchée, parut encore à sa vue. Elle l'arrêta.

« Mon mari a-t-il parlé à son frère? Il est si bon! il » aura été ému. Il s'occupe, je suis sûre, de nous retirer » de là... Mais que vois-je!... vous avez du sang sur » votre manche... »

Le cousin le regarda, et sans se troubler : « C'est vrai; » ce maladroit d'oncle, avec son nez qui saigne toujours, » m'en aura laissé tomber quelques gouttes.

» — Et ce linge qui est sur votre bras...

» — C'est pour essuyer la table, qui est toute tachée. » Soyez tranquille, ma cousine, les choses marchent. » Mettez-vous au lit; il sera trop tard quand nous des- » cendrons. »

Elle le crut, se coucha, s'endormit pleine d'espoir et de sécurité. Lui se hâta de rejoindre les autres.

Quel spectacle lorsque la lumière éclaira tout à coup l'intérieur du petit cabinet, cette scène consommée dans l'ombre, et la révéla avec ses hideux résultats tels que le crime venait de les faire! Sur le plancher, le cadavre de Combalier de Nismes, le bras gauche étendu, l'autre sur sa poitrine, un œil enfoncé dans son orbite et disparaissant sous les caillots d'un sang noir et déjà figé, la face sillonnée de petits ruisseaux sanguinolents, les cheveux hérissés humides, et mêlés; ceux qu'avait saisis et secoués son frère formant une touffe à part.

Contre le mur près de l'entrée de la porte, Pierre

Combalier assis par terre, la tête appuyée sur une chaise que teignait, mais goutte à goutte seulement, le sang épanché de sa blessure. Son œil ardent et égaré chercha d'abord son frère ; il ne se détourna pas, le contempla avec une joie féroce, et puis soulevant vers son cousin sa face inondée de sang : « Il l'a voulu ! »

Enfin, à l'autre extrémité, le vieil oncle avait couvert son visage de ses deux mains et baissait la tête jusque sur les genoux. Le cousin, sans émotion et du plus grand sang-froid, lui frappa sur l'épaule : « Vous dormez ? Al- » lons, profitons de la nuit. » Ensuite se tournant vers Combalier : « Ta tête ne va pas trop mal ; j'ai du linge » pour l'envelopper. » Et il se mit à l'œuvre. « A pro- » pos, et ton doigt ? Il est à sa place. Tu le croyais coupé, » ce n'était qu'une morsure. Tu restes assis, aurais-tu » perdu tes forces ? Nous en avons besoin.

» — Non, c'est un moment de malaise ; je suis mieux. » Et il se leva. L'oncle conservait toujours sa position. « Ne » le dérangeons pas ; nous pouvons nous passer de lui » encore quelques minutes. »

Alors ils commencèrent à dépouiller le mort et lui enlevèrent jusqu'à sa chemise. Combalier sortit, alla prendre un vieux manteau suspendu dans le grenier, le jeta sur le cadavre et dit : « Mon oncle, levez donc la tête, regardez » maintenant ; je l'ai couvert, on ne voit plus rien. » L'oncle regarda en effet, et comme il n'aperçut pas le corps, il parut se rassurer. « Voilà bien des taches par- » tout, sur le plancher, sur la table, sur les habits.

» — Plus tard, dit Combalier. Occupons-nous de

» l'essentiel. Descendons cela, et portons-le au bout du » grand champ près de la haie, là où la terre est plus » molle. Vous, mon oncle, assurez-vous que Marie la » cuisinière dort, et pour plus de sûreté, fermez la porte » à double tour. Ensuite allez sous le hangar prendre » deux bêches et une pioche ; de là rendez-vous à l'en- » droit, et commencez à creuser. Il aurait été mieux de » nous accompagner ; mais le cœur vous manquerait ; je » vous ménage. »

L'oncle obéit : « Ah ça, dit Combalier, souviens-toi » bien de ce que nous avons entendu à la cour d'assises ; » que tout disparaisse. » Il prit les jambes de son malheureux frère, son complice le soulevant et le saisissant à bras le corps comme il l'avait déjà fait. Ils descendirent facilement au second et au premier étage; là Combalier éprouva quelque faiblesse. « Reposons-nous un peu. » Chut !... si elle allait se réveiller... »

Le cousin lâcha le cadavre et alla se placer en sentinelle devant la porte de la chambre, en retenant le bouton d'une main, pour le cas où madame Combalier, se relevant ainsi que la première fois, viendrait à l'ouvrir. C'est ce qui ne manqua pas d'arriver. Le bruit de leurs pas, une agitation involontaire que le sommeil n'avait pu calmer, la réveillèrent ; elle parla assez haut pour être entendue. « Qu'ai-je donc cette nuit? Autrefois le cha- » grin m'empêchait de dormir ; aujourd'hui c'est le bon- » heur. Décidément je vais aller les rejoindre et les prier » d'en finir pour cette nuit. » Elle se leva, la porte résista à ses efforts. Elle visita la serrure et les verrous ;

rien n'était fermé. Elle eut beau y employer toutes ses forces, elles étaient impuissantes contre la vigueur du cousin. « Allons! me voilà enfermée malgré moi. » Il l'entendit regagner son lit; alors, quittant son poste et revenant à son compagnon, il lui dit tout bas à l'oreille : « Si tu n'es pas mieux, je l'emporterai à moi seul. »

Jacques Combalier se leva; ils reprirent le corps et descendirent vers la cuisine, non sans exciter l'attention de sa femme, qui répétait assez distinctement : « Que » veut dire tout cela? Je les entends marcher, et per- » sonne n'ouvre ma porte. »

Une fois hors de la maison, il leur fut facile d'arriver au bout du champ, où ils trouvèrent l'oncle, qui avait déjà creusé un peu. Ils déposèrent le cadavre et se mirent tous les trois au travail.

« Ne ménageons pas notre peine, disait Combalier; il » faut de la profondeur, tu le sais. » Vingt minutes après, la fosse leur parut pénétrer assez avant dans la terre. Combalier enleva le manteau et roula le cadavre. La place était assez large, mais il manquait quelques pouces de longueur : on laissa le cadavre à moitié entré dans l'espace trop court, et les deux cousins se remirent à l'œuvre pour l'agrandir. L'oncle détourna la vue et s'éloigna de quelques pas, disant : « Je me rapprocherai » seulement lorsqu'on aura jeté quelques pelletées de » terre. » Au bout d'un quart d'heure tout fut achevé.

Le premier soin de Combalier fut d'entrer sans lumière dans la chambre de sa femme et de lui dire : « Ne sois » pas impatiente; un acte de cette importance ne se ré-

» dige pas si facilement. Nous sortirons bientôt de ce » mauvais pas.

» — Oh ! l'excellent frère ! s'écria-t-elle avec la plus » vive satisfaction. J'avais raison, tu le vois. Demain, je » l'embrasserai de bon cœur. »

» — Dors... l'insomnie te fatiguerait ; dors, ma chère » amie. » En ressortant il eut le soin de mettre la clef en dehors et de fermer la serrure à double tour. Il remonta au cabinet, fit un paquet des hardes, et lorsqu'il les eut portées dans la cuisine, ils furent assez longtemps incertains de savoir s'ils les brûleraient ou s'ils les enfouiraient, avec les bottes et les éperons, au pied d'un grand arbre situé à quelque distance de la maison, au bord d'un cours d'eau assez profond.

« Dépêchons, dit le cousin ; tout n'est pas fini ; et le » cheval à faire disparaître, et le sang à laver... Nous » pourrions ensevelir la selle, la bride et le portemanteau » dans le même trou que les vêtements, qui tiendront peu » de place. » Ils réunirent donc ces divers objets, et armés de leurs bêches, ils s'empressèrent de les faire disparaître, comme ne cessait de le recommander Combalier. « Ces » hommes de la cour d'assises s'y entendaient, croyez- » moi ; sachons mettre à profit leurs leçons. »

Avant d'entrer à l'écurie, il importait de se débarrasser du valet, qui couchait toujours sur un mauvais grabat. On l'éveilla en sursaut, et on lui donna une commission pour un village situé à quatre lieues, en lui commandant de partir sur-le-champ. Effarée par le bruit qu'ils avaient fait en entrant avec trop de précipitation, la jument détacha son licol et se mit à courir dans toute l'écurie. Le garçon voulait demeurer pour s'en rendre maître ; ils le pressèrent de se mettre en route.

Cependant la petite bête gambadait, ruait, regimbait de mille manières, et comme s'il y avait en elle quelque instinct de sa destinée prochaine, refusait opiniâtrément de se laisser approcher. Elle accula contre le mur le vieil oncle, fit tomber la lumière de sa main, le renversa, et ensuite lança plusieurs ruades qui, par bonheur, donnèrent toutes dans le mur bien au-dessus de lui. Lorsqu'ils revinrent à la charge, le cousin fut obligé de lui jeter un nœud coulant dans une des jambes de devant, et elle s'abattit. Le licol n'était pas suffisant pour la conduire dehors ; ils lui mirent un vieux bridon. Elle se releva, et les suivit assez docilement jusqu'à l'endroit où le petit cours d'eau, en se rétrécissant, avait creusé un trou de plus de vingt pieds de profondeur. Une fois sur le bord, ils lui passèrent au cou une corde assez longue au bout de laquelle était attachée une grosse pierre qu'ils roulèrent auparavant assez près de l'eau ; puis ils poussèrent la jument, qui entra sans défiance. Au même moment, ils achevèrent de précipiter la pierre, dont le poids entraîna le pauvre animal, qui, perdant pied sur la rive très-escarpée, s'enfonça à l'instant et disparut.

L'opération achevée, ils attendirent un quart d'heure. « Elle ne reviendra pas plus que lui, dit Combalier avec » satisfaction ; il est bien enterré, elle est bien noyée ; » tout le reste est facile. » En effet, les traces de sang furent bientôt effacées, et après être convenus entre eux de la petite fable à débiter le lendemain, chacun se retira dans sa chambre.

Il était deux heures du matin, et madame Combalier n'avait pu fermer la paupière. A peine son mari entr'ouvrait la porte, qu'elle lui dit : « Je t'ai entendu quand tu » m'as quittée ; tu m'avais mis sous clef; tu me crois donc » bien curieuse? Enfin te voilà; l'affaire est-elle terminée?

» — Oui, sans retour.

» — A ta satisfaction, je l'espère? » Le mot embarrassa son mari, et comme il ne répondait pas, elle continua :

« Il n'y a pas deux frères comme celui-là au monde. » Maintenant plus de secret à garder : je puis bien te » raconter tout ce qu'il avait le projet de faire en ta fa- » veur, puisqu'il l'a déjà fait. Il voulait te tourmenter » un peu ; mais l'intention était si louable! La peine de » quelques jours aurait été si salutaire! Il y mettait tant » de délicatesse, que tu seras charmé de l'apprendre.

» — Je suis fatigué... réserve ce récit pour demain.

» — Il vaut mieux le connaître dès aujourd'hui ; tu » l'en remercieras à son lever.

» — Il ne se lèvera pas ici.

» — Et où donc?

» — Au moment du lever, il sera déjà à huit ou dix » lieues. Cette maudite affaire de Toulouse l'inquiète; le » jour va bientôt paraître ; ce n'était pas la peine de se » coucher. Il est parti en me recommandant d'aller le re- » joindre au plus tôt.

» — C'est bien encore de lui! se dérober à notre re- » connaissance...»

Le lendemain rien ne semblait changé dans la maison, les travaux reprirent à l'ordinaire. Au déjeuner, Combalier parla de son voyage à Toulouse : son frère lui avait laissé une semaine pour le rejoindre; mais puisque sa présence pouvait être utile, il se mettrait en route le jour suivant.

« Je t'approuve, dit sa femme ; tu ne saurais par trop » de dévouement reconnaître la générosité de ses pro- » cédés. » Combalier proposa à son cousin de l'accompagner, et le lendemain matin ils prirent le chemin de Toulouse. Dès leur arrivée, ils s'informèrent de la demeure de MM. Papin, et Combalier alla leur dire : « Mon frère, » retenu chez moi à son passage par une indisposition » imprévue, m'a chargé de vous exprimer ses regrets, et » de solliciter par votre organe l'ajournement de la réu- » nion des créanciers à quinzaine. »

### LA BATAILLE DE TOULOUSE.

Les deux cousins s'étaient logés dans un quartier retiré, chez une blanchisseuse, combinant avec le plus d'astuce possible les moyens d'expliquer à tous ceux qu'elle intéresserait la disparition du banquier, ou, dans les premiers jours, au moins son silence. Le frère écrivit donc au caissier Lefèvre :

« Monsieur, mon frère, qui m'a pris à son passage » pour l'accompagner à Toulouse, est tombé assez gra- » vement malade le lendemain de son arrivée ; une forte » fièvre l'empêche de vous écrire, et il me charge de ce

» soin. Je vous tiendrai au courant de ses nouvelles. »

Cependant la ville de Toulouse était dans les plus vives alarmes; le maréchal Soult arrivait sous ses murs le 24 mars 1814, en faisant sa retraite après la bataille d'Orthez; d'un autre côté, dès le 22, les éclaireurs de Wellington avaient paru; une grande lutte allait s'engager bientôt. Combalier profita de toute la perturbation produite par la menace d'un pareil événement pour l'exagérer dans sa correspondance et lui attribuer sur le cerveau de son frère une influence fatale. « Il a, écrivait-il, » quelques accès de délire; la présence des étrangers sur » le sol de la patrie l'excite et le transporte hors de lui- » même; sa fièvre a redoublé depuis deux jours. »

Le 10 avril se livra la célèbre bataille. Dans la nuit du 12 le maréchal Soult commença à se replier vers le département de l'Aude, emmenant avec lui toute son artillerie, ses bagages et les blessés transportables; les autres durent être abandonnés. Le lendemain les habitants se pressaient d'enterrer les morts, de porter secours à ceux de leurs compatriotes pour lesquels il restait quelque espoir de salut.

Les deux cousins parcouraient aussi avec tant d'autres le champ funèbre, et à l'attention avec laquelle ils semblaient observer chacun des malheureux étendus là pour la plupart sans mouvement et sans vie, on eût dit qu'ils cherchaient à reconnaître quelque parent ou quelque ami. Tout à coup Combalier arrête son cousin devant un groupe de trois soldats serrés l'un contre l'autre; le même coup de mitraille les avait abattus, et ils étaient restés en rang.

Auprès d'eux, un officier de trente-cinq ans environ, blessé au côté droit et couvert de sang, semblait respirer encore; ses doigts s'agitaient, un soupir s'exhala de sa poitrine; mais une pâleur mortelle couvrait sa face, et ses yeux éteints ne s'ouvraient pas à la lumière. Combalier le fixe avec les marques affectées d'une émotion douloureuse; il s'approche, se baisse, détache le shako qui couvrait encore la tête de l'officier, tâte son pouls, interroge avidement les moindres symptômes de vie, et se tournant vers son cousin, qui ne le comprenait pas d'abord, il s'écrie avec l'accent de la joie : « C'est lui ! le reconnais-tu ? C'est bien » lui ! Il respire encore, ce frère que je croyais perdu ! » A ces derniers mots, le cousin, quoique sa pénétration ne fût pas très-grande, devina l'idée de Combalier et lui répondit par un regard d'intelligence.

« Va vite, se hâta d'ajouter Jacques, cours chez notre » hôtesse ; qu'elle vienne avec deux hommes, un brancard » et des couvertures, que je fasse au plus tôt transporter » dans ma chambre ce pauvre frère. » Le cousin s'éloigna à grands pas, et en l'attendant il s'était agenouillé auprès du moribond, prodiguant les soins, les fausses démonstrations, se montrant tour à tour agité du plaisir de l'avoir retrouvé et de la crainte de le perdre. Cette scène muette avait attiré cinq ou six spectateurs, tous émus de compassion et du plus tendre intérêt. Le cousin ne tarda pas à revenir avec tous les moyens de transport. Ils ne voulurent pas laisser à d'autres le soin de relever le blessé, de le placer sur le brancard avec toutes les précautions qu'exigeait son état, et ils le suivirent jusqu'au logis dans un recueillement profond, l'air abattu, les yeux fixés tantôt sur le brancard, tantôt sur la terre.

La blanchisseuse les attendait : c'était une femme de quarante ans environ, bonne, simple et d'une crédulité extrême. « Ah! monsieur, s'écria-t-elle en les voyant, » quel bonheur! quel miracle! reconnaître ainsi un frère » au milieu de ces tas de morts!... » Puis, l'ayant considéré : « Il n'en vaut peut-être guère mieux. » Elle joignit les mains : « Hélas! comme il est blême! » On le dépouilla de ses habits, qu'on serra soigneusement avec ses papiers, et on installa le prétendu frère dans le lit même de Combalier. Un docteur fut appelé; il trouva le malade plongé dans une léthargie dangereuse, donna peu d'espoir, prescrivit quelques remèdes, et surtout le plus grand calme autour de lui.

La dernière recommandation convenait parfaitement à Combalier; elle le rendait maître absolu de l'étranger; il pouvait sans obstacle le soumettre à l'ordre de ses desseins. D'après ses papiers il s'appelait Scipion Bernadi, originaire de Lyon, où habitait sa femme avec deux enfants. Par la couleur de ses cheveux, par sa taille et par la régularité de ses traits, il n'était pas sans une certaine ressemblance avec le malheureux banquier. Tout se réunissait donc pour favoriser leur projet.

La première nuit fut agitée; il prononça quelques mots entrecoupés : « A boire! à boire! » Sa soif une fois calmée, il se replongea dans le sommeil. Le matin, vers huit heures, il commença à ouvrir les yeux, et certaines exclamations annoncèrent un premier retour à la raison. « Où

» suis-je?... Dans un lit... Est-ce à l'hôpital?... » Combalier, qui l'épiait attentivement, ne répondit pas. Des paroles de délire suivirent aussitôt : « Leblanc! Leblanc! » mon épée!... J'entends le canon... Ces sacrés Anglais!... » Sa léthargie recommença. Le docteur revint à cinq heures; on lui rendit compte; il ordonna de continuer.

Vers le soir il poussa un cri douloureux : « Ah! j'ai » été blessé au côté droit; je sens l'appareil mis sur ma » plaie. La nuit m'environne. Où suis-je donc? N'y a-t-il » personne pour me répondre?

» — Pardon, brave officier, dit d'une voix très-douce » Combalier; on veille sur vous; ne vous inquiétez pas. » Le médecin a défendu de vous laisser parler. Silence, » donc.

» — O généreux inconnu! j'obéis, mais plus tard....

» — Encore une fois, silence, je vous prie; je ne ré» pondrai pas. Le moindre entretien serait mortel. »

Combalier sortit et fut rejoindre le cousin dans sa chambre.

« Sais-tu que le mourant va mieux, dit-il en en» trant, et qu'il nous menace de s'en tirer? Cela ne ferait » pas notre affaire.

» — Tu t'effrayes trop vite, reprit le cousin. Je m'y » connais; quand la mort a une fois pénétré dans le côté, » elle demeure et s'étend bientôt à tout le corps. Qu'il » passe encore la nuit, et nous verrons demain matin.

» — Tu es toujours pour les remises : il y a des délais » qui tuent, mais il y en a bien plus qui sauvent.

» — J'ai de la répugnance à faire par mes mains ce » que la nature semble vouloir exécuter assez à temps par » les siennes. C'était bon la première fois ; la mort ne » serait pas venue seule.

» — Quel mal y aurait-il ici, quand on l'aiderait un » peu et qu'on le ferait se hâter de quelques heures? » Tout le monde en profiterait ; moins de douleur pour » lui, plus de sécurité pour nous.

» — Que tu es pressé ! Je ne demande que cette nuit. » Personne ne viendra. Je te l'abandonne à la pointe du » jour. Encore une fois, si la mort achève son office, je » ne me soucie pas de le remplir.

» — Au moins, mettons-nous en mesure ce soir même, » et qu'au lever du jour nous ne soyons pas surpris frap- » pant à la porte de quelque pharmacien. A la bonne » heure, » dit le cousin. Et ils sortirent pour se procurer une assez forte dose d'opium destinée, dirent-ils, à inonder des cataplasmes. « Où est l'ordonnance? demanda le garçon. — » Eh ! mon Dieu ! avec la quantité de blessés qui encom- » brent la ville, les docteurs ne savent où donner de la » tête. Où en trouver à cette heure? Vous ne voudriez » pas, jeune homme, avoir à vous reprocher plus tard » un refus cruel et aggraver les souffrances d'un pauvre » officier, et qui sait ! peut-être compromettre sa vie. »

Cet appel fait à l'humanité du pharmacien le décida ; il n'hésita plus à livrer une assez forte quantité d'opium.

La blanchisseuse les avait entendus sortir, et la bonne femme s'était dit : « Comment ! ils le laissent seul !... » Elle était entrée dans la chambre avec sa lumière et s'était approchée du lit. Après un sommeil assez prolongé, l'officier éprouvait du mieux et s'était réveillé. En voyant tout à coup la clarté succéder aux ténèbres, et auprès de lui une garde-malade, ou du moins il le crut, un léger sourire erra sur ses lèvres ; il leva vers elle un regard où se peignait la reconnaissance, et lui dit : « Apprenez-» moi donc, bonne femme, où je me trouve. » Elle ignorait la prétendue défense du médecin, et répondit :

« Dans ma maison, chez moi, c'est-à-dire chez votre » frère, auquel j'ai loué la chambre.

» — Mon frère ! répliqua l'officier avec surprise, mon » frère... » Puis il réfléchit : « Je n'en ai jamais eu.

» — Ah ! M. Combalier n'est pas votre frère?

» — Combalier... je ne connais pas ce nom. »

Un coup retentit à la porte de la rue. « Attendez, je » vais ouvrir à ces messieurs. » Et elle descendit précipitamment. Dès qu'ils entrèrent : « Messieurs, la mine » n'est pas si mauvaise qu'hier, mais la tête n'y est pas » encore.

» — Vous êtes donc entrée dans la chambre, madame » Martin?

» — Oui, pour vous remplacer. J'ignorais l'heure de » votre retour ; il pouvait avoir besoin de quelque chose; » j'étais là.

» — Vous l'aurez fait parler, je le gage? demanda » Combalier avec inquiétude.

» — Pas assez pour lui faire mal. Quelques mots » seulement, et ils m'ont fait de la peine. Sa pauvre » raison est encore bien loin.

» — Comment cela?

» — Figurez-vous qu'il s'imagine n'avoir pas de frère. » Il n'a jamais entendu prononcer le nom de Combalier, » il ne le connaît pas. Tenez, je ne veux pas vous affli- » ger, mais préparez-vous à un malheur.

» — Voilà tout ce que vous avez entendu?

» Vous avez frappé, autrement il m'en aurait dit da- » vantage.

» — Vous lui avez fait bien du mal, madame Martin. » Vous ne connaissiez donc pas la défense du docteur?

» — Pardonnez-moi, messieurs, je croyais bien faire; » mais, je vous le jure, il ne m'a pas dit la valeur de » deux phrases.

» — C'est déjà beaucoup trop. » Ils rentrèrent dans la chambre, laissant l'excellente blanchisseuse consternée. Au bruit de leurs pas, l'officier demanda d'une voix assez forte : « Est-ce vous, la garde-malade?

» — Non, c'est le médecin, dit Combalier, qui arrive » à propos pour vous recommander le silence; votre état » l'exige impérieusement. Voyons le pouls. » Et il lui prit le bras : « Il est fréquent, signe d'excitation. » Il plaça la main sur la tête : « Il y a de la chaleur; sans » un excès de précaution, je ne puis répondre de l'a- » venir. »

L'officier écouta ses paroles comme autant d'oracles de la médecine à l'observance desquels sa vie était attachée. Les deux cousins le livrèrent de nouveau à la solitude et aux ténèbres, et allèrent reprendre leur conférence. Combalier la commença :

« N'avais-je pas dix fois raison? Cet homme renaît; il » a des dispositions prononcées pour l'existence; son » pouls est régulier, sa tête froide; de minute en mi- » nute la vie fait des progrès.

» — Un mot qui s'échappe, un pouls qui s'abaisse, » une tête que le froid commence à saisir, tu appelles » cela de la vie.

» — Appelle-le de la mort si tu veux; je ne chicane » pas sur le nom; c'est la chose qu'il nous faut, et sans » perdre des moments précieux.

» — Que feras-tu avant demain? Pourquoi me dis- » puter les chances d'une fin naturelle? En seras-tu plus » avancé quand tu auras ton mort deux ou trois heures » plus tôt? Quelle impatience!

» —Et toi, quel singulier calcul avec ta fin naturelle!

» — Qui t'empêche de suivre ton idée? Tu n'as pas » besoin de moi, mon bras t'est fort inutile. Ton homme » est terrassé, il ne faut pas être deux pour quelques » gouttes de potion. La nuit t'appartient, le malade » aussi; pourquoi tant délibérer avec moi? Demain seu- » lement, demain tu me trouveras prêt à tout faire. Tu » es libre ou de m'attendre ou d'exécuter seul.

» — Soit. Donne-moi la fiole, qui est encore dans ta » poche. » L'ayant reçue, il retourna dans sa chambre et s'assit un moment.

L'officier poussa un léger soupir. « Vous avez soif, » sans doute, dit Combalier. Attendez, j'ai là une potion » calmante. Je cherche un verre. Il faudra l'avaler tout » d'un trait, à cause de son mauvais goût. » Il trouva un verre sur la cheminée, y versa l'opium, et soulevant lui-même la tête de l'officier, le lui présenta en l'encourageant par ces mots : « Allons, d'un seul trait... Vous » serez mieux demain. »

Le breuvage ne tarda pas à produire son effet; un sommeil de plomb, une léthargie sans réveil rendit tout à fait inanimé celui dont il avait eu l'audace de se créer un frère, dont il allait exploiter la mort.

Le cousin, en le voyant revenir au bout d'un quart d'heure : « Tu te décides donc à attendre?

» — Au contraire.

» — C'est déjà fait!

» — Grâce à moi, nous sommes en repos, et avec tes » lenteurs, nous serions à nous disputer encore. Il est » allé rejoindre l'autre. L'héritage m'appartient maintenant. Ne perdons pas une minute; écrivons d'abord à » M. Lefèvre, et ensuite à ma femme.

« Mon cher monsieur Lefèvre, mon frère a succombé » cette nuit, au moment même où, désirant qu'il profitât » de quelques intervalles de raison, j'étais allé chercher le » notaire. La mort avant l'heure annoncée par les médecins a trompé toutes les prévisions. N'importe; s'il » n'a pu consigner ses dernières volontés, je les connais, » et je les accomplirai. Il destinait une somme de six mille » francs à votre seconde fille, dont il était le parrain, en » souvenir de votre vieille amitié; le reste de la fortune » à sa famille. Il m'a répété plusieurs fois : « En cas de » malheur, ne va pas t'occuper des affaires; laisses-en » le soin exclusif à l'honnête et habile Lefèvre. » Vous

» voudrez bien les continuer, je l'espère, et accomplir ce » vœu sacré. Au reste, votre piété, que je connais, peut » se rassurer ; il a expiré dans les bras d'un ecclésiastique » respectable. »

Cette composition, digne de son auteur, lui valut les éloges du cousin, qui se récria à plusieurs reprises sur un talent qu'il ne soupçonnait pas. « Tout est prévu, ma » foi ! les affaires, la religion, le petit cadeau de six mille » francs pour mettre l'ami Lefèvre dans tes intérêts et » éloigner les soupçons.

» — Tu connais le proverbe : A chaque bête son » foin. Là est tout le secret. Tu vas voir. Maintenant » quelques lignes à ma femme. Il écrivit :

« Nous avons perdu notre sauveur, ma chère amie, ce- » lui qui, au besoin, aurait servi de père à nos enfants, » et qui pour moi avait été plus qu'un frère. Nous ne le » pleurerons jamais assez. Rends-toi à Nismes sur-le- » champ, et veille à ce qu'aucun objet ne soit détourné. »

Avant le jour, ils s'assurèrent que le malheureux officier avait enfin cessé de vivre, et vers huit heures annoncèrent la nouvelle à l'hôtesse avec les gestes et les expressions de la douleur la plus vraie. Ils la chargèrent d'aller chercher le docteur : celui-ci arriva bientôt, jeta un coup d'œil sur le malade, lui plaça la main sur le cœur et fit quelques réflexions comme celle-ci : « Quand » la mitraille a passé par là, la médecine n'y peut plus » rien. Je l'ai soigné pour la forme ; je savais bien qu'il » ne passerait pas la nuit. Il n'aura pas dit une parole, » j'en suis sûr.

» — Vous l'avez parfaitement jugé, dit Combalier ; il » ne devait pas vivre. »

Immédiatement après on se rendit chez l'officier de l'état civil, sur le registre duquel fut inscrit Jacques Combalier, décédé à Toulouse dans la maison de la dame Martin, blanchisseuse, âgé de trente-sept ans, banquier à Nismes, etc.

Toutes les formalités et celles de l'inhumation remplies, ils firent imprimer un assez grand nombre de billets de faire part, qu'ils envoyèrent aux nombreux amis du banquier et à plusieurs maisons de commerce ; ils levèrent une expédition de l'acte de décès et se rendirent à Nismes. Sa femme et le caissier Lefèvre les y reçurent.

« A-t-il bien souffert, ce pauvre Jacques ? demanda le » caissier Lefèvre.

» — Pas précisément, disait Combalier d'un air assez » naturel ; de longs accès de délire, et tout le reste, de » l'abattement.

» — A quoi attribuez-vous son mal ?

» — A deux choses : l'ardeur du soleil et la sensibilité. » Il ne voulut pas me croire, et au lieu de partir de bon » matin, marcha durant la chaleur du jour. Elle est per- » fide au mois d'avril. Il arriva avec un mal de tête ; mais » le plus grand fut l'approche des étrangers : je vous » l'ai écrit. Il y eut une réaction au cerveau ; vous con- » naissez le reste. »

Cette fable, débitée simplement, avec l'accent de la douleur, eut un succès plein.

« Nous lui ferons, j'espère, dit madame Combalier,

» élever un petit mausolée dans le domaine même, » qu'il nous a conservé.

» — J'y avais bien pensé, » dit Combalier.

Le voilà donc en pleine et entière possession de l'héritage. La maison de banque continua ; le vieil oncle et le cousin furent installés à Nismes comme ils l'avaient été au village. Les trois complices jouissaient du fruit de leur crime sans crainte, sans remords; la société les accueillait. Tout jusqu'au mois de juillet sembla leur sourire, et leur prospérité allait croissant.

Un après-midi, les deux cousins se promenaient ensemble sur un des cours de Nismes, et Combalier se réjouissait d'une nouvelle affaire dont la réussite devait d'un seul coup leur procurer un bénéfice considérable. D'assez loin ils virent s'avancer vers eux deux hommes de mauvaise figure et presque déguenillés. Le cousin les reconnut le premier, et dit à Combalier en lui poussant le coude :

« Mais je ne me trompe pas, voilà deux de ces quatre » individus qui étaient avec nous à la cour d'assises. Ils » viennent droit à nous ; que veulent-ils? »

En approchant, le plus mal vêtu tendit la main, sollicitant une aumône avec ces paroles : « Quelque chose, » messieurs, s'il vous plaît, pour nous empêcher d'aller là » où nous avons vu ensemble le pauvre Goujon. Vous vous » en souvenez, n'est-ce pas? nous étions côte à côte.

» — Volontiers, » dit Combalier, sentant qu'il devait à ces gens-là le prix d'une utile leçon; et il donna à chacun d'eux une pièce de cent sous.

Tant de générosité les éblouit. « Mon Dieu! vous » nous payez comme si nous vous avions rendu quelque » service. » Ils s'éloignèrent.

« Ma foi, dit le cousin, ils ne se trompent guère. » Leurs remarques nous ont bien servi; tu ne cessais » de les répéter; celle-ci principalement : « Faire tout » disparaître. » Nous n'y avons pas manqué. »

Ainsi ils s'entretenaient dans une fausse sécurité, se persuadant que les entrailles muettes de la terre ne violeraient jamais le secret du dépôt qu'ils lui avaient confié.

## LA MOISSON.

C'était le 22 juillet, époque de la moisson. Préoccupé de ses grandes opérations commerciales, Combalier ne songeait plus même à son ancien domaine, où on l'avait entraîné une seule fois et en famille, pour voir le petit tombeau en marbre élevé à la mémoire de son frère. Le caissier Lefèvre et madame Combalier en avaient dirigé tous les détails et fourni l'inscription. On lisait sur la principale façade :

A JACQUES COMBALIER DE NISMES,
NÉ LE 1er MAI 1777,
DÉCÉDÉ A TOULOUSE LE 27 AVRIL 1814,
BIENFAITEUR DE SA FAMILLE,
SES NEVEUX, SA BELLE-SOEUR
ET
SON FRÈRE PIERRE INCONSOLABLES.

Depuis la consécration du monument funèbre, il n'y

avait plus reparu, et avait abandonné la culture à des valets. La moisson allait finir ; il ne restait plus à abattre que la moitié d'un champ de blé. Arrivées presque au bout, deux femmes suspendirent tout à coup l'activité de leurs faucilles, et s'écrièrent en s'adressant à leurs compagnes :

« Venez donc voir ; c'est un miracle. Quelles gerbes ! » Elles ont deux pieds de plus que les autres. Il faut couper tout autour et les laisser encore. »

Deux moissonneurs approchèrent et dirent :

« Vous n'avez donc jamais rien vu, vous autres ? Nous » en rencontrons autant tous les jours ; peut-être pas de » si grandes, il est vrai. Cela s'explique : il y aura eu » là quelque chien d'enterré ; cela vaut mieux que du » fumier.

» — Bah ! répliqua l'autre, un chien n'aurait pas fait » pousser les gerbes aussi haut. Ce sera quelque gros » animal, comme une vache.

» — Il n'en est pas mort ici depuis longtemps. Je te » parie que c'est le chien de Frioulet. Tu le connaissais. » Un pauvre l'avait tué, dit-on, et on ne l'a jamais re- » trouvé.

» — Il était trop petit pour engraisser ainsi la terre. » Je tiens pour une vache. Quatre chopines de vin à » boire entre tous. Allons, Toinette, coupe. Nous ver- » rons bien vite qui aura gagné. »

La faucille abattit les magnifiques gerbes, et les deux parieurs se mirent à piocher. « Diable ! rien ne paraît. » Ils ont donc enfoncé le chien bien avant.

» — Dis plutôt la vache, » répliqua l'autre.

Ils redoublèrent d'ardeur. « Juste ciel! crièrent-ils en » même temps, le bras suspendu, les pioches en l'air, » une jambe d'homme!... » La troupe des moissonneurs, accourue tout entière, se pressait autour du trou; ils se regardaient les uns les autres, se questionnaient : « Fouillez » avec soin. » Les deux hommes continuèrent; le cadavre se découvrait par degrés. Les vers l'avaient rongé; il ne restait que les ossements, un squelette. Chacun de se livrer à des conjectures et de faire son histoire.

Le maire, averti, vint dresser procès-verbal, informa sur-le-champ le procureur du roi, qui se transporta sur les lieux le lendemain avec le juge d'instruction. Pendant que ces magistrats procédaient à l'information, entourés de quelques personnes, une paysanne survint et dit dans son patois : « C'est la semaine des cadavres. Encore un que » la fille de Jouannou vient de découvrir.

» — A quel endroit? demanda vivement le procureur » du roi.

» — Ici tout près, dans le grand trou de la rivière.

» — Conduisez-nous-y sur-le-champ.

» — Oh! pour celui-là, ce n'est pas la peine; c'est » tout bonnement un cadavre de cheval.

» — N'importe, » ajouta le magistrat. Arrivés au bord de l'excavation, ils virent surnager un petit cheval gonflé par l'eau, ayant à son cou une grosse corde et à sa tête un vieux bridon. L'ancien garçon d'écurie, toujours demeuré sur le domaine, se trouva parmi les assistants, et attira vivement leur attention par ces paroles :

« Tiens! je la reconnais; c'est la petite jument blanche » du frère de monsieur. Voici encore le bridon que je » croyais perdu. Les voleurs l'auront pris; peut-être » qu'ils auront voulu traverser l'eau, et la bête se sera » noyée.

» — Tais-toi donc, dit un autre. Est-ce qu'après être » arrivé le soir pour visiter son frère, M. Combalier » n'est pas parti à quatre heures du matin? Monsieur » nous l'a assez dit.

» — Non, non, je persiste. D'abord le bridon est » bien le nôtre. Ensuite on n'a qu'à faire venir de Nismes » l'homme qui soignait la bête; il dira comme moi, j'en » suis sûr. »

Ce débat faisait naître dans l'esprit du juge d'instruction, homme pénétrant et d'une grande expérience dans la recherche des crimes, de graves conjectures. Son premier raisonnement fut : « Si la jument est celle de » M. Combalier de Nismes, il n'est donc pas parti, » comme on le prétend, avec cette jument. S'il est parti, » on la lui aura dérobée en route. Mais au lieu d'une » bride de voyage, elle a un bridon de l'écurie de cette » maison. On l'a donc ramenée, puis jetée dans le trou, » et avec une pierre forcée d'y rester. Car le bout de la » corde est effilé; il est présumable que le reste est au » fond de l'eau attaché à une grosse pierre. Une cause » quelconque, la pourriture ou toute autre, l'aura fait » remonter. » Ainsi, en se renfermant dans l'ordre vulgaire des probabilités, il reconstruisait une partie de l'attentat et ressaisissait le vrai.

D'un autre côté, revenant au cadavre, sans prétendre que c'était celui de Combalier, puisqu'on le disait mort à Toulouse, il soupçonnait, à travers la mystérieuse obscurité dont l'affaire était encore enveloppée, un de ces crimes dignes d'exercer sa sagacité et sa persévérance. Personne n'avait disparu dans la contrée; un inconnu n'aurait pas été enseveli là précisément. Il s'étonnait aussi de ne pas avoir vu encore le propriétaire du domaine, et il demanda pourquoi il n'était pas présent. « On a négligé de le prévenir, » déclara le valet. Il le fit mander sans le moindre retard.

Le messager et l'ordre de comparution arrivèrent avant que le bruit de la terrible découverte eût frappé les oreilles du nouveau banquier. Ce fut un coup de foudre. Néanmoins il répondit d'abord avec assez d'assurance qu'il allait partir le plus tôt possible; et avant de congédier l'exprès, il lui adressa plusieurs questions.

« Par qui a été découvert ce cadavre?

» — Au-dessus de l'endroit, la javelle était plus
» belle qu'autre part; des moissonneurs ont fait une
» gageure; ils ont pioché et trouvé un squelette.

» — Était-il bien défiguré?

» — Pas de figure, je vous le répète; une véritable
» tête de mort.

» — Nomme-t-on quelqu'un?

» — Personne. C'est quelque inconnu, un voyageur
» qui traversait le pays pendant la nuit, que des voleurs
» auront assassiné et enterré là.

» — Et le cheval?

» — Oh! c'est différent. Antoine veut faire le savant, » et soutient que c'est la jument de votre frère. Tout le » monde lui a ri au nez.

» — C'est bon, je vais te suivre. »

A peine l'homme eut-il disparu, que Combalier se hâta de réunir le vieil oncle et le cousin.

« Il est déterré, mais non pas reconnu. »

Les deux parents ne comprenaient pas d'abord ce qu'il voulait leur dire.

« — Vous ne comprenez pas? On a fouillé au bout du » champ, le cheval aussi a paru sur l'eau.

» — Nous sommes perdus! s'écria le vieil oncle en » joignant les mains. Je ne demeurerai pas deux heures » ici; il faut fuir.

» — Sans doute, dit le cousin; mais ne nous trou- » blons pas; attendons le soir. Fais-nous donner de l'ar- » gent par le caissier.

» — Vous m'abandonnez donc?

» — Point du tout; tu partiras de ton côté, et nous » conviendrons d'un endroit où tu viendras nous rejoindre; » Nice, par exemple. Il est facile de traverser le Var à » plusieurs endroits.

» — Je ne fuis pas, moi; je ferai bonne contenance, » au contraire. Si vous avez peur, éloignez-vous, et au- » jourd'hui même, à l'instant. Je vais assurer votre » fuite. » Il remonta vers Lefèvre, puis leur rapporta bientôt quatre mille francs en or. « Adieu; dans une heure » je me rends au domaine. Faites-moi savoir l'époque de » votre arrivée à Nice. Si vous choisissez cette ville pour

» retraite, je vous y ferai passer des fonds. Dérobez bien » tous vos préparatifs aux regards de ma femme. »

Ils s'embrassèrent, le vieil oncle avec des larmes, le cousin avec une froide détermination, Combalier avec le trouble de celui qui s'est aguerri contre le crime, mais qui ne l'est pas contre la justice.

Madame Combalier ne savait rien encore ; son mari hésitait à l'instruire ; la prudence l'emporta : il valait mieux donner par le mensonge une certaine tournure à ses idées, que laisser des récits de toute nature les livrer au vague de mille hypothèses. Il aborda ainsi ce sujet :

« Les grandes affaires ont un immense inconvénient ; » elles détournent l'attention des petites. La banque m'a » fait négliger notre domaine.

» — Qu'importe? répliqua madame Combalier; le revenu » en est si faible ! Ce n'est plus qu'une bague au doigt.

» — A la bonne heure ; mais si nous l'avions visité » plus souvent, nous aurions, je ne dis pas empêché, » mais peut-être connu plus tôt certain événement qui » ne va pas manquer de causer du bruit.

» — Et lequel? un vol de récolte ou de bestiaux?

» — C'est plus grave. Un voyageur passait au bout » de la haie ; on l'a tué, enterré dans notre champ ; on » a noyé son cheval.

» — Ce sera ce mauvais sujet de Guillaume Dufour. » Sa mère une fois l'a échappé belle. Aller choisir notre » champ !...

» — La justice est déjà sur les lieux. Tu seras sans » doute interrogée. »

» — Je n'éprouverai pas d'embarras à répondre; je » ne sais rien.

» — Ne sors pas de là. Tu n'as rien vu, rien entendu, » tu ne sais rien; ce sera ton premier et ton dernier » mot. Ce sera aussi le mien. Que puis-je savoir de tout » cela?

» — Faut-il en parler à mon cousin et à mon oncle?

» — Pas aujourd'hui encore; le vieux s'effaroucherait, sa tête battrait la campagne : laisse-lui passer une » bonne nuit. Adieu. Nous allons voir si, en nommant » Guillaume, tu as mis du premier coup la main sur le » coupable. »

Depuis le départ du messager, quelques paysans de l'endroit avaient parlé; deux, entre autres, avaient dit : « Nous passions à dix heures et demie du soir le long du » mur de la maison Combalier, le jour où son frère était » chez lui, lorsque, entendant les voix de plusieurs personnes qui semblaient se disputer, nous nous sommes » arrêtés. Le bruit sortait du toit; il y a eu deux ou » trois cris de poussés, et ensuite un grand silence. »

La cuisinière Marie, demeurée toujours sur le domaine, vint dire aussi : « Le lendemain matin du jour » où le frère de monsieur couchait chez nous, je ne pouvais jamais sortir de ma chambre, au rez-de-chaussée » près de la cuisine; je fus obligée d'enjamber par la » fenêtre, et en examinant la serrure, je la trouvai fermée à double tour; je n'ai jamais su comment. » Ces détails et quelques autres parurent précieux au magistrat. Ses soupçons allaient déjà bien loin; il crut utile toutefois à la découverte de la vérité d'user d'une adresse permise.

Quelques instants avant l'arrivée de Combalier, il se retira dans la chambre d'une petite auberge de village, feignit d'être indisposé, et chargea son greffier d'annoncer la remise de l'interrogatoire au lendemain. Le lendemain il prétexta une aggravation survenue à son état pendant la nuit, et partit en laissant dire que l'information, dont il avait d'ailleurs les principaux éléments, recommencerait dans trois ou quatre jours. Il venait secrètement d'expédier par la gendarmerie une commission rogatoire d'urgence extrême, à l'effet de faire interroger à Toulouse la dame Martin, blanchisseuse, désignée dans l'acte de décès, sur toutes les circonstances de la mort du frère.

De son côté, Combalier reprit le chemin de Nismes, tout joyeux d'une interruption dont il tirait un augure favorable.

« Ma chère, dit-il en entrant à sa femme, personne
» là-bas ne peut deviner l'auteur du crime; la justice
» elle-même se reconnaît presque impuissante. Je n'ai
» pas seulement été questionné. Sous le prétexte d'un
» malaise, le juge d'instruction est venu passer quatre
» jours à Nismes. On tient assez peu à mon témoignage.
» Il est tout prêt, du reste, et fort court. Nous nous le
» sommes déjà dit, ni toi ni moi n'avons rien vu, rien
» entendu; nous ne savons rien.

» — Tant mieux, dit madame Combalier; cette
» justice a toujours quelque chose d'effrayant; la per-

» sonne la plus sûre de son innocence ne se soucie pas » d'avoir quelque chose à démêler avec elle. A pro- » pos, tu m'avais recommandé de ne parler au cousin » et à l'oncle que ce matin ; je les ai fait demander, on » ne les a pas trouvés ; ils seraient même, à ce qu'on » m'a rapporté, partis avec des paquets.

» — Ce sera pour quelque partie de campagne ; ils » n'auront pas voulu t'éveiller. »

A peine quatre jours s'étaient écoulés tranquillement ; le cinquième, vers sept heures du matin, la maison est investie de gendarmes et d'huissiers porteurs de quatre mandats d'amener. M. et madame Combalier reposaient dans le même lit et dormaient encore. Quel réveil ! On frappe à leur porte à coups redoublés.

« Que veut-on ? dit Combalier tout engourdi par le » sommeil.

» — Ouvrez, ouvrez.

» — Adressez-vous au domestique.

» — De par la loi, ouvrez, ou la porte sera enfoncée.

» — Dieu ! s'écria madame Combalier en pleurs, te » soupçonnerait-on ? Viendrait-on t'arrêter ? »

Les agents de la justice perdent patience, Combalier avait couru à la fenêtre et l'ouvrit. Sa femme s'imaginait que c'était pour avoir du jour ; elle regarda et fut surprise de le voir placer un pied sur le rebord comme pour se précipiter. Elle s'élança, saisit sa jambe gauche, restée en arrière, s'y cramponna, et malgré les efforts de son mari, ne lâcha pas prise, criant. « Au secours ! au » secours ! à plusieurs reprises ; il est fou !... »

Les huissiers et les gendarmes poussèrent violemment la porte, qui céda à leurs efforts, et trouvèrent les deux époux dans cet état de lutte ; ils s'emparèrent de Combalier, pâle, défait, égaré ; ils le forcèrent de s'habiller sur-le-champ, et permirent à sa femme de passer dans un petit cabinet pour y prendre ses vêtements. On les emmena tous les deux, après de vaines perquisitions, pour exécuter les deux autres mandats contre l'oncle et le cousin fugitifs.

Quel mouvement ! quelle rumeur dans la société de Nismes, où la famille Combalier tenait un assez haut rang ! On commença par accuser la justice. « Parce qu'un » homme a été enterré dans un champ par quelques bri- » gands inconnus, elle en fait d'abord arrêter le proprié- » taire ; on compromet son honneur, son crédit, on pré- » pare sa ruine. » D'autres plus graves ou plus méchants répondaient à ces reproches : « Il y a là-dessous quelque » chose de bien sérieux, de bien terrible, peut-être. » Qui le sait ? Ils n'avaient rien que des créanciers, et » tout à coup ils sont devenus riches. Ils sont héritiers, » à la bonne heure ; mais le frère était allé chez eux ; il » n'a plus reparu à Nismes de ce jour-là ; on le dit mort à » Toulouse ; il aurait bien pu l'être ailleurs. » La population se partageait entre ceux qui trouvent à tout une cause naturelle et ceux qui n'admettent jamais que l'extraordinaire.

Les époux Combalier avaient été mis séparément au secret. Pendant toute la durée de l'instruction, le mari, fidèle au système qu'il s'était tracé et qu'il avait tant recommandé à sa femme, s'opiniâtra dans une réponse unique. On la connaît déjà : « Je n'ai rien vu, rien entendu, je ne sais rien. » La constance et l'habileté du juge instructeur y échouaient. Il revenait éternellement à ces paroles sacramentelles; elles parurent d'abord être devenues aussi la loi immuable de madame Combalier; mais, par une voie détournée, le juge sut enfin en tirer parti pour se mettre sur les traces de la vérité.

« Non, sans doute, lui disait-il, vous n'avez rien vu, » rien entendu; vous ne savez rien sur l'assassinat. Je » vous crois; mais comme il se rattache à certaines par- » ticularités connues de votre beau-frère, et dont il a » emporté le secret dans la tombe, vous ne refuserez pas » plus que votre mari de les révéler. Par exemple, à » quelle heure est-il arrivé chez vous?

» — Vers quatre heures et demie; j'allai à sa ren- » contre.

» — Fort bien. Je vous demande des choses toutes » simples. Votre cousin et votre oncle ne se trouvaient- » ils pas là?

» — Oui, comme toujours.

» — A merveille. Que firent ces messieurs après le » souper?

» — Ils parlèrent d'affaires, je le crois.

» — Vous le croyez ; vous n'en avez pas la certitude?

» — Non, pas très-complète, car ils montèrent tous » les quatre dans le cabinet de mon mari.

» — Ne pouviez-vous pas les entendre de ce cabinet?

» — Impossible; il est situé à l'extrémité du grenier,

» sous les mansardes, au troisième, et je me tins au » premier.

» — La justice, vous le voyez, vous demande toutes » choses à votre connaissance. Si vous avez éprouvé de » premières rigueurs, c'est une nécessité cruelle dont » votre franchise abrégera le terme. »

Ces paroles, prononcées avec l'accent d'une bienveillance marquée, achevèrent de rassurer la prisonnière et lui firent entrevoir un élargissement prochain. Il continua :

« Combien de temps à peu près dura leur entretien?

» — Fort avant dans la nuit, au moins jusqu'à deux » heures. Ils auraient fini plus tôt, mais un incident les » dérangea et leur fit perdre du temps.

» — Sans doute quelque domestique qui vint appeler » l'un de ces messieurs et força les autres de l'attendre?

» — Non; la lumière s'éteignit; mon cousin descen- » dit pour la rallumer à la cuisine, et au passage m'ap- » prit que mon oncle avait saigné du nez. Je remarquai » même quelques taches de son sang sur la manche de » mon cousin.

» — Rien de si naturel : les vieillards, comme les » jeunes gens, sont sujets à des saignements de nez. » Votre beau-frère, avant son départ, vous communiqua- » t-il quelque chose de la conférence?

» — Hélas! je ne l'ai pas vu; il a voulu se mettre en » route avant le jour, à cause de cette maudite banque- » route des Papin de Toulouse. Le soleil d'avril lui a » porté sur la tête, comme l'a écrit mon mari à M. Le-

» fèvre ; les Anglais ont achevé de la troubler, et nous » avons perdu notre meilleur ami. »

Ces dernières paroles, entrecoupées de sanglots et de larmes, ne laissèrent aucun doute au magistrat sur la sincérité de ses réponses. Il y avait dans les accents de cette femme malheureuse, dans ses regards remplis d'une douce anxiété, je ne sais quoi d'innocent que l'astuce la plus exercée ne peut contrefaire. Aussi fut-elle rendue à la liberté le plus tôt possible. Mais tout en s'imaginant avoir donné les détails les plus indifférents, elle avait signalé l'heure, l'endroit, les auteurs, la victime de l'attentat présumé ; elle avait achevé de dissiper jusqu'au moindre doute de la justice. A ses yeux, Pierre Combalier était l'assassin de son frère ; ce cadavre était le sien, cette jument la sienne. Autrement, après le témoignage accablant de la femme Martin, comment expliquer la disparition du banquier? où le retrouver? et la fuite de ses deux parents... quelle présomption plus précise et plus concordante!

En conséquence, Pierre Combalier fut renvoyé devant la cour d'assises du Gard comme prévenu d'avoir, dans la nuit du 27 mars, de complicité avec Joseph Bernette, son oncle, et Jules Pélicier, son cousin, assassiné Jacques Combalier, son frère.

Le département tout entier semblait s'être donné rendez-vous et remplissait la ville de Nismes le jour fixé pour l'ouverture des débats. Outre l'impatiente curiosité de voir les traits d'un grand criminel, d'entendre des débats dont l'horreur nous révolte et pourtant nous attire, on voulait savoir surtout si, en présence de charges accablantes, l'accusé soutiendrait sa brève et sèche dénégation, ou s'il ne s'était pas réservé un grand théâtre pour s'y faire remarquer, soit par une lutte de détails, soit par un de ces aveux inattendus qui s'expliquent par le repentir et gagnent les cœurs à la commisération.

Combalier trompa l'attente des amateurs d'incidents variés : tel il avait été durant le cours de l'instruction, tel il parut aux débats. Sa figure, assez belle, ne montra aucun signe d'altération ; sa facilité de langage ne l'entraîna pas dans les moindres phrases. A toutes les questions, à tous les témoignages, il opposa imperturbablement sa défense de quelques mots. Le récit très-circonstancié de la femme Martin produisit une émotion profonde sur l'auditoire et sur les jurés.

Quand elle en fut au moment où l'officier semblait vouloir renaître, quand elle se reprocha d'avoir pris pour de la folie ce qui était le signe de la raison, un long frémissement retentit dans l'auditoire, et dans les groupes de spectateurs circula ce murmure accusateur : « Il a tué » le second pour cacher la mort du premier ! » De ce moment le sang-froid de Combalier ne fut plus que l'indice d'une scélératesse consommée, et la répétition de la même formule, qu'une bravade ironique de la vérité et de la justice. Toutefois, à travers sa contenance impassible perçait un air de sécurité inexplicable pour tous, mais dont lui-même avait sans aucun doute le secret, ainsi que la suite le prouva.

L'arrêt fatal ne le déconcerta pas davantage. Plus

tard, quelques-unes des personnes qui devinent toujours après coup prétendirent avoir pénétré le fond de son âme et y avoir lu de rassurantes arrière-pensées. Quoi qu'il en soit, il ne voulut pas même se pourvoir en cassation, impatient, disait-il, de rejoindre son frère, victime d'une main inconnue, comme il l'était lui-même de la justice abusée. Il s'était attendu à quelques visites dans son cachot; il n'en reçut pas; seulement deux hommes de la dernière classe du peuple et vêtus d'un costume dégoûtant demandèrent avec insistance la permission de pénétrer jusqu'à lui. Comme on la leur refusait, ils dirent : « Nous le connaissons; il ne sera pas fâché de » nous voir. »

Les gens du parquet, entrevoyant l'occasion de découvrir peut-être quelque fait inconnu, ou mieux encore les soupçonnant de porter soit quelques lettres, soit quelques recommandations verbales des deux complices en fuite, accordèrent le permis sollicité, avec ordre au geôlier d'observer leurs moindres mouvements et de recueillir leurs paroles les plus insignifiantes. Fidèle à cette consigne autant que sa mémoire le comportait, le geôlier retint et transmit l'entretien suivant :

« Qui vous a amené ici? dit le premier le condamné » en les voyant.

» — La reconnaissance. Vous devez vous souvenir de » nous.

» — Très-bien. Je vous ai vus dans deux circonstances.

» — Oui, à la cour d'assises, quand vous écoutiez nos » remarques, dont, à ce qu'il paraît, vous n'avez pas

» profité, et sur le boulevard, lorsque vous nous avez » donné généreusement deux pièces de cent sous.

» — Où voulez-vous en venir ?

» — A vous renouveler nos remercîments, à vous faire » nos adieux et à vous promettre que si l'occasion se » présente, nous sommes prêts à vous rendre service.

» — Vous ne vous engagez pas beaucoup.

» — Nous en convenons, il faudrait un miracle.

» — N'y a-t-il pas des morts qui sont ressuscités? » Ceux-là sont revenus de plus loin que vous. Voulez-» vous nous embrasser ?

» — Halte-là ! dit le geôlier en s'interposant ; la dé-» fense est formelle, point d'embrassade. »

Ils se retirèrent, et le geôlier, en les accompagnant, causa quelques minutes avec eux. Un quart d'heure après leur sortie se présenta au guichet la mère du geôlier, femme d'une soixantaine d'années. Elle venait assez souvent rendre visite à son fils ; on la considérait comme une habituée de la prison. Elle prit son fils à part.

« Georges, tiens-tu à ta place?

» — Oui, ma mère, tant que je n'en aurai pas une » meilleure pour vous faire vivre.

» — J'en connais une qui nous donnerait du pain et » une belle aisance pour le reste de nos jours.

» — Laquelle?

» — Tu n'as qu'à dire oui, et tu pourras l'occuper » bientôt.

» — Ma foi, je ne demande pas mieux : la mienne » est assez triste et assez dure. Mais laquelle donc?

» — Devine. Non, il ne faut pas perdre de temps ; je » vais te le dire. Ne sois pas surpris, c'est bien simple.

» — Parlez donc vite, ma mère. Que diable entendez-vous par là ?

» — Écoute. Quarante mille francs en argent et en » or, le tout assuré, si, par un moyen quelconque, tu » peux le faire sauver. Une fois dehors, les mesures » sont prises pour le mettre en sûreté.

» — Quarante mille francs !... De la fortune pour tou» jours !... Ma mère à l'abri du besoin !... C'est bien » beau ; mais le tirer de là, c'est aussi bien difficile. » D'ailleurs je ne me contente pas d'une promesse ; je » veux que d'avance l'argent soit déposé en mains sûres. » Et puis, dans tous les cas, succès ou non, il faut » une somme pour vous. Quelque chose qui arrive, il n'a » rien à perdre : moi, au contraire, je joue ma liberté et » votre avenir. Tout cela se paye. Une entrevue avec ces » gens-là est indispensable. Je fais mes affaires moi» même. Sous quel prétexte sortir d'ici et les rejoindre ? »

La vieille, à qui l'amour des écus inspirait de l'invention, s'écria presque sans réfléchir : « Rien n'est si fa» cile : je serai venue ici pour t'annoncer la maladie de » ta femme ; elle désire te voir. Tu feras le triste ; un » autre te remplacera, et on te laissera sortir. »

La petite fable de la mère réussit parfaitement : le lendemain le geôlier avait la liberté de visiter pendant trois heures sa femme soi-disant malade. Il choisit cinq heures pour rentrer à huit. La nuit venue, il se glissa par une petite porte dérobée dans le jardin de la maison

Combalier, et jusque dans l'appartement de madame, sans être aperçu.

« Sauvez-le, mon ami! s'écria-t-elle en l'apercevant. » Puisque je vous vois ici, j'ai bon espoir. On vous a » offert quarante mille francs; réussissez, et vous en » aurez cinquante mille. »

M. Lefèvre était présent; le geôlier le reconnut, et se tournant vers lui :

« Mon brave monsieur Lefèvre, il n'y a rien que je ne » fasse pour vous. Arrangez les choses de manière à ce » que je sois assuré, mais sans avoir besoin de courir » après, d'une somme de dix mille francs en cas de mau- » vaises tentatives, et de la totalité en cas de succès. »

Ce dernier lui expliqua ce qu'il comptait faire, et la convention une fois arrêtée, le geôlier rentra dans la prison.

Les moments étaient précieux; le rejet du pourvoi allait arriver. Combalier était plongé dans un sommeil profond; les verroux du cachot retentissent, et il aperçoit le geôlier avec un gros paquet sous le bras.

« Debout! dit à voix basse ce dernier, et silence; » point de réflexions; laissez-vous faire. » Il lui coupa les cheveux, abattit ses favoris noirs, lui plaça sur la tête une perruque d'un roux fauve, colla sur ses joues des favoris postiches de la même couleur et sur ses lèvres une petite moustache. Ensuite il l'affubla d'une veste grise, d'un gilet brun et d'un pantalon gros bleu, sans oublier une cravate noire, de gros souliers ferrés, avec des guêtres, et une casquette noire avec une visière avancée; après quoi il lui attacha au côté un trousseau de grosses clefs.

« A merveille! dit-il en terminant; c'est à s'y mé-» prendre; on dirait de mon camarade Benoist. Atten-» tion maintenant; je vous avertirai. » Et il sortit en affectant un grand bruit pour fermer les verroux, mais les laissant ouverts.

Il était allé chercher son camarade Benoist pour lui proposer de boire un coup. Mais comme il ne l'avait pas trouvé à sa place ordinaire, il regarda par une petite fenêtre donnant sur une vaste cour, le vit à l'autre extrémité, occupé à quelques-uns des soins de sa place, et courut au prisonnier.

« Suivez-moi en baissant la tête et en toussant à plusieurs reprises. »

Combalier obéit. Il faisait à peine jour au guichet. Arrivé là, le troisième geôlier, de planton en ce moment, leur demanda où diable ils allaient si tard.

« Ici à côté, répondit le geôlier véritable, pour calmer » la toux de ce pauvre Benoist. »

Celui-ci de redoubler d'efforts en portant la main sur sa poitrine.

« Revenez vite, au moins. » Et il leur ouvrit.

Que devint Combalier depuis ce moment? On ne l'a jamais su d'une manière certaine. Sa femme, consumée de douleur et de honte, finit bientôt sa triste vie. Les deux contumaces ne reparurent jamais; seulement on dut croire qu'ils avaient fait des aveux, par les détails du crime que l'on sut plus tard. Quant au fratricide, trois années après, en lisant à Nismes le supplice d'un nommé Casban, condamné pour assassinat, et dont la justice ne parvint jamais à découvrir le véritable nom et l'origine, plusieurs personnes soutinrent que c'était Combalier. D'après elles, il se serait d'abord affilié à une bande de malfaiteurs qui infesta longtemps les environs de Toulouse. Lorsqu'elle eut été détruite et la plupart d'entre eux envoyés au bagne ou à l'échafaud, il aurait trouvé le moyen de passer en Corse déguisé en matelot. Là, après avoir exercé pendant six mois des brigandages avec une troupe de bandits, il serait rentré en France par Marseille.

Dans cette dernière ville, Combalier, entré au service d'un Français qui avait fait à Smyrne une fortune considérable, et qui voulait se fixer près de Toulon, l'aurait assassiné le soir en revenant avec lui de visiter une maison de campagne dont son maître projetait l'acquisition. Non content de lui enlever l'argent qu'il trouva dans ses poches, il prit la clef de son secrétaire, et s'étant rendu en toute hâte au logis, chercha à s'emparer d'une somme considérable qu'il renfermait. C'est dans ce moment que, surpris par l'un des commis et un des anciens associés du négociant, il fut arrêté et livré à la justice, jusqu'à ce qu'on eût des nouvelles de celui avec lequel il était parti en voyage.

Le cadavre du négociant, découvert le lendemain, ne laissa aucun doute sur l'auteur du crime, et Casban (car tel était son nom de guerre) fut convaincu et exécuté.

Ainsi, d'après toutes les probabilités, le crime de

Combalier ne demeura pas impuni; la peine finit par l'atteindre à travers cette vie misérable commencée par un fratricide et terminée par un assassinat. Quoique tardivement, la société fut peut-être vengée; sa tête tomba sous le couteau fatal auquel elle s'était dérobée tant de fois.

FIN DU TROISIÈME VOLUME.

# TABLE

## DES MATIÈRES CONTENUES DANS CE VOLUME.



FIN DE LA TABLE DU TROISIÈME VOLUME.

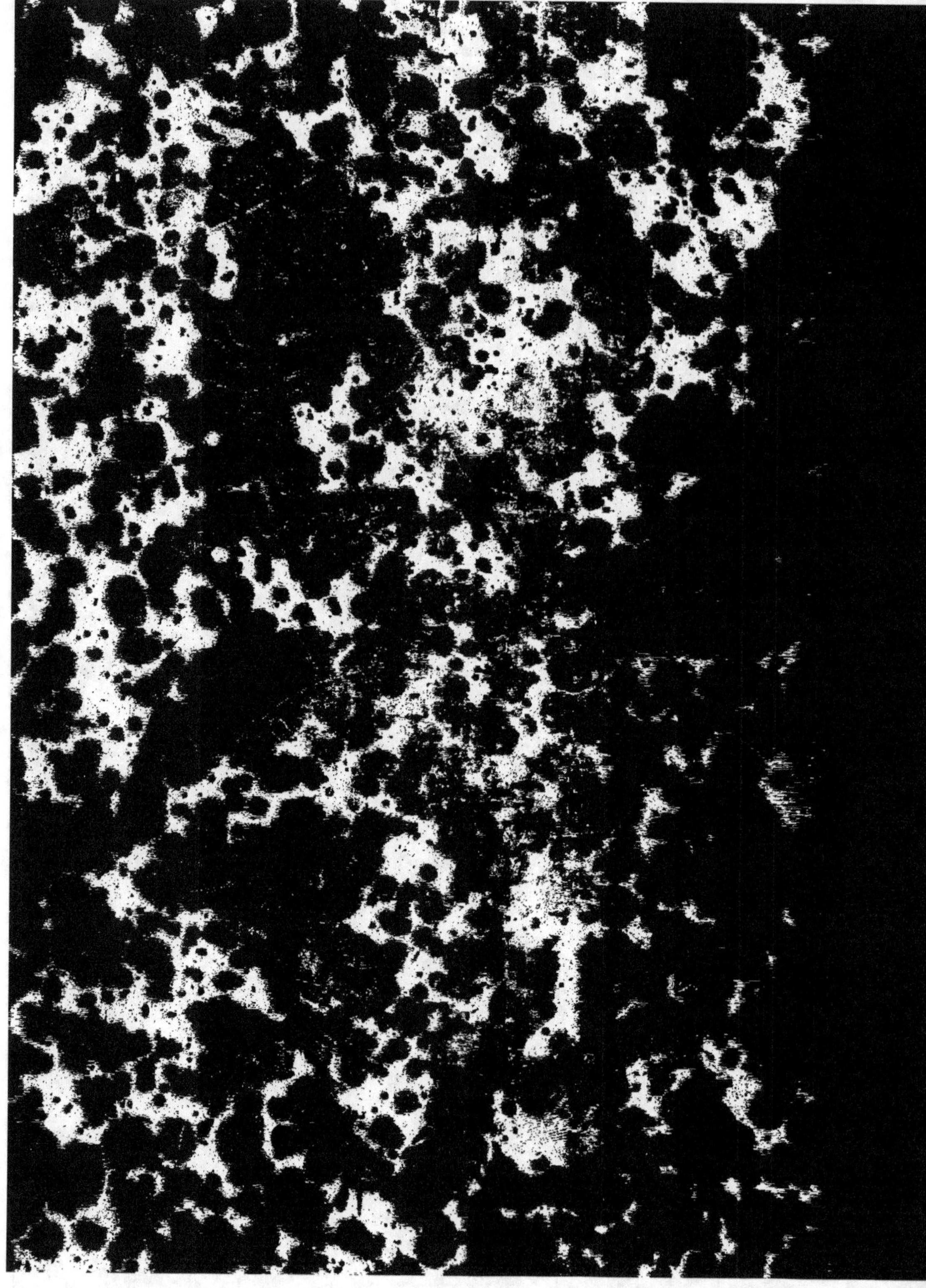

www.ingramcontent.com/pod-product-compliance
Lightning Source LLC
LaVergne TN
LVHW020611110826
845149LV00002B/444